СРЕДНЯЯ АЗИЯ — РОС

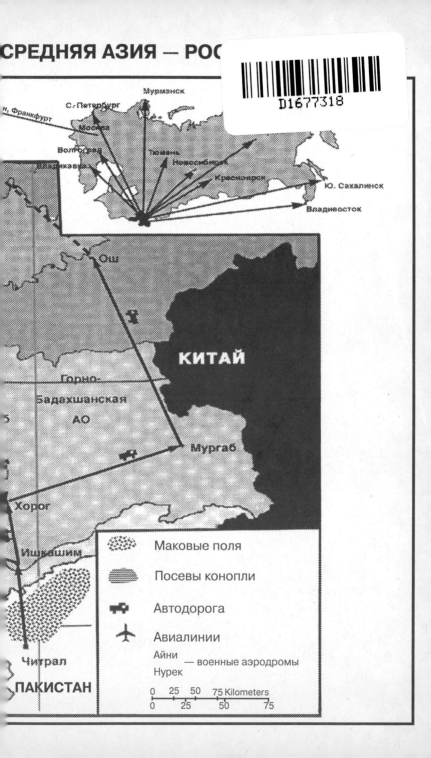

МУМИН ШАКИРОВ

НАРКОБИЗНЕС В РОССИИ

Многоликая наркомафия
расширяет преступную
деятельность в России

Москва
ЦЕНТРПОЛИГРАФ
1998

УДК 882
ББК 84(2Рос-Рус)6
Ш12

Серия «ЧЕЛОВЕК И ЗАКОН»
выпускается с 1997 года

Художник И.А. Озеров
Фотографии М. Шакирова, Б. Кудрявова,
В. Веленгурина, Б. Горева, Н. Горбикова

© М.Ш. Шакиров, 1998

Художественное оформление серии
© ЗАО «Издательство «Центрполиграф», 1998

© ЗАО «Издательство «Центрполиграф», 1998

ISBN 5-227-00033-6

Охраняется Законом РФ об авторском праве.
Воспроизведение всей книги или любой ее части
воспрещается без письменного разрешения издателя.
Любые попытки нарушения закона
будут преследоваться в судебном порядке.

НАРКОБИЗНЕС В РОССИИ

Вместо предисловия

НАШ АПОКАЛИПСИС

Нет наркобизнеса, нет наркоманов, нет наркопроблем! Эти яростные утверждения слышались на одной шестой части суши, именуемой Страной Советов. Ее правящие власти таким образом пытались скрыть от мирового сообщества истинное положение дел в криминальной обстановке. Однако трезвые люди понимали, что на самом деле все не так. Почти каждый обыватель, чей отпрыск сталкивался с «травкой», знал о том, что в бескрайней и знойной Средней Азии существует знаменитая Чуйская долина, где произрастает такое количество дикорастущей конопли, что одного сезонного урожая хватит, чтобы отравить всю Европу и Азию, вместе взятые. А западный регион бывшей империи мог «гордиться» маковыми плантациями Украины, поставки которой покрывали всю европейскую часть бывшей супердержавы, и т.д.

Но что бы ни говорили нынешние эксперты, пару десятков лет назад в СССР не было того наркопожара, который охватил сегодня Россию.

Еще совсем недавно мы все были глубоко убеждены, что молодое поколение выбрало «Пепси», «Сникерс», «Стиморол» и разные другие вкусные яства. А оказалось, что на самом деле поколение девяностых предпочло *героин, экстази, опий, ЛСД* и т.д. Эти, когда-то чуждые нам слова, доносившиеся до нас из рубрик «их нравы», стали «родными», как «партия», «коммунизм», «субботник» и «перестройка».

Что же произошло со страной? Что произошло с новым поколением? Как в течение последних нескольких лет Россия, страна со стопроцентной алкогольной релаксацией, неожиданно стала наркотической державой?

Мы знали, что там, на «безнравственном» Западе, эти ужасные наркотики потребляют за милую душу, но все это проходило мимо нас — уж с нами-то, считали мы, подобное случиться не может.

Разве мы можем разменять нашу родную водочку с селедочкой на какой-то кокаин или таблетки сомнительного происхождения. Мы даже аспирин не глотаем. Даже если и заболеем, то по большей части используем дедовские методы лечения: стакан водки с перцем — и прощай, болезнь!

Так мы думали. И вдруг нате вам. В стране, по неофициальным данным, около миллиона наркоманов.

Почему же молодое поколение село на иглу? Как это мы проглядели?

Пожалуй, началом наркоэкспансии можно считать 1980 год — год московской Олимпиады. До той поры мало кто имел представление о синтетических наркотиках. Но как оказалось, талантливые московские и ленинградские студенты-химики научились изготавливать героиновые дозы не только из опия-сырца, но и из всей растительной массы мака. В стране начали появляться первые наркопритоны.

Тем временем шла афганская война. За десять лет пребывания в первой «горячей точке» наркотический опыт приобрели десятки тысяч солдат и офицеров. Из Афганистана в Советский Союз пошел гашиш, опий и героин. Молодое поколение увидело и почувствовало новую альтернативу. И к концу восьмидесятых уже полностью сформировалось преступное сообщество наркоторговцев. И уже с начала девяностых годов Россия вполне заслуженно получила статус наркодержавы. Незаконный оборот наркотиков измерялся десятками тонн и к концу десятилетия достиг пяти сотен тонн. К этому времени на смену мелким наркоторговцам пришли махровые наркобароны и крестные отцы преступного мира. Страна разделилась на группировки, а братва, воры в законе и авторитеты взяли под контроль наркоторговлю. Наркотики прописались в зоне и вошли в скудное меню тюремной «кулинарии».

Итак, по словам начальника Управления по борьбе с нелегальным оборотом наркотиков МВД России генерал-лейтенанта Александра Сергеева, за 1997 год задержано 25 тысяч распространителей, ликвидировано 7500 преступных групп, торговавших наркотиками, и конфисковано 50 тонн наркотических средств.

Наконец, вычислена цифра: 9,5 триллионов рублей — именно столько, по оценкам МВД, составил незаконный оборот наркотиков в 1997 году. При этом сумму дохода от незаконного оборота Александр Сергеев назвать затруднился.

В целом по России за прошедший год органами внутренних дел выявлено около 200 тысяч наркопреступлений, что почти в два раза больше, чем за аналогичный период 1996 года.

Парадокс в том, что рыночная экономика помогла молодому поколению выбрать новый стиль жизни, новый образ мышления и новую релаксацию. Цены на горячо любимую нами водку стремительно растут вверх, стоимость так называемой «дозы» стремительно падает вниз.

Если пару лет назад грамм героина стоил около 200 долларов, то сегодня это от 80 до 100 баксов.

Теперь речь идет уже не о выборе между дозой или рюмкой. Нынче другая дилемма: героин или кокаин, опий или гашиш, экстази или циклодол. Война за территорию, за рынок стала актуальной проблемой для наркоторговцев.

Если вы хотите узнать что-то о наркотиках, то выпустите своего ребенка на пару дней во двор. Через некоторое время он вам прочитает курс «нарколикбеза», и вам будет чем поделиться с коллегами по работе.

Трагедия заключается в том, что нынешняя «наркокультура» имеет фантастическую перспективу. Ментальность нынешнего поколения малолеток и подростков определяется «родным» для нас лозунгом «Кто не с нами, тот против нас!». Под этим девизом набирается мощная армия потребителей, где каждый наркоман сегодня действует как агитатор, пропагандист и дилер, зовущий в новое релаксирующее состояние.

В больших и малых городах России, согласно анонимному опросу, почти 95 процентов молодежи пробовали наркотик хотя бы один раз. Что касается гуманитарных колледжей и вузов, то без наркопристрастия юноша или девушка обречены на, мягко говоря, непонимание, а точнее — на презрение, которое выплескивается короткой фразой: «Слабо?»

Так после этой «крутой» реплики в девственный организм вводят под общий восторг первую дозу. Перед таким соблазном устоять трудно, так как имидж «крутого» сегодня формирует наркотик.

Как ни странно, с падением «железного занавеса» в Россию вместо миллиардных инвестиций хлынул мощный наркопоток, исчисляемый сотнями тонн. Известно, что сотрудниками правоохранительных органов изымается максимум 10 процентов из всего наркооборота. Значит, латентное количество уже достигло минимум 500 тонн. Значит, есть спрос, будет предложение. Как с этим бороться?

Появление на территории России одной из самых мощных в мире нигерийских наркогруппировок — нонсенс. Многие эксперты до сих пор удивляются, как в короткие сроки скромным «гостям» из Африки удалось заполнить пустующую героиновую и кокаиновую нишу. Как могли правоохранительные органы и общественность проглядеть «гуманитарные» акции преступников, которые в начальный период наркоэкспансии бесплатно раздавали наркотики в школах и вузах столицы. Не прошло и нескольких месяцев, как мгновенно появился спрос и «лед тронулся». Африканцы и стоящая за ними международная наркомафия, вложив копейки в подрастающее поколение, получила гигантский рынок, прибыль которого составляет миллиарды долларов США.

Другая, азербайджанская мафия, доселе оккупировавшая полностью все продуктовые рынки России, организовала мощнейший этнический наркоклан, взяв под контроль опий, метадон и тот же героин.

Недалек тот день, когда на вершину наркобизнеса взберется таджикская преступная группировка, тоннами отправляющая опий, гашиш и героин из Афганистана через Таджикистан в Европу.

Теперь, когда сформирован наркорынок и все крупные российские города оплетены сетью сбытчиков и барыг, борьба с наркопреступностью в стране напоминает войну с ветряными мельницами.

Это совсем не означает, что правоохранительные органы занимаются бессмысленной работой — без них наркотики вообще стали бы таким же доступным товаром, как водка и сигареты. Например, в Управлении по борьбе с незаконным оборотом наркотиков (УНОН) МВД России работают всего 3,5 тысячи человек против миллиона наркоманов и десяти миллионов употребляющих наркотики раз от разу. Но даже если предположить, что все силовые структуры бросятся наперерез наркоторговцам, они мало что смогут сделать, потому что существует гигантский спрос.

Трагедия России заключается в том, что в стране нет антинаркотической пропаганды, но зато есть пропаганда наркотиков. Любое тлетворное упоминание «кайфа» в молодежной культуре: в музыке, поэзии, в «кислотных» фильмах, в стильных журналах и вообще в светской жизни — играет решающую роль в воспитании подрастающего поколения.

Если взять пресловутую Америку, для которой наркомания язва на теле здорового организма, то тамошние чиновники ежегодно выделяют на антипропаганду 10 миллиардов долларов. И им удалось, по крайней мере, приостановить рост числа потребителей. А это уже успех, потому как уничтожить это явление полностью невозможно. У России таких денег нет.

Но в стране есть мощная империя средств массовой пропаганды. Те, кто владеют газетами, радио и телевидением, полиграфическими предприятиями, могут изменить ситуацию в стране и повлиять на душевное состояние молодого поколения.

Мне, по крайней мере, ясно одно. Эту проблему не решат ни власти, ни чиновники. Они озабочены другими проблемами, так как традиционно в

Россией правят казнокрады. То, что можно украсть и положить в карман, никто не пустит на какую-то там пропаганду. Пока это не коснется кого-то конкретно.

«Что делать?» — спросил я у известного психолога и эксперта по наркопроблемам в надежде услышать какой-нибудь рецепт выздоровления нации от наркозависимости.

Ответ его был удручающий и преступный. Он предположил, что если искусственно на иглу посадить нескольких отпрысков первых лиц государства, некоторые из которых помрут на глазах у родителей, то только в этом случае можно расшевелить заплесневелые мозги наших правителей. Хотелось бы, чтобы этого не произошло.

А на вопрос, по ком звонит колокол, пусть каждый знает, что он звонит по нему.

P.S. За помощь в подготовке книги приношу свою благодарность моим коллегам:

Максиму Степенину, Максиму Варывдину, Елене Воронцовой («Коммерсантъ-daily»), Вадиму Белых, Бесику Уригашвили («Новые известия»), Илье Рясному (журнал «Милиция»), Ольге Питиримовой («Опасная ставка»), Леониду Шарову («Криминальная хроника»), Александру Зеличенко (Бишкек), Рауфу Кубаеву (Москва), Эльмире Мухаммадиевой.

Глава 1
НОВЫЕ ДОРОГИ «ЗОЛОТОГО ПОЛУМЕСЯЦА»

«Опиумные войны» — употребляемое в литературе название захватнических войн против Китая, которые вели Англия в 1839—42 гг., Англия и Франция совместно в 1856—58 и в 1860 годах. В качестве повода для начала агрессивной войны 1839—42 гг. английское правительство использовало мероприятия китайских властей, направленные против контрабандной торговли англичан опиумом — отсюда название войн».

Энциклопедический словарь. Т. 1 БСЭ, 1953 г.

ИРАНСКИЙ МАРШРУТ

История, как известно, повторяется, и деньги, вложенные в опий, должны принести их хозяевам баснословные прибыли. Так было во все времена. В середине прошлого века, выращивая дешевый опий в Индии, англичане хотели продавать его в

Китае — ведь о таком громадном рынке сбыта можно было только мечтать! Заартачились китайцы — и получили «опиумную войну». Сегодня «опиумная война» — одна из реалий жизни.

Так, на мой взгляд, происходит и сейчас в центральноазиатском регионе. Наркокартель «Золотой полумесяц» (Афганистан, Пакистан и Иран) буквально завалил южные республики бывшего СССР тоннами опия и высококачественного гашиша.

Откуда же взялась эта напасть, да еще в таких количествах? По данным международного Комитета по контролю наркотиков ООН, Афганистан в год поставляет на черный рынок... 2000 тонн опия. Из года в год этот процесс контролировался наркокартелями, в него вкладывались колоссальные деньги. Кстати, давно подсчитано, что один доллар, вложенный в наркобизнес, приносит чистого дохода более 12 000 долларов. По прибыльности наркобизнес перещеголял даже торговлю оружием. А цены все растут. Если в Файзабаде (Афганистан) килограмм опия стоит 50 долларов, то в Хороге (Таджикистан) — 200 долларов, в Оше (Кыргызстан) — 1000—1500 долларов, в Алматы (Казахстан) — 5000 долларов, в Москве — все 10 000 долларов.

Итак, деньги вложены. И сверхприбыли гарантированы.

Раньше опий, выращенный афганцами, шел через Иран в Турцию, где перерабатывался в героин, и дальше в Европу. Контролировать «Золотой полумесяц» — труднодоступный район на стыке Афганистана, Пакистана и Ирана — было практически невозможно: высокогорье, дикие ущелья, скалы. Опий возили на мулах, тащили на себе. И это продолжалось годами. Влияние наркомафиози огромно.

По данным Администрации по борьбе с наркотиками США, в 70—80-х годах наркобароны контролировали правительства 24 стран мира. А уж если попадался строптивый чиновник, вопрос с ним решали по принципу «не мытьем, так катанием».

Но несколько лет назад Иран круто изменил свою политику в борьбе с наркобизнесом. Злу был объявлен джихад (священная война), создана Исламская национальная гвардия, призванная вести борьбу с наркотрафикантами. Это очень мобильная и хорошо оснащенная боевая единица, призванная противостоять наркокурьерам. В труднодоступные горные районы провели 4,5 тысячи километров шоссе, чтобы только иметь возможность быстро перекрыть путь караванам с опием. А наиболее часто используемые «караван-баши» ущелий просто-напросто... перегородили высоченными стенами, еще и патрулируя районы вертолетами. Проводились там постоянно и боевые операции, а на главной базе сооружен скромный мемориал полицейским и военнослужащим, погибшим при исполнении служебных обязанностей.

Полковник МВД Республики Кыргызстан, специалист по проблемам борьбы против наркобизнеса Александр Зеличенко сказал в нашей беседе:

— Я был участником международной конференции против наркомафии в Тегеране. Вместе с сотрудниками спецслужб Ирана мы посетили центральное хранилище, куда со всей страны свозятся тонны изъятых наркотиков. Впечатляющее зрелище! И все-таки на мой вопрос, что дает столь интенсивная работа и стало ли меньше изыматься наркотиков, руководитель гвардии, молодой бригадный генерал, ответил: «Нет, к сожалению, меньше их не стало. Но кто знает, что было бы, если бы эти меры не принимались?»

Итак, традиционный «иранский маршрут» стал для мафии не безопасен. А деньги-то вложены. И начался лихорадочный поиск новых путей доставки опия. Долго искать не пришлось. Как раз к этому времени стал распадаться Советский Союз, и на территории бывшей великой державы один за другим стали вспыхивать «горячие точки».

КАМЕННЫЙ МЕШОК БАДАХШАНА

Пожалуй, одним из самых кровавых полигонов гражданских междоусобиц стал Таджикистан, на территории которого за весь период кровавых столкновений с 1990-го по 1997 год погибло около ста тысяч человек. Десятки тысяч таджиков бежали в соседний Афганистан, пытаясь скрыться от геноцида, устроенного одним из этнических кланов-победителей в республике. Страна разделилась на исламистов и прокоммунистически настроенные группы.

Спустя некоторое время политические страсти незамедлительно переросли в местечковые. Таджикистан стал зеркальным отражением соседнего Афганистана.

Горный Бадахшан — это каменный мешок, вот уже пятый год контролируемый оппозиционными группировками исламистов и местными отрядами самообороны. На востоке — Китай, на севере — семитысячники Памира, которые ограждают этот регион от Кыргызстана, на западе — правительственные войска Таджикистана. Замыкает это кольцо таджикско-афганская граница и российские заставы. На Памире нет промышленных предприятий, но есть массовая безработица, жизнь проходит на высоте от двух до пяти тысяч метров над уровнем моря и нет плодородной земли.

Граница между Горным Бадахшаном (Таджикистан) и Афганистаном — это более четырехсот километров горных дорог вдоль реки Пяндж, разделяющей два государства. Граница Российской Империи в 1895 году дошла лишь до таджикского берега, и потому на афганской стороне все еще средневековье: горные тропы, глиняные постройки, нет электричества и отсутствие какой-либо администрации. Таджикский берег — это автомобильные дороги, погранзаставы, гидроэлектростанции и почти в каждом каменном доме есть телефон, — одним словом, цивилизация.

Как же удается немногочисленному населению Бадахшана выживать в столь суровом климате высокогорья? Еще зимой 1993 года памирцы заперлись у себя в Бадахшане, отражая наступательное шествие правительственных войск Таджикистана. Чтобы спастись от голода, многие бадахшанцы стали покупать у афганцев наркотики и, перепродав их посредникам, покупали на эти деньги еду.

Несмотря на то, что с весны 1993 года на Памир стали поступать гуманитарные грузы от имама исмаилитов всего мира Карима Агахана IV (прямой потомок пророков Мухаммеда и Али, один из богатейших и влиятельных людей в мусульманском мире), наркоторговля стала приобретать гигантские масштабы. Весь контроль по крупным партиям опия и гашиша взяли в свои руки полевые командиры таджикских моджахедов. Они буквально за несколько месяцев пребывания в Афганистане сумели так быстро наладить транзит наркотиков через Горный Бадахшан в соседний Кыргызстан, что уже через некоторое время дорогостоящее зелье пошло тоннами в Россию.

Масштабы поставок, их интенсивность свидетельствуют о том, что буквально на наших глазах рождается новый путь опия в Европу, сродни знаменитому прежде «балканскому маршруту».

Мне не раз рассказывали местные милиционеры, как отчаянные контрабандисты обвязываются высушенными тыквами, надевают баллон от

«ЗИЛа» и вперед, в бурные пянджские воды. Выплывают где-то метров за 300—400. И ничто их не пугает. А ведь исполин Пяндж в период таяния снегов закручивал в спираль тяжелые грузовики, падавшие, бывало, с моста. Пограничники поделать ничего не могут — слишком уж их мало и чересчур много времени уходит на обеспечение собственной безопасности.

В одну из поездок на Памир в 1994 году я оказался свидетелем того, как умело и ловко работают контрабандисты из числа простых жителей, которые регулярно доставляют опий из областного центра Хорог в киргизский город Ош.

ПАМИРСКИЙ КУРЬЕР

Ахмадшо К., седовласый мужчина лет сорока, с загорелым лицом, живет в кишлаке Поршнев. Его дом с садом выходит прямо к реке Пяндж, откуда просматриваются афганские селения. Уже с середины ноября вода в Пяндже замерзает, и после первых морозов на лед выбегают местные мальчуганы с клюшками и играют в хоккей. На противоположном берегу собираются тамошние аборигены и завистливо смотрят на своих сверстников, которые азартно гоняют шайбу по гладкой поверхности реки. Взрослые целыми днями сидят у прорубей и ловят рыбу, которая спасает многих от голодной смерти. Днем никто не пересекает государственную границу, так как в пятистах метрах от этого пятачка стоит российский пограничный пост. В случае перехода реки афганцами или таджиками пограничники открывают огонь по нарушителю без предупреждения, будь это взрослый или ребенок.

Ахмадшо переходит реку ночью, после того, как на противоположном берегу в условном месте зажигается огонек. Это сигнальный знак, что товар доставлен. И он, закинув за плечо мешок, спокойно идет по замерзшей реке. Через полчаса возвращается с десятью килограммами опия-сырца, заплатив за наркотики тысячу американских долларов. Других денег афганцы не берут. В эту же ночь Ахмадшо расфасовывает товар в полиэтиленовые пакеты и проглаживает утюгом все стороны, так как у свежего темно-коричневого опия-сырца резкий запах. С непривычки у непрофессионалов может закружиться голова.

Ахмадшо торговец-одиночка и не входит ни в одну из криминальных групп. На своем грузовике он несколько раз за зимний сезон совершает поездки в соседний Кыргызстан за продуктами питания и топливом.

До поздней ночи Ахмадшо провозился со своей машиной, готовясь в дальнюю дорогу. Впереди семьсот километров заснеженных дорог через семь перевалов. Маршрут Хорог — Мургаб — киргизский город Ош преодолевается за два дня.

— Я уже четыре года не получаю зарплаты, хотя числюсь водителем на местной автобазе и работаю бесплатно, — говорит он, тщательно упаковывая пакеты с опием-сырцом в кожаное сиденье кабины грузовика. — В Бадахшане после блокады не работает ни одно предприятие, даже хлебозавод. В высокогорных кишлаках, куда не доходят гуманитарные грузы нашего имама Агахана, люди умирают с голоду. Как мне кормить семью? На что покупать одежду и топливо? Я не моджахед и не политик, — продолжает Ахмадшо. — У меня жена и трое детей. Они хотят есть.

Мы выехали из Поршнева ранним зимним утром и, оформив поездку в диспетчерской автобазы города Хорога, двинулись в дальнюю дорогу.

Мургаб расположен на высоте более четырех тысяч метров над уровнем моря, и там живут яководы — киргизы. К вечеру мы проехали по горным серпантинам около трехсот километров и остановились на ночлег у чабана Хакима Ш.

Хаким, друг Ахмадшо, встретил нас с присущим горцам восточным гостеприимством. Вся семья, состоящая из жены и четверых детей, засуетилась по дому, и вскоре на столе появились жареное мясо, сухофрукты, закуска и бутылка припасенного коньяку. Во время беседы с хозяином мне удалось выяснить, что совсем недавно Хаким и Ахмадшо были партнерами по наркобизнесу. Но, заработав некоторую сумму, Хаким купил несколько горных яков, которые дают ему теперь возможность продавать мясо и выживать в этих суровых условиях высокогорья. В Мургабе морозы достигают тридцати градусов, и люди отапливают свои жилища углем, который доставляется из Оша. Раньше Хаким и Ахмадшо на деньги от наркотиков возили его и продавали местным жителям. Теперь яковод договаривается с Ахмадшо, чтобы тот на обратном пути подбросил ему десяток мешков угля.

Утром мы продолжили путь вдоль таджикско-китайской границы. Этот коридор памирцы называют «дорогой жизни», которая выводит бадахшанцев в Ферганскую долину. Самый большой перевал — это Акбайтал, высота которого 4750 метров. На такой высоте от дефицита кислорода резко подымается давление. Пришлые люди не могут быстро ходить и передвигаются по серпантинам медленно, точно старики или больные, а машины останавливаются. Но грузовик Ахмадшо с усиленным мотором и без труда преодолевает ледяную трассу.

Таджикско-китайская граница также охраняется российскими пограничниками, посты которых расположены через каждые пятьдесят километров. Главный досмотровой пункт — это озеро Каракуль. Двое молодых сержантов буквально выпотрошили все наши вещи и тщательно обследовали кабину и кузов автомобиля. Каждый, кто проезжает по этой трассе, потенциальный наркоделец, и на бесцеремонность пограничников никто не обижается. Ахмадшо во время обыска спокойно сидел на обочине дороги и, достав из сумки термос, блаженно пил чай. Молодые и неопытные пограничники не подозревали, что владелец грузовика везет десять килограммов опия-сырца, зашитых в сиденье машины.

После получасовой проверки и регистрации документов нас отпустили, и мы наконец покинули территорию Таджикистана. Через пятнадцать километров нас встретили киргизские таможенники. Это опытные специалисты, которые профессиональным чутьем определяют торговца наркотиками.

Пожилой черноусый киргиз с лисьим прищуром глаз начал сразу прощупывать бензобак машины тонким металлическим прутом, зная, что некоторые контрабандисты укладывают опий в эту емкость. Двое других стали осматривать личные вещи и кабину. Киргиз заметил волнение Ахмадшо, курящего одну сигарету за другой. Подозвал его к себе, и они вдвоем исчезли в будке таможенника. Через десять минут Ахмадшо вернулся к шлагбауму и, распрощавшись с остальными проверяющими, сел в грузовик. Мы с Ахмадшо продолжаем свой сложный и опасный маршрут.

— Все-таки догадался, что в сиденье наркотики, — процедил сквозь зубы мой попутчик после того, как мы отъехали от шлагбаума. — Пришлось отстегнуть ему сто тысяч российских рублей, а на обратном пути надо будет разгрузить пару мешков муки. Опытный, гад!

На досмотровом пункте Сары-Таш машину остановил интеллигентного вида молодой человек в штатском, представившись лейтенантом милиции. Ахмадшо пришлось заплатить ему сто пятьдесят долларов, чтобы тот не осматривал машину. Это была последняя проверка перед въездом в долину. У таможенников в Кыргызстане нет служебных собак, натасканных на наркотики. Несколько месяцев назад в этот горный регион были завезены ищейки, которые, по словам кинологов, безошибочно определяли по запаху опий и гашиш. Но в условиях высокогорья и повышенного давления животные погибли. Специалисты из Бишкека, по разговорам таможенников, собираются разводить определенную породу терьеров в условиях сурового климата Памира.

В киргизском Оше спокойная мирная жизнь и нет войны. Как в прежние времена, работают мастерские, магазины и даже предприятия. К вечеру второго дня Ахмадшо прибыл на специальную автобазу, где обычно разгружают гуманитарную помощь для жителей Горного Бадахшана. Там его все знают, и ожидающие сообщники тотчас забирают привезенный товар.

За десять килограммов опия-сырца Ахмадшо получил десять тысяч долларов. Теперь он богатый человек, хотя ему предстоят немалые расходы по возвращении в Поршнев.

— На обратном пути, когда едешь с продуктами, топливом и другим товаром, таможенники забирают свою долю, — объяснял он мне на прощанье тонкости контрабанды. — Но самое страшное позади!

Счастливый Ахмадшо, обладатель крупной суммы зеленых купюр, отправился на рынок в предвкушении обильного отоваривания.

С тех пор прошло три года. Если в 1994 году десять—пятнадцать килограммов опия-сырца, обнаруженного у местных жителей, были сенсацией, то начиная с 1995 года счет изъятого смертоносного зелья пошел на сотни килограммов. Оперативные службы Таджикистана и российские пограничники мгновенно среагировали на увеличивающийся поток наркоты через Горный Бадахшан. По всей трассе вдвое увеличилось количество постов. На проверочных КПП выстраивались километровые очереди грузовиков, направляющихся в киргизский Ош.

КАРАКУЛЬ — «ЗОНА СМЕРТИ»

Так наркомафиози окрестили этот участок дороги Памирского тракта, где и происходят основные аресты контрабандистов, чей смертоносный груз доставляется через горные перевалы в Киргизию. Здесь, на высоте 4200 метров над уровнем моря, возле высокогорного озера Каракуль расположены пограничный пост и комендатура.

«Зоной смерти» нарекли этот регион не только преступники, но и те, кто постоянно живут и работают в условиях повышенной и опасной для человека радиации. А это, в первую очередь, российские офицеры и их семьи.

До того как я ступил ногой в эту зону, мне порекомендовали принять стакан обычной водки и запить его крепким кофе. Иначе организм не в состоянии адаптироваться к условиям высокогорья, где мгновенно понижается давление и наступает кислородное голодание. Любое резкое движение вызывает тяжелую одышку. Каракуль — это сорокаградусные морозы зимой и ураганные ветры летом, от сухости которых происходит медленное обезвоживание организма.

Май 1995 года принес грандиозную сенсацию. На этот раз на КПП озера Каракуль пограничникам удалось захватить у контрабандистов рекордную партию, почти 400 килограммов опия-сырца на сумму более чем 4 миллиона долларов США. Наркотик был изъят у известного контрабандиста по прозвищу Алиер. Весь личный состав комендатуры был поднят по команде «в ружье» и три дня напряженно ожидал нападения бандитов. Обезумевшие преступники, понеся в тот день колоссальные убытки, могли броситься штурмовать комендатуру. По личному приказу директора ФПС РФ Андрея Николаева наркотик был незамедлительно уничтожен в топке отопительной системы части.

С того момента пограничники превратили «дорогу жизни» Хорог — Ош в сущий ад не только для наркокурьеров, но и для тех памирских водителей, которые вот уже четвертый год везут в Горный Бадахшан агахановскую гуманитарную помощь.

Наркотики стали искать в самых замысловатых узлах машин, включая рабочие колеса и двигатель. И результаты таких проверок дали обильные «урожаи» зелья. Во дворе комендатуры Каракуля я увидел разрезанные автогеном кузова многотонных «ЗИЛов» и «КамАЗов», из-под обшивки которых извлекались сотни килограммов опия.

ГЕРОИН ПРИХОДИТ НА СМЕНУ ОПИЮ-СЫРЦУ

Эксперты госбезопасности, с которыми мне приходилось беседовать, уверены, что объемы поставок опия из Афганистана и Пакистана через таджикский коридор в Россию исчисляют уже десятками тонн в год.

В республике эти цифры давно уже никого не пугают, так как городские газеты в Душанбе регулярно публикуют сводки о наркотиках, изъятых правоохранительными органами у контрабандистов.

Но последней сенсацией стало то, что с начала этого года российские пограничники стали задерживать нарушителей границы с иным товаром, то есть с самым дорогостоящим наркотиком в мире — героином. Можно смело утверждать, что наркокартели «Золотого полумесяца» за последние годы удачно опробовали таджикский коридор с опием-сырцом и теперь пустили в оборот героин, который не только расходится по России, но и идет дальше в Европу. Пока задержаны курьеры с десятью — пятнадцатью килограммами белого порошка, но это уже гигантские суммы. Если в приграничной зоне цена одного килограмма героина — от 7 до 10 тысяч долларов США, то в Москве — это астрономические цифры, достигающие 150 тысяч долларов.

О вышеупомянутых поставках наркотиков через таджикский коридор свидетельствует статистика российских пограничников, которые задерживают контрабанду в арифметической прогрессии.

1994 год — изъято на границе 260 килограммов опия-сырца, 1995 год — 1720 килограммов, 1996 год — почти 2 тонны, 1997 год — к лету российские пограничники вышли к двухтонному рубежу. На начало осени 1997 года только в районе административного центра провинции Бадахшан — г. Файзабад, по имеющимся данным, подготовлено к переправе на территорию Таджикистана до 40 тонн опия.

Анализ имеющихся данных дает основание полагать, что производство наркотиков в Афганистане и Пакистане в ближайшее время сможет бросить вызов «Золотому треугольнику» Юго-Восточной Азии (Союз Мьянма, Таиланд, Лаос). Так, по существующим оценкам объем производства опия, основы морфия и героина, в вышеупомянутых странах варьируется от 2000 тонн опия-сырца и более.

Два года назад, когда я делал репортаж о таджикской исламской оппозиции в Горном Бадахшане, мне попался на глаза афганский боевик. В беседе он высказал следующую мысль:

— Вы, шурави[1], уничтожили за десять лет оккупации всю нашу страну, ввергнув ее в длительную гражданскую войну. Но мы вам все равно отомстим. Мы вас закидаем наркотой, которую вы долго будете расхлебывать.

К сожалению, его прогнозы сбываются. То, что наркобизнесом занимаются очень влиятельные ведомства и люди в Таджикистане, не вызывает ни у кого сомнений. Такие крупные партии не в состоянии провезти простые смертные одиночки. Героин — это уже не борьба с голодом в республике, а большой бизнес.

Сегодня достаточно открыть любую таджикскую газету и наряду с прогнозом погоды прочитать сводки об изъятых на постах больших и средних партиях опия-сырца: десять, сто, двести, триста килограммов. Наркота захлестнула не только всю Среднюю Азию, но и все страны СНГ, в первую очередь — Россию.

КУДА ИСЧЕЗАЕТ НАРКОТИК?

Несколько удачных операций российских пограничников по изъятию контрабандного груза вызвали настоящую ведомственную войну между таджикскими правоохранительными органами и российскими пограничниками. Согласно таджик-

---

[1] Ш у р а в и — советские.

ским законам, российские пограничники обязаны отдать местной милиции весь товар, как для проведения экспертизы, так и предоставления вещественного доказательства на суде. Но фактически почти вся наркота уничтожалась на погранзаставах, что вызывало ярость и негодование у представителей местных силовых структур.

Так, областной прокурор ГБАО Аслишо Музофиршоев во время нашей беседы в Хороге заявил, что усматривает в позиции пограничников нечестную игру.

— Они задерживают контрабандистов с товаром. Наркотик остается у них, а нам они предоставляют десять — пятнадцать граммов на экспертизу. Ну это просто не серьезно. На суде в качестве вещдоков должен быть весь груз, вот тогда я могу требовать у судей максимального срока этим преступникам. Что происходит сейчас? Нет товара, и контрабандиста приходится отпускать, хотя по бумагам он задержан с сотней килограммов опия. Что они делают с наркотиками, мне неизвестно.

В ответ на мою просьбу объяснить причину столь странного поведения руководства погранвойск майор Мургабского погранотряда Виктор Попов проводил меня в одну из оружейных комнат части.

От едкого запаха у меня закружилась голова. Более шестисот килограммов опия и гашиша были расфасованы в фабричные полиэтиленовые упаковки и аккуратно сложены рядом с ящиками боеприпасов. Рыночная стоимость этого смертоносного груза по приблизительным подсчетам исчислялась в пять миллионов долларов США.

— Вот эта партия, восемьдесят девять килограммов гашиша марки «555» пакистанского производства и два мешка опия, была конфискована нами дважды, — рассказал мне Виктор Попов. — В первый раз мы отдали весь груз мургабским правоохранительным органам. На следующий день к ним приехали бандиты с автоматами и забрали весь наркотик. Так происходило со всем изъятым товаром, и мы все чаще стали обнаруживать наши отметки на многих упаковках, которые когда-то честно отдавали милиции. Теперь мы передаем на экспертизу по десять граммов с каждого двухкилограммового мешочка. А быть соучастниками преступления мы не хотим, зная, что этот наркотик может вновь оказаться на пути в Россию.

На вопрос, что ожидает эту партию наркотиков, российский офицер ответил, что приказ об уничтожении всего груза должен поступить из Москвы.

— Вот тогда мы пригласим к себе их представителей и пусть слезными глазами глядят на нашу топку.

МЕСТЬ НАРКОМАФИОЗИ

Сколько может стоить голова российского пограничника? За командира Мургабского погранотряда полковника Сергея Я. и начальника комендатуры Каракуля Андрея Ф. мафия готова выложить по сто тысяч долларов за каждого. После трех сенсационных задержаний по 300 — 400 килограммов наркоты в Мургабском районе в Оше были расстреляны более десяти человек. Преступные кланы за провал перевозки поплатились дюжими авторитетами из числа киргизских контрабандистов. По достоверным источникам, покупателями груза были новосибирские наркогруппировки, которые заранее оплатили стоимость товара. Им же пришлось высылать киллеров, чтобы наказать неудачливых поставщиков.

То, что наркомафия охотится за пограничниками, ни для кого не секрет. Но когда она присылает поздравительные открытки на дни рождения жен и детей, сообщает о российских адресах офицеров, то это серьезно заставляет задуматься тех, кто честно исполняет свой долг.

— Здесь, на Памире, им не выгодно убирать нас, — рассказывает пограничник Алексей М. — Поэтому охоту на себя мы не чувствуем, хотя всегда бдительны. Наркодельцы понимают: если кого-то из наших здесь уберут, то посты будут утроены и мы начнем действовать адекватно. Их задача вселить в нас страх там, в России, где наши семьи более беззащитны. И кое-что они уже сделали.

Старшина Карим Адханов, несмотря на юный возраст, был самым искусным специалистом по обнаружению наркоты в тайниках грузовых машин. Благодаря природному чутью и необычайному нюху он мог на расстоянии нескольких метров по запаху обнаружить хорошо упакованное зелье. За период двухлетней службы он принял участие в изъятии полутора тонн опия-сырца из грузовиков, проходящих через Памирский тракт. Окончив срочную службу, он уехал в отпуск домой в Ходжент в надежде вернуться в погранотряд в качестве контрактника. Но месяц спустя пришло известие о том, что зимой его тело нашли на мусорной свалке с отрубленной головой.

ИСПОВЕДЬ СТАРОГО КОНТРАБАНДИСТА

На Памире говорить об опии (в народе его называют «ханкой») — все равно что в России обмолвиться о водке. Разница лишь в том, что спиртное разрешено, а наркота запрещена. В Хороге мне довелось побеседовать с одним старым контрабандистом, который по ряду объективных причин прекратил перевозить наркотики через границу.

— Контрабандой опия я занимался еще во времена Советского Союза, когда никому в голову не приходила мысль пересекать границу. Афганистан всегда для нас считался средневековой вотчиной тамошних аборигенов. В те давние времена в наркобизнес были вовлечены не многие. Мне было достаточно трех-четырех килограммов опия-сырца, чтобы безбедно прожить год, так как цены полностью контролировались нами и ошские мафиози не диктовали нам своих условий. Сегодня хаос и беспредел. Суровая и голодная зима 1993 года, продолжающаяся гражданская война в Таджикистане породила массу наркодельцов. Теперь этих людей ничто и никто не остановит, даже наш имам Агахан. Боевики сдают опий и гашиш по очень низким ценам, тем самым давая возможность заработать приезжим киргизам. А ведь границу перейти гораздо сложнее, и никто тебя на переправе не пощадит. Убивают сразу. Получается, черную работу проделывают таджики, а сливки снимают киргизы. Я это дело сразу бросил. Поймают меня с двумя килограммами — и в тюрьму. Никто не заступится. А тех, кто провозят по триста—четыреста килограммов, обязательно вытащат. Или с помощью оружия, или за большие деньги.

БЛЕСК И НИЩЕТА ТАДЖИКИСТАНА

Шестисотые «мерседесы», лимузины, дорогостоящие «БМВ», «вольво» и японские джипы стали неотъемлемой частью сегодняшнего Душанбе, впрочем, как и огромное число вооруженных людей в комуфляже, с утра до ночи патрулирующих улицы города.

Как утверждают многие приезжие, из числа работников гуманитарных международных фондов, с которыми мне приходилось беседовать, ни в одной

СЦЕНАРИЙ ДЛЯ КОШМАРА

Итак, новый маршрут поставок найден. И теперь в ход пойдет все, чтобы не допустить стабильности в этом регионе. Ведь стабильность — это, прежде всего, твердая власть и жесткий контроль. А этого как раз больше всего боятся мафиозные группировки. И, защищая свои интересы, они, безусловно, прибегнут к бешеным деньгам, а если надо — и оружию. По подобному сценарию уже разыгрывались и разыгрываются события в Союзе Мьянма (бывшей Бирме), Колумбии, годами борющейся всей силой государства с Медельинским картелем, в Перу, где «кокаиновые джунгли» надежно скрывают повстанцев из движения Сендеро Луминосо. Причем достаточно хотя бы малейшего намека на стабилизацию обстановки, как вмешиваются неведомые силы, следует серия провокаций, и вот вам новый виток в эскалации конфликта. Таковы условия жанра. Таков сценарий.

В Таджикистане в настоящий момент нет широкомасштабной войны, но в стране почти у каждого второго жителя есть оружие. В республике огромное количество никому не подчиняющихся вооруженных групп. Криминальные разборки, похищения представителей международных гуманитарных организаций, локальные стычки в столице Душанбе — это хаос, который на руку наркодельцам.

КТО ОН, КОРОЛЬ НАРКОБИЗНЕСА АЛЕША ГОРБУН?

Седьмого декабря 1994 года многие мировые агентства сообщили о том, что в Горном Бадахшане убит один из самых известных наркобаронов среднеазиатского региона Алеша Горбун (настоящее имя — Абдуламон Аембеков).

Взрыв прогремел на весь областной центр Хорог. Во многих домах были выбиты стекла, а у ворот штаба отрядов самообороны Горного Бадахшана дымился джип, возле колес которого лежало обгоревшее тело полевого командира непримиримой таджикской оппозиции. Боевики Бадахшана потеряли самого влиятельного человека в этом регионе.

По мусульманским обычаям Алешу похоронили через три часа после гибели.

— Бог облек его в бронежилет в виде горба, — грустно заметил один из телохранителей. — Алеша прошел через крутые передряги войны и ни разу не был ранен. Но никто не ожидал столь профессионального убийства с помощью дистанционной мины.

Несмотря на физическое уродство, маленький рост (155 см) и возраст (ему было 34), Алеша завоевал непререкаемый авторитет среди моджахедов. За годы гражданской войны из торговца наркотиками он превратился в политика, с мнением которого считались не только местные из соседних центральноазиатских республик нет такого количества сверхдорогих иномарок на душу населения, как в Таджикистане.

И все это на фоне зияющей нищеты, когда средняя зарплата для тех, кто имеет работу, составляет всего лишь 10 тысяч рублей в месяц.

За счет чего в престижных районах Душанбе вырастают двух-, а то и трехэтажные особняки, а автопарк города продолжает заполняться иномарками?

Ответ прост. Таджикистан уже превратился в транзитную наркоимперию и, пожалуй, стал основным каналом доставки наркотиков из Афганистана и Пакистана в Россию и дальше в Западную Европу. Последняя сенсация осени 1997 года — это рекордный улов героина. Российские пограничники изъяли на таджикско-афганской границе у контрабандистов более 10 килограммов героина. Наркотик шел в Душанбе. Такого рекордного урожая белого порошка в этом году стражи границ не знали. По грубым подсчетам, рыночная цена этого товара исчисляется в 15 миллионов долларов США.

ПРОЩАНИЕ С ХЛОПКОМ

Известно, что хлопок и крупнейший в бывшем Советском Союзе алюминиевый завод в Турсунзаде не дают баснословных прибылей, как наркотики. Сегодня именно эта сфера нелегального бизнеса стала основой экономики разрушенной гражданской войной республики.

Еще год назад почти весь Южный Таджикистан был засеян хлопком, единственным товаром, который приносил валюту в бюджет страны. Проехав около двухсот километров по Хатлонской области, я уже не увидел те громадные хлопковые плантации, которые контролировали боевики и мафиозные структуры.

Сегодня люди, спасаясь от голода, сеют пшеницу, выращивают овощи и фрукты. Но что тогда экспортирует республика и каким бизнесом занимаются местные предприниматели, которые разъезжают по дорогам Таджикистана на джипах и «мерседесах»?

Такая перспектива имеет и более фатальные последствия. На сегодняшний день сам Таджикистан не является производителем наркотических веществ. Но природные условия идеальны для выращивания специальных сортов опиумного мака и марихуаны. Ухудшение экономической ситуации и продолжающаяся гражданская война вынудит местное население последовать примеру афганских соседей. И недалеко то время, когда основой экономики республики станет не только транзит наркотиков, но и производство этого сверхприбыльного товара. А опиумный мак и марихуана — это не та сложная культура, которая требует труда, умения и капиталовложений. Бросил весной семена, а осенью собирай урожай. Вот и весь фокус.

органы власти, но и командование группы российских погранвойск в Горном Бадахшане, генералы, приезжавшие в область, непременно встречались с ним и проводили переговоры по стабилизации обстановки на таджикско-афганской границе.

За день до гибели Алеша выступил по областному телевидению и пообещал местным властям провести частичное разоружение своих отрядов, чтобы снизить напряженность на Памире. Теперь никто не думает сдавать оружие, а люди Горбуна поклялись найти убийцу и отомстить за командира.

За три дня до его гибели я по телефону договорился о встрече, увы, опоздал. Но у меня сохранилась кассета с записью нашей беседы, сделанной еще в октябре 1994 года, за два месяца до его гибели.

Мы сидели в лагере моджахедов, близ райцентра Калайхумб, над нами в бреющем полете парили российские вертолеты. Они прочесывали ущелья Памира, пытаясь обнаружить огневые точки боевиков. Алеша несколько раз выбегал к зенитчикам, предупреждал их не открывать огонь первыми. В конторе полуразрушенной автобазы отдыхали боевики, вернувшиеся с перевалов Тавильдары, где проходили бои между оппозиционерами и вооруженными формированиями МО Таджикистана. Алеша вел по рации переговоры с командирами других группировок и параллельно отвечал на наши вопросы.

— Ходят легенды, будто вы без единого выстрела захватываете заставы и посты на границе, затем вдруг освобождаете российских пограничников из афганского плена, сражаетесь в рядах исламистов, но потом становитесь лучшим другом пограничников. И наконец, наркобарон... Кто вы на самом деле?

— Я не отрицаю, что занимался наркобизнесом, и об этом говорил не раз. Обо мне даже знают в России. Но не надо делать из меня таджикского Пабло Эскобара с многомиллионным состоянием. Вы же видите, в какой нищете мы живем. Идет гражданская война, и наша задача не допустить правительственные войска Таджикистана и 201-ю российскую дивизию в Горный Бадахшан. Хватит того, что моих безвинных земляков уничтожали в других регионах республики. Политическое противостояние в Таджикистане давно переросло в этническую войну одного региона с другим. Общий враг — правящий режим в Душанбе. Нам больше терять нечего. И пусть пограничники не вмешиваются, мы между собой разберемся. Люди воюют на перевалах, чтобы обезопасить островок мира — Бадахшан.

— Тогда при чем здесь наркотики?

— Горный Бадахшан — каменный мешок. Уже третий год мы в блокаде, которая довела людей до голода и нищеты. Что нам делать и как выживать? Чтобы спастись от голода, многие памирцы стали покупать у афганцев наркотики и, перепродав их посредникам, смогли на эти деньги купить продукты. Как еще можно заработать деньги? Если у тебя на глазах будут умирать дети, ты перейдешь под пулями пограничников границу и купишь наркотики. Еще нам нужны деньги на покупку оружия, чтобы защитить себя.

— На Памире не растет опиумный мак. Где основные его посевы?

— В равнинных областях Афганистана.

— Как происходят сделки между покупателями?

— Почти у каждого афганца есть опий-сырец, и, перейдя границу, его можно купить. Килограмм за сто долларов. Затем продать в Душанбе или Оше за тысячу.

— Существуют ли в Бадахшане лаборатории по переработке опия в героин?

— Нет. Это делается в Узбекистане и в основном в России. У нас люди за счет наркотиков выживают, а там это большой бизнес. В Москве цена за килограмм опия достигает десяти тысяч долларов. На Западе еще дороже.

— Какие объемы проходят через Бадахшан?

— Через Узбекистан проходят больше. Всем известно, что узбекский генерал Дустум один из самых крупных поставщиков опия-сырца в СНГ. Киргизские таможенники требуют у наших водителей, которые везут на Памир гуманитарные грузы, наркотики и доллары. Сегодня Ош — крупный центр наркобизнеса, которым занимаются даже правоохранительные органы.

— А российские военные перевозят наркотики?

— Конечно. Местные таможенные службы не имеют доступа к самолетам и вертолетам погранвойск и МО РФ. Но мне мои люди сообщают об этом. Здесь такое не скроешь.

— Как же вы переходите границу? Ведь ее контролируют пограничники и сразу открывают огонь на поражение.

— Я ее могу перейти и днем и ночью. Границу невозможно контролировать. Это почти пятьсот километров по реке Пяндж. Когда существовал Советский Союз, людям в голову не приходило переплывать на тот берег и контактировать с афганцами. А теперь мы туда ходим за оружием и наркотиками.

— И каковы цены?

— Автомат Калашникова — четыреста долларов, пулемет — шестьсот, зенитные установки доходят до трех тысяч. «Стингеры» — почти тридцать тысяч долларов за ракету.

— Какую самую большую партию наркотиков вам удалось переправить на этот берег?

— Без комментариев.

— Как складываются ваши взаимоотношения с пограничниками?

— Не будут вмешиваться во внутритаджикский конфликт — никто не станет с ними воевать. Их задача охранять границу. Если увидят кого-то на переправе, пусть стреляют. А не пойман — не вор. В Бадахшане много пришлых групп, которые, согласно существующим договоренностям, должны рассредоточиться в ущельях, чтобы пережить зиму, пока идут переговоры. Я договариваюсь с пограничниками, чтобы пропускали колонны с боевиками мимо погранпостов.

— Удается?

— В основном да, хотя бывают конфликты и провокации, как со стороны боевиков, так и со стороны пограничников. К сожалению, у некоторых не выдерживают нервы.

— Сколько человек в вашем отряде?

— В одном только Хороге пятьсот. Но в нужный момент я могу поднять несколько тысяч.

Кто все-таки убил Алешу Горбуна? Версий много. Пограничники ссылаются на междоусобицы среди наркодельцов. Правоохранительные органы винят таджикскую оппозицию, которой якобы не понравились миротворческие усилия Алеши и решение сдать оружие. Моджахеды усматривают в этой акции следы российских спецслужб.

Как ни странно, некоторые офицеры из числа российских пограничников высоко отзывались о его миротворческих усилиях и по достоинству оценивали положительную роль в урегулировании отношений между непримиримой оппозицией и защитниками границы.

МАРШРУТЫ «БЕЛОЙ СМЕРТИ»

Эта карта[1] — результат опроса специалистов МВД Таджикистана и Кыргызстана с учетом мнения местных жителей Горного Бадахшана, а также моджахедов, воюющих против прокоммунистического режима в Душанбе.

Афганские города Кундуз и Файзабад — основные центры, где сосредоточиваются запасы крупных партий гашиша, опия-сырца и героина.

Читрал — населенный пункт северной провинции Пакистана, известный насыщенностью всеми видами наркотических веществ, в том числе и героина, добываемого в лабораторных условиях.

Узбекский город Термез и киргизский Ош — наиболее крупные центры наркобизнеса в среднеазиатском регионе. В Термез поступают наркотики из афганской зоны, контролируемой генералом Дустумом, в Душанбе — из южных областей Таджикистана, просачиваясь через известные пянджские и московские заставы.

Ошская зона насыщается наркотиками из приграничной зоны Горного Бадахшана и служит коридором в восточные регионы России через Бишкек, Ташкент и Алматы. Эти города имеют воздушные сообщения с административными центрами Урала, Сибири и Дальнего Востока.

---

[1] См. на первом форзаце.

Специалисты из отдела по борьбе с нелегальным распространением наркотических веществ МВД Таджикистана утверждают, что вертолетные площадки в поселках Айни и Нурек недоступны контролю оперативников местных таможенных служб.

Рейс Душанбе — Москва, совершаемый дважды в неделю на транспортных самолетах ИЛ-76, нередко используется контрабандистами. На борту оказываются гражданские пассажиры, вступающие в сделку с российскими военными. Грузоподъемные борты приземляются в подмосковных городах Чкаловск и Клин, где таможенные службы не в состоянии контролировать многочисленные грузы пассажиров.

Зоной посевов опиумного мака является северная область Таджикистана. Опий, добываемый в Пенджикентском регионе, доставляется в Ходжент, который также связан воздушными путями с Москвой и Санкт-Петербургом.

СОБЛАЗН

Если спросить у любого жителя Памира, задействованы ли российские военные в наркобизнесе, то не сомневайтесь, вам скажут не только «да», а еще назовут фамилии генералов, полковников и цифры в килограммах, провезенных на военных бортах из Таджикистана в Россию.

Когда я разговаривал с крупными наркодельцами в Хороге, некоторые из них не скрывали, чем они занимаются, подробно рассказывали, как обрабатывают на постах российских офицеров.

— Ну, вот объясните, — задал мне вопрос один из жителей Хорога. — Зачем на Памир прилетают самолеты и вертолеты КМС[1]? Ведь в Горном Бадахшане нет ни одного солдата и офицера Министерства обороны РФ?

— В последнее время некоторые группировки взяли на вооружение необычную тактику психологического воздействия на пограничников, — объяснял мне ситуацию подполковник Александр Ф. — Мы задерживаем какого-нибудь крупного наркокурьера с грузом и, естественно, допрашиваем его. Тот неожиданно объявляет, что товар предназначался для генерала Х. Во-первых, доказательств никаких нет, а пущенная «утка» сразу облетает все официальные инстанции, и люди разносят эту весть на весь Памир. На человека навешивается ярлык — и репутация подмочена.

На этот счет остроумно высказался командующий группой российских погранвойск в Таджикистане генерал-лейтенант Павел Тарасенко:

— Если в деревне кто-то пустит слух, что Маруся блядь, то попробуй доказать обратное...

---

[1] КМС — Коллективные миротворческие силы.

Это все пустые слухи... Только специальное расследование и суд могут определить вину того или иного человека, тем более, когда дело касается столь серьезного преступления, как контрабанда наркотиков. У нас таких случаев не было.

Другой российский генерал высказался более жестко:

— Если поймаем и найдем доказательства, то щадить не будем. Получит по заслугам, несмотря на вселенский скандал.

А теперь о соблазне. Старший лейтенант Георгий Ш. «получил» взятку в 12 тысяч долларов США, чтобы пропустить груз через пост Каракуль. Так началась хитроумная операция по задержанию крупнейшего преступного авторитета Ахуна, киргиза из Оша. В тот день пограничники задержали 368 килограммов опия.

Я стал свидетелем ареста одного контрабандиста, который был послан в «зону смерти» с целью завербовать одного из офицеров. Он был пойман по наводке с 300 граммами наркотиков. Как объяснили мне разведчики, среди наркогрупп существует конкурентная борьба, и иногда враждующие между собой наркобароны подкидывают наркоту курьерам и дают сигнал оперативникам. Тридцатилетний Давлет К. оказался такой жертвой и попался в руки пограничников. При допросе выяснилось, что он специально прибыл в район комендатуры для налаживания контактов.

Соблазн действительно велик. Ведь пограничнику, чтобы заработать состояние, не надо применять тщетных усилий и испытывать на прочность свою нервную систему. Достаточно закрыть глаза на несколько минут, и наркомафия в благодарность подгонит прямо на заставу новенькую «девятку» или «Ниву», устроит квартиру в Москве или в Санкт-Петербурге — и это всего лишь за то, чтобы через пост без досмотра проехала обычная грузовая машина. И офицер и солдат могут обеспечить себе безбедную старость в одно мгновение. Такова цена проезда через российский пост Каракуль. Все остальные посты на территории Киргизии или куплены, или есть возможность миновать их окольным путем.

Начиная с 1994 года российские военные стали нередко попадаться с наркотиками на территории Таджикистана.

КУДА ИСЧЕЗ ГЕНЕРАЛ ВЬЮНОВ?

За последние три года местными правоохранительными органами не раз задерживались военные вертолеты и самолеты, прибывающие из приграничной зоны в Душанбе, на бортах которых обнаруживались наркотики.

Данные МВД Республики Таджикистан:
28 февраля 1994 года в самолете АН-26, принадлежащем МО РФ, совершающем полет по маршру-

ту Хорог — Душанбе, было обнаружено 3 кг 42 г опия-сырца.

26 марта 1994 года при проверке самолета АН-26 в аэропорту г. Душанбе, принадлежащего ФПС РФ, был обнаружен 1 кг гашиша.

15 декабря 1994 года в аэропорту Душанбе на борту военного вертолета, принадлежащего МО РФ, было обнаружено 22,5 кг опия-сырца.

По всем инцидентам были заведены уголовные дела. Но тогда изъятый опий и гашиш составляли всего лишь несколько килограммов, и обычно инцидент исчерпывался договоренностями между заинтересованными сторонами. Преступников отпускали на свободу.

Но 19 августа 1996 года войдет в историю МВД и МБ Таджикистана как день самого большого «улова». Сенсационная операция, проведенная спецслужбами республики в аэропорту города Душанбе, дала фантастический результат. На борту вертолета, принадлежащего МО РФ и находящегося в ведении КМС Таджикистана, было обнаружено 109 килограммов высококачественного опия-сырца, рыночная стоимость которого исчисляется в миллион долларов США.

Сразу же после задержания груза военной прокуратурой войсковой части ПП 62507 были допрошены в качестве свидетелей начальник штаба объединенного командования КМС генерал-майор Вьюнов Ю.И. и замкомандующего по ВВС, герой Советского Союза, ветеран афганской войны полковник Малышев Н.И., так как вертолет выполнял боевое задание по приказу вышеназванных начальников.

Двадцать седьмого августа той же прокуратурой возбуждено уголовное дело по факту нелегального провоза наркотиков из приграничной зоны в столицу Душанбе российской авиацией. На следующий же день оба военачальника были срочно отозваны в Москву, хотя согласно договоренностям сроки их пребывания в Таджикистане не были завершены.

По последним сведениям, судьба генерал-майора Вьюнова Ю.И. и полковника Малышева Н.И. неизвестна, а их должности занимают другие военачальники.

Как объяснил мне военный прокурор Владимир Пичугин, следователям не удалось установить личность посредника, который должен был получить товар в Душанбе. По предварительным данным, подозреваются несколько гражданских лиц, работающих в аэропорту. Но это уже в компетенции местных правоохранительных органов. По закону следователи военной прокуратуры не имеют права разыскивать и задерживать гражданских лиц, проживающих в Таджикистане. Теперь им приходится рассчитывать на неподкупность и оперативность сотрудников Министерства безопасности Таджикистана, от которых зависит, будут ли пойманы сообщники российских военных.

КТО БУДЕТ КОНТРОЛИРОВАТЬ «БЕЛУЮ ТРАССУ»?

Продвинутся ли талибы дальше на север? Этот вопрос волнует всех тех, кто находится поблизости от «пылающего факела» Афганистана. Известно, что обезумевшие исламские фанатики из движения «Талибан» контролируют почти 70 процентов территории страны, включая столицу Кабул.

Все мы помним, как осенью 1996 года состоялась экстренная встреча всех глав среднеазиатских государств и премьер-министра РФ Черномырдина. Саммит в Алматы вывел эту проблему на первое место в геополитической плоскости международных отношений в этом регионе. И ни для кого не секрет, что отдельные государства, наиболее заинтересованные в стабилизации ситуации в Афганистане, тайно стали поставлять оружие смертельным врагам талибов — узбекскому генералу Дустуму и Панджшерскому Льву, таджику Ахмад Шах Масуду. Наступление фанатиков удалось приостановить — и широкомасштабная война несколько локализовалась.

Многие политологи и наблюдатели пытались раскрыть козырную карту движения «Талибан» и выдвинули ряд убедительных версий. Угроза экспорта исламского фундаментализма в Среднюю Азию, поход на мусульманскую святыню Бухару движения «Талибан», контроль экономической зоны и прокладка газопровода по территории

Афганистана, этнические междоусобицы — таков набор предполагаемых вариантов, объясняющих успех афганцев-пуштунов. Но на мой взгляд, все эти домыслы лишь детские бурные фантазии тех политиков, которые никогда не вникали в суть афганской проблемы.

Давно пора осмыслить, что всякая подготовленная военная акция имеет конкретные задачи и перспективы.

— Движение «Талибан» — это чистейший продукт дельцов международного наркокартеля «Золотой полумесяц», которым умело воспользовались пакистанские власти и стоящие за ними их американские друзья, — так охарактеризовал все последние события в этом регионе заместитель военного атташе Исламского Государства Афганистан господин Ахмад Зия.

И с ним трудно не согласиться. На сегодняшний день Пакистан и Афганистан — это наркоимперия, которая уже завоевала мировой рынок сбыта опия и героина в страны СНГ и Европу.

Сегодня через южные границы бывшего СССР ежегодно проходят более 300 тонн наркотиков. А это миллиарды долларов. Кто же будет контролировать эту «белую трассу»?

Основой экономики Афганистана после разрушительной девятнадцатилетней войны стал наркобизнес, и другой перспективы этот несчастный народ не видит. Но раздел государства на этнические провинции (пуштуны, таджики и узбеки) лишает руководителей наркокартелей контроля этого самого прибыльного бизнеса в мире. Движение «Талибан» является последней надеждой построить «цивилизованную» экономическую зону.

Что касается похода на север, то могу успокоить современных геополитиков: Средняя Азия уже покорена, и ни в коем случае не исламистами-фанатиками. Если Казахстан и Узбекистан еще не полностью контролируются наркодельцами, то Таджикистан и Кыргызстан — это «падшие» государства, чиновники которых успешно делают миллионные капиталы на опии и героине. Более того, куплены и российские военные, что охраняют внешние рубежи СНГ, о чем свидетельствуют сотни килограммов наркотиков, обнаруженные на самолетах и вертолетах КМС, и показания военным прокурорам дают русские генералы.

— А как же американцы могут поддерживать движение «Талибан», если речь идет о наркотиках? — спросил я у господина Ахмада Зия. — Вряд ли янки станут пачкаться в этой «грязной» игре.

— Их главная задача — создать своему заклятому врагу Ирану непредсказуемого и вооруженного до зубов соседа, который бы всегда напоминал об американском присутствии в этом регионе, — просто разъяснил ситуацию заместитель военного атташе.

Ну а дальше можно догадаться самим. Гений американской внешней политики в том, что Россию нужно отвлечь от европейских проблем (продвижение НАТО на восток), чтобы бывшая мировая держава замкнулась в своем пространстве и чаще думала о своих тылах.

ВСЕ ДОРОГИ ВЕДУТ В ОШ

Сегодня киргизский город Ош по праву называют вторым колумбийским Медельином. В этом областном центре сосредоточены десятки тонн афганского опия и гашиша, а местные тюрьмы и изоляторы забиты контрабандистами и наркоманами со всех концов бывшего Советского Союза. Ош стал не только городом-складом, но и настоящей биржей, где регулируются цены на наркотики и заключаются многомиллионные сделки. В этом городе длинный язык — это смерть.

Ош внешне похож на любой другой среднеазиатский город, где летом жара не опускается ниже сорока градусов и почти круглый год стоит пыльный афганец. Глиняные дувалы и мазанки теснятся рядом с добротными кирпичными домами. Еще несколько лет назад Ош был знаменит на всю Центральную Азию своим гигантским восточным базаром, где установились самые низкие цены на ввозимые китайские товары. А Сулейманова гора, что возвышается в центре города, издавна притягивала к могиле святого старца паломников со всего мусульманского мира.

Теперь сюда со всех концов СНГ прибывают наркокурьеры. К этому городу приковано внимание не только наркодельцов всех мастей, но и представителей воровских структур. В Оше постоянно находятся представители преступных кланов Алматы, Красноярска, Иркутска и многих других городов ближнего зарубежья.

А из Афганистана через семь горных памирских перевалов по трассе Хорог — Ош в Ферганскую долину доставляют десятки тонн наркотиков. Главные ворота Великого шелкового пути закрылись для китайского шелка и распахнулись перед афганскими опием и героином.

— Когда вы приедете в этот почти сонный город, которому уже около трех тысяч лет, — описывает Ош подполковник МВД Кыргызстана Тимур Исаков, — вы удивитесь! Где опий, где героин?.. Одни разочарования... По трассе Ош — Хорог нет ни души! Одна-две машины в час... Но это всего лишь мираж! Ош — торфяное болото, сверху тишь да гладь, а внизу кипит.

СЛЕДСТВИЕ ЗАКОНЧЕНО — ЗАБУДЬТЕ

Наркотики в Оше стали эквивалентом валюты, за них дают машины, квартиры, дома и заказы на убийство. В этом городе нет ни одного наркодиспансера, но есть тысячи наркоманов, которые ежедневно прокалывают шприцами свои вены и вводят в организм очередные дозы афганского опия или героина.

В наркобизнес вовлечены не только мужчины, но и женщины и их дети. Их используют в качестве курьеров и им доверяют самый дорогой наркотик в мире — героин. Как оказалось, изобретательные домохозяйки умудрялись прятать в своем теле до двух килограммов белого порошка, зная, что среди пограничников и милиционеров, проверяющих на горных постах пассажиров, нет женского персонала.

Но недавний случай в аэропорту Оша заставил таможенников республики срочно пересмотреть систему проверок в зоне контроля авиапассажиров. По наводке сотрудники спецслужб производили тщательный досмотр одной подозрительной женщины, вылетающей рейсом в Москву. К всеобщему удивлению, на теле пассажирки в замаскированном гигиеническом пакете обнаружили около килограмма героина. С тех пор на многих постах по трассе Хорог — Ош появились сотрудницы в военной форме.

— Женщины, которые попадаются с наркотиками, умеют держать язык за зубами, — рассказывает председатель городского суда Гульнара Мадмарова. — Мы не можем выйти ни на торговца, ни на покупателя. Запуганные до смерти курьеры никогда не выдадут самих наркомафиози. Для них длинный язык — это смерть. А удачно проведенная операция — возможность выжить в нынешних условиях и прокормить свою многодетную семью.

Но в Оше женщины выполняют отнюдь не только «черную» курьерскую работу. В наркомафию вливаются как уголовники и бывшие спортсмены, так и люди с безупречной репутацией: педагоги, работники спецслужб и даже ученые.

Тридцатишестилетнюю киргизку, преподавателя одного из вузов Оша, по прозвищу Ирка, уже давно пытаются выловить с наркогрузом на горных постах. Но хитрая и опытная женщина еще ни разу не попадалась с товаром в руки таможенников или российских пограничников. О ней ходят легенды как о самой изобретательной контрабандистке. В своих наркооперациях она даже в качестве прикрытия использует грудных детей. Обычно ее появление на трассе Ош — Хорог — это сигнал, что пошел товар. Пока она удачлива и имя ее на слуху.

Следователям Ошского МВД редко удается «расколоть» пойманного наркокурьера. Я случайно оказался свидетелем сцены, как водитель грузовика из Горного Бадахшана Анвар К. хладнокровно взирал во время допроса на возбужденных оперативников, которые тщетно пытались выведать у него информацию. Его задержали с 40 килограммами опия-сырца, заваренного в обшивку кузова «ЗИЛа».

— Я хочу скорее попасть в зону, — каждые пять минут неустанно повторял наркокурьер Анвар К. —

Мне надоело сидеть в вашем изоляторе. Мне не нужен адвокат. Передайте дело в суд, получаю свой червонец и все. Вы тут несколько месяцев будете мне устраивать спектакли? Я признаю свою вину и хочу получить срок.

— Получается, он берет все на себя, — разъяснял его позицию следователь Кадырбек Сарыев. — Он никого не выдаст. Знает, что долгие годы будет гнить в тюрьме. А взамен наркомафия возьмет на обеспечение его семью.

ТАЙНЫЙ ВОЯЖ ГЕНЕРАЛА ДУДАЕВА

Кыргызстан всегда привлекал внимание различных преступных группировок России, что не было новостью для местных спецслужб. В Чуйскую долину прибывали многие известные криминальные авторитеты и наркодилеры. Но неожиданный приезд президента Чечни Джохара Дудаева удивил многих. Произошло это за год до начала чеченской войны.

В телерадиопередачах, на страницах российских газет сквозила тревога надвигающейся катастрофы. Госдума бурлила. Журналисты предостерегали от повторения афганского синдрома. Политики взахлеб обвиняли Дудаева и его сторонников в сепаратизме. Генерал Дудаев мотался на своем самолете по СНГ, искал себе политических единомышленников, закрепляя выгодные каналы реализации чеченской нефти, ее обмена на продукты и нечто более существенное.

Как частное лицо он нежданно-негаданно вдруг появился и в Бишкеке. Побывал на конноспортивных соревнованиях на ипподроме, но не был на официальных приемах. Загадочный визит был оценен местными журналистами как разведка, глубинный зондаж накануне каких-то серьезных событий, и их приближением уже был пропитан воздух во всем бывшем СССР. Не миновали эти события и Кыргызстан.

Вскоре внимание оперативников из отдела по борьбе с наркобизнесом УВД Чуйской области привлекли «фиалки». Так условно именовался преступный клан, свивший гнездо в Аламединском районе. К одному из местных чеченских авторитетов, Салману Билалову, в гости из Чечено-Ингушетии нагрянули трое незнакомцев. Началась лихорадочная скупка продуктов, водки, сигарет, заготовка гашиша и марихуаны. А через десять дней автокараван самосвалов, приобретенных по бартеру на автосборочном заводе, двинулся на Кавказ, в Чечню. Тогда-то руководитель операции заместитель начальника УВД Чуйской области Слан Джаманкулов и распорядился завершить ее, благо улик было собрано предостаточно.

Оперативники недосыпали ночей, ведя наблюдение, чтобы ни один самосвал, ни один мешок сахара нелегально не ушел с территории Кыргызстана. Не забывали они и о том, что и Салман

Билалов и Шамиль Салтымурадов были известны как крупные сбытчики наркозелья. Торговали по-крупному, но уличить их все никак не удавалось. Возникли серьезные подозрения, что вывезти в Чечню заготовленные в Чуйской долине марихуану и гашиш «фиалки» попытаются вместе с продуктами, шифером, цементом, железом, куревом, водкой, которые днем они, не таясь, грузили в новенькие самосвалы. Основательно упаковывали, увязывали. А что там было внутри, установить поздней ночью не удавалось, хотя чувствовалось, что оживленная «маскировочно-погрузочная» работа с наступлением темноты не прекращалась.

Реальность превзошла все ожидания. На посту ГАИ у села Военно-Антоновка колонна загруженных с верхом самосвалов была приостановлена. В присутствии понятых вначале проверили накладные, путевые листы. Все честь по чести. Маршрут Бишкек — Гудермес, из Кыргызстана в Чечню, за тысячу километров через Казахстан и Россию. Однако кроме аккуратных накладных с перечислением ценных грузов, никаких документов на право их вывоза из суверенной республики владельцы сотрудникам милиции предъявить не смогли и явно нервничали. Для поиска наркотиков им предложили начать разгрузку. Первая, вторая, третья трехтонка... Пусто. Никаких наркотиков. Владельцы начинали ехидничать, ругаться, качать права.

— Когда на дне кузова под листовым железом показались мешки с «родным» запахом гашиша, — рассказывал майор милиции Алексенцев, — меня даже в пот бросило. Еще бы! Пятнадцать плотно утрамбованных мешков марихуаны, такого количества нам еще изымать не приходилось!

Вот так, с обнаружения и изъятия 151 килограмма 300 граммов марихуаны в кузове автомашины, которой управлял гражданин Чечено-Ингушской АССР тридцатилетний Адам Мадаев, и началась раскрутка этого громкого дела, связанного и с международным наркобизнесом, и с подготовкой к будущим боевым действиям в Чечне, обернувшимся год спустя большой кровью.

В тот же день опергруппа Дамира Джунусова провела обыски в доме Белауди Мажидова в Лебединовке, где временно проживал Мадаев, у Белалова и Салтымурадова в селе Аламедин. В итоге правоохранительным органам удалось обнаружить и конфисковать около двух тонн наркотиков. Отпираться было бессмысленно. И задержанные нехотя, с трудом стали давать показания. Сенсация облетела все спецслужбы СНГ. Преступников осудили, но, по странному стечению обстоятельств, все чеченцы были переданы в руки российских правоохранительных органов. По слухам, все осужденные уже давно на свободе.

КИРГИЗСКИЙ СПРУТ

Арест офицера военной контрразведки Кыргызстана Улугбека Текебаева поверг в шок всю общественность республики. Он был задержан в Джалалабаде с 9 килограммами опия. Людей потрясло не только то, что секретные службы страны оказались коррумпированы, но и то, что арестованный являлся родным братом самого известного и скандального политика в Кыргызстане, депутата Верховного Совета Асала Текебаева, ранее пытавшегося стать президентом республики.

В тот же период следователи из МВД взяли с поличным еще несколько контрабандистов. Двое из них оказались родственниками заместителя министра национальной безопасности, третий — братом заместителя начальника следственного управления МВД и т.д. Местная пресса с каждым днем ошарашивала общественность все новыми арестами в среде высокопоставленных чиновников.

В ответ, вместо того чтобы осудить коррупцию в высших эшелонах власти, парламентарии обязали генпрокурора республики возбудить уголовное дело против местных оперативников. Ряд депутатов обвинили следователей в превышении своих полномочий. И лишь вмешательство президента страны Аскара Акаева позволило сотрудникам из отдела по борьбе с наркобизнесом МВД Республики Кыргызстан довести дело до суда.

— Нам очень сложно бороться с коррупцией, — рассказывал мне полковник милиции Александр Зеличенко, специалист по борьбе против наркоконтрабанды. — Зарплата опера из службы по борьбе с наркобизнесом равна стоимости трех-четырех граммов опия на черном рынке Оша, то есть около тридцати долларов США в месяц. А у сержанта, стоящего на посту Сары-Таш, она и того меньше. Ему надо просто отвернуться или просто «не успеть» осмотреть машину. И за пять минут получить тридцать — пятьдесят окладов. А еще наркомафия оказывает давление на неподкупного милиционера, угрожая его родственникам и знакомым.

Действительно, если бы не российские пограничники, то семисоткилометровую трассу можно было бы пробить за несколько сот баксов. К счастью, между контрабандистами и русскими офицерами и солдатами не существует родственных и должностных связей. Но контрабандисты ищут иные пути обхода постов российских военных и находят их.

АРХИТЕКТОР

В отличие от Горного Бадахшана, где люди почти не скрывают, что занимаются наркобизнесом и каждый наркобарон на виду, в Оше предпочитают хранить молчание.

Однако правоохранительным органам удалось выявить целую преступную группировку, которая в течение нескольких лет успешно занималась транзитом наркотиков. Следователи раскрыли деятельность самой мощной наркогруппы, которую возглавлял некто по кличке Архитектор. Его поимка стала сенсацией, так как преступной организацией управлял не какой-то уголовник или отпетый бандит, а известный в республике ученый, в прошлом главный архитектор области и один из уважаемых людей в Оше.

Оперативники, с которыми я беседовал, даже боялись произнести его имя, так как взяли Архитектора не за наркотики. На тот момент никто не знал, сколько получит главарь наркомафии, и лишнее слово могло стать роковым для любого опера. С помощью городского судьи мне все же удалось пройти в ошский изолятор, где его содержали в отдельной камере, но наркобарон отказался от интервью. Хотя до этого местной журналистке удалось разговорить Архитектора и в прессе были напечатаны его признания.

И все же кто он, король наркобизнеса по кличке Архитектор? По его проектам было построено множество зданий в Оше. По словам оперативников, он успешно занимался архитектурой. Но неожиданно, где-то пять лет назад, он отошел от дел и увлекся восточными единоборствами. Создал группу фанатов и стал учить их не только искусству рукопашного боя, но и урокам восточной философии. Архитектор вместе со своими учениками отправлялся на тренировки в горы и по нескольку месяцев проводил там, адаптируя организм к суровому климату высокогорья. Те, кто хорошо его знали, не могли понять, что произошло с ученым. Как выяснилось позже, Архитектор решил взять под контроль поставку наркотиков из Афганистана через Таджикистан в Кыргызстан.

За полтора года его группа, минуя все кордоны и посты, горные перевалы и ледники, пронесла на себе несколько тонн опия и гашиша. Пройти за три-четыре дня через Памирские горы не удавалось еще никому. Правоохранительные органы арестовали почти всю группу, но не за наркотики, а за убийство одного из их подельников. Самого Архитектора взяли за незаконное хранение оружия. Так была раскрыта целая наркогруппа.

P.S. 25 сентября 1997 года Архитектор, отсидев положенный срок в СИЗО, был выпущен на свободу.

ПЛАСТИЛИНОВАЯ КОРОВА

Сары-Ташская погранзастава в Чон-Алайском районе Ошской области — последнее и едва ли не самое серьезное препятствие на пути прохождения наркотиков. Здесь контрабандисты демонстрируют чудеса ловкости и изобретательности, чтобы провести российских пограничников. Опий прячут в бензобаках, его бортуют в колесах, искусно вшивают в сиденья автомашин, маскируют под обшивку кузова. Оторопь берет, когда видишь, как на Сары-Таше, на страшном ветру, в мороз, милиционеры, облачившись в ОЗК (общевойсковой защитный комплект) и натянув противогаз, спускаются прямо в автоцистерну, откуда на ощупь извлекают пакеты с опием-сырцом.

Конечно, местным контрабандистам далеко еще до специалистов из «Золотого треугольника», умудряющихся зашивать героин в... золотых рыбок, предназначенных на экспорт. Однако и они изощряются с не меньшей фантазией. Заместитель командующего группой погранвойск РФ в Кыргызстане генерал-майор Владимир Косенко рассказал историю о том, как случайно удалось задержать контрабандистов, которые умудрились запихать в желудок крупной коровы восемь килограммов плотно расфасованного в полиэтиленовые пакеты опия-сырца. Местные пастухи вполне легально провезли на борту грузовика животное из Горного Бадахшана в Кыргызстан. И только в Оше, миновав все посты, в безопасном месте разрезали желудок корове и изъяли оттуда наркоту. А таджикско-киргизскую границу в поисках плодородных пастбищ ежедневно пересекают десятки отар овец и коров.

— Теперь и над этой проблемой приходится думать, — рассказывал генерал-майор Косенко. — Как среди сотен голов крупного рогатого скота отыскать так называемую пластилиновую корову.

АЛЫЕ МАКИ ИССЫК-КУЛЯ

До 1974 года на Иссык-Куле официально высеивался мак. К началу семидесятых годов Советский Союз давал 16% мирового запаса опия и реализовывал обезболивающие медицинские препараты во многих странах мира.

В 1973 году ООН обратилась с просьбой к правительству СССР прекратить посевы опиумного мака, так как выращивание этой культуры считалось прерогативой очень бедных стран, которые были не в состоянии поднять свою экономику. Это условие было выполнено.

Почти за двадцать лет — с 1974-го по 1990 год — из незаконного оборота было изъято всего пять килограммов опия. Это были остатки иссык-кульского мака и небольшие частные нелегальные посевы. Но 1991 год стал переломным в уже независимом Кыргызстане. Оперативники конфисковали у контрабандистов около 20 килограммов опия-сырца. К осени 1996 года сотрудники МВД зафиксировали более двух тонн контрабандного наркотика, из них опий составлял половину. Чуйскую долину вновь облюбовали потребители марихуаны и гашиша. Дикорастущая конопля стала приносить гигантские доходы.

Во время очередной операции «Мак», проводимой сотрудниками МВД Кыргызстана, в селе Ананьево собрались местные аксакалы. Старики были недовольны тем, что правительство собирается уничтожить дикорастущие посевы «дурман-травы», так как все участки с коноплей уже были поделены между группами и семьями местных жителей. Люди требовали у государства землю в аренду, чтобы они могли полновластно развивать «фермерство» и защищать свою землю от набегов чужих контрабандистов.

Шутка ли, за спичечный коробок зелья залетные покупатели платят до двухсот сомов — во много раз больше, чем положено чабанам, врачам, учителям за тяжелый труд в течение месяца.

В 1991 году, когда экономика страны была на самой низшей точке падения, многие ученые старики в республике кричали во весь голос: «Дайте нам засеять маком иссык-кульские земли, и мы за один год выскочим из кризиса!» Но президент Аскар Акаев принял мужественное решение и присоединился к антинаркотиковым международным конвенциям.

Но экономика республики по-прежнему остается в чахоточном состоянии. Невыплата пенсий и зарплат, падение производства и ужасающая нищета в сельских регионах Кыргызстана вынудили местное население вновь возобновить скрытые посевы опиумного мака. Дикорастущая конопля стала экспортным товаром. Во время сбора ее урожая на Иссык-Куле оперативники задерживают и юнца, и седого аксакала. Приезжие курьеры из России и Казахстана платят за наркотики, по местным понятиям, бешеные деньги. Например, спичечный коробок гашиша, так называемый ручник, который лепят руками, стоит 200 сомов, что эквивалентно 12 долларам США.

В горах Кыргызстана растет трава — эфедра хвощевая. Почти до середины восьмидесятых годов республика экспортировала за рубеж до 500 тонн этих лекарственных растений. Известно, что эфедра применяется для приготовления эфедрина. В отличие от конопли, ее нельзя уничтожать. Это очень ценное сырье, из которого изготавливаются синтетические наркотики, амфетамины.

Во времена Советского Союза существовала следующая схема. Эфедра уходила в Болгарию, Германию и другие страны, а взамен Кыргызстан получал лекарственные препараты, где содержался эфедрин. Он использовался для подстегивания иммунной системы в период депрессии. Это и есть экстази.

Но теперь местные наркоманы научились прямо из травы изготавливать эфедрон. Минуя весь сложный технологический процесс, они колются свежеприготовленной сывороткой. Даже сами наркоманы стараются не общаться с теми, кто используют эфедрон. Опий или гашиш наносят удар по интеллекту, а этот самопал выводит из строя плоть человека. У потребителя быстро отказывают почки, выпадают волосы и зубы. Через пару месяцев здоровый человек может превратиться в глубокого старца.

Сегодня Республика Кыргызстан имеет широкие перспективы из страны транзита превратиться в страну производителя почти всех видов растительных и синтетических наркотиков. Недалек тот день, когда в республике наркобароны будут отмечать ежегодные «праздники урожая».

Глава 2
«ПСЫ» НАРКОБИЗНЕСА

Его продолжают искать наркоторговцы, братва, сотрудники правоохранительных органов некоторых южноазиатских республик. Ему давно вынесен смертный приговор, но он продолжает разоблачать тайны наркомафии и методы борьбы спецслужб с ними на территории бывшего СССР. Я познакомился с ним в Москве в декабре 1997 года с помощью коллег из газеты «Криминальная хроника», где он иногда под псевдонимом публикует свои материалы. Он представился мне Георгием. Я услышал подлинную исповедь человека, бывшего сотрудником КГБ, ныне беженца и безработного.

ВЕРБОВКА

Как становятся сексотами — секретными сотрудниками? Наверно, каждый по-своему...

Я стал сексотом КГБ в ИТУ 148/8. Я был осужден в Забайкалье по статьям 15, 62,103 УК РСФСР в 1978 году. Срок — восемь лет. С принудительным лечением от наркомании в спецИТУ усиленного режима. Мое преступление было простым, как ложка. С 17 лет я сидел на игле и считал себя конченым преступником. По криминальным делам нам с приятелем пришлось уехать из Киргизии в Читу. Мы были наркоманами и в любом крупном городе могли найти барыгу — торговца наркотиками. Так случилось и в тот раз. Но мы не были постоянными покупателями нашего очередного барыги, поэтому он вместо промедола продал нам какую-то гадость. Мой приятель от нее умер. А я чудом остался жив — спасибо врачам. После похорон я должен был наказать виновного. Убить человека нелегко, а я настолько хотел убить, что промахнулся: нож, который я кидал в барыгу, попал ему не в горло, а ниже. Он остался жить. А я был арестован и осужден...

Отбыл уже пять лет из своих восьми. В зоне считался «правильным». Это был 1984 год — переломный в моей жизни.

Меня по селектору вызвали «на вахту к хозяину». Я ничего хорошего от этого не ожидал: внутрилагерных нарушений режима у меня хватало. В кабинете у «хозяина» сидел неизвестный мне мужчина, перед ним на столе лежало мое личное дело. Вначале я подумал, что он — «кум», оперативник ИТУ, то есть мент. С ходу отказался быть стукачом — о ментах у меня уже давно сложилось твердое и вполне определенное мнение. Тогда он предъявил удостоверение сотрудника КГБ и предложил не торопиться с выводами. Вербовал он меня классически. Я дал подписку о сотрудничестве: мы ведь воспитывались на легендах о чекистах.

Первым заданием было подготовить обзор внутрилагерного положения, о земляческих группировках, получающих поддержку с воли. Я работал активно, давал подробные характеристики авторитетов, выявлял связи сотрудников ИТУ с блатными, разработал систему контроля за нелегальной доставкой наркотиков в зону.

ПЕРВЫЕ РАДОСТИ

Мою работу оценили. Чекисты помогли досрочно освободиться. Причем была выработана легенда, согласно которой свою свободу я «купил». Тридцатого августа 1984 года меня освободили. Меня встретил мой куратор. И я поехал не домой, а вместе с ним в Подмосковье. Там меня месяц натаскивали как сексота. Именно тогда я узнал, что в КГБ организовано Управление по борьбе с оргпреступностью. Весь месяц я не выпускал ручку из пальцев, вспоминал и писал имена, фамилии, клички, характеристики, сведения о межрегиональных лагерных связях, о способах транспортировки наркотиков, адреса...

Мне объяснили, что я должен буду внедриться в оргторговлю наркотиками. Дома у меня будет свой куратор, сообщение обо мне уже отправлено, и меня ждут. Вот так я стал платным секретным сотрудником КГБ. Точнее — управления «В» 3-го ГУ КГБ СССР. Еще точнее — КГБ своей республики. И наполнило меня, простите за штампованную красивость, щемящее чувство свободы плюс гордость за то, что стал «бойцом невидимого фронта». Короче: молод был и глуп.

Дома месяц меня никто не тревожил. Я даже начал думать, что обо мне забыли. Стал потихоньку присматривать работу, зажил цивильной жизнью.

ПОИСКИ РЕПУТАЦИИ

Перед ноябрьскими праздниками пришел ко мне человек и предъявил уже знакомые комитетские «корочки». Это был мой новый куратор. Отдых закончился. Дали задание внедриться в среду наркоманов, выйти на барыг и прикрывающих их сотрудников МВД. Так что мне вновь приходилось садиться на иглу. Очень не хотелось, но куратор успокоил: раз в два месяца я буду проходить дезинтоксикацию в спецклинике. Однако посоветовал не зарываться и дозу не увеличивать. Выдал деньги, 180 рублей зарплаты и 200 рублей на «нужды производства». Я написал, как положено, расписки. Куратор рассказал мне про связь и запретил говорить родным о моей работе: «Пусть они тебя считают блатным. Так будет лучше».

Внедриться большого труда не составило. Город-то был родным. Плюс наличные деньги. Мелкие барыги меня не интересовали, но определенный круг уже выявлялся. Мне не хватало одного: реальной криминальной репутации. Ее надо было заработать.

Ситуация с наркотиками в городе складывалась такая. Чистым опием уже никто не кололся — в моде был химарь. Из молотых коробочек мака — кукнара — изготавливался опий-сырец, то, что на Западе называют крэком. Кукнар завозился из Талды-Курганской области Казахстана. Надо было доказать, что я не просто наркота, а деловой. И я нашел выход. В ДК одной организации я присмотрел аппаратуру — стереомагнитофоны, фотоаппараты... В один из декабрьских вечеров в узком кругу авторитетных наркот, когда ждали прибытия гонца с товаром, а денег для расплаты с барыгой не было, я предложил «выставить» этот ДК и забрать всю аппаратуру. Со мной пошли двое. Госкражу мы совершили довольно легко. Тянула она лет на десять строгой зоны. На следующий день я толкнул аппаратуру за полторы тысячи. Шестьсот рублей взял себе, подельникам — по 450. После этого меня познакомили с гонцом-барыгой. Представили как верного и правильного парня.

Мой отчет вызвал одобрение у куратора, и я получил свою вторую зарплату. Новый год я встретил в компании нормальных людей. Там я познакомился с женщиной, в которую влюбился с первого взгляда. Мне было тогда 26 лет. Я был влюблен, но правды о себе сказать, конечно, не мог. Но тогда меня это не мучило.

Ощущая поддержку КГБ, я старался, чтобы в криминальной среде нашего города у меня была репутация крутого. Ежедневные тренировки в метании ножей дали свои результаты. И однажды в случайной ночной драке с пьяными киргизами, когда я и мой приятель возвращались домой из блатхаты, мое умение выручило нас. Двумя ножами я ранил двоих. Если уличные драки не раскрываются по горячим следам в течение часа, то они не раскрываются вообще.

Мой приятель был разговорчив. В среде местной наркоты мое умение метать ножи вызвало уважение. Так я стал крутым. Это оказалось решающим аргументом, когда выбирали сопровождающего для гонца в Талды-Курган. Мой куратор дал мне контактные телефоны в Талды-Кургане, но звонить я мог только в крайнем случае: если мы попадали в поле зрения казахского МВД.

ПЕРВАЯ ОПЕРАЦИЯ

Мы должны были привезти 500 стаканов молотого кукнара — денежный эквивалент 7500 рублей. На обратном пути на границе Киргизии и Казахстана нас должен был встретить мент, прикрывающий этот канал доставки наркотиков в наш город.

Из одного стакана кукнара выходит пять доз химаря для плотно сидящих на игле. Это около трех граммов отравы. Так что груз, который мы должны были доставить в Киргизию, подпадал под категорию «особо крупные размеры». Перевозчики в случае провала получали от 8 до 15 лет.

Задание у меня было таким: по маршруту Фрунзе — Алматы — Талды-Курган — Панфилов засвечивать опорные блатхаты (для их дальнейшей оперативной разработки), на месте завязать тесные знакомства якобы для приобретения в дальнейшем крупной партии кукнара наркотами из России, по возвращении в Киргизию выявить мента или ментов, опекавших сбыт наркотиков, и создать условия для перехвата груза.

Была разработана легенда, как мне в последний момент отойти в сторону. Легенда мне очень не понравилась, суть ее заключалась в том, что меня арестовывают за ношение холодного оружия и водворяют в СИЗО — одновременно с перехватом груза и арестом фигурантов. Мой куратор успокоил: к сорокалетию Победы будет амнистия, и я со своей предполагаемой статьей буду амнистирован.

Я старательно засвечивал блатхаты и фигурантов (имена, клички, приметы). Записи вел на двойных стельках теплых сапожек специальной ручкой. В Панфилове установил знакомства. Благо «родное» ИТУ 148/8 уже приобрело к этому времени широкую известность в узких кругах: у одного корейца — «сильного барыги» — младший брат отбывал срок в одни годы со мной, в зоне мы считались земляками и были приятелями. Благодаря этому мы взяли не 500, а 600 стаканов кукнара за те же деньги (легко заниматься контрабандой наркотиков, если тебе «помогает» КГБ).

По возвращении во Фрунзе наш «газик» встретили два мента — инспектор по наркомании и опер из угро. Этого оказалось достаточно, чтобы сделать соответствующие выводы. Гонец сказал, что я свободен и что со мной рассчитаются дома. Мне пришлось предъявить свои права на лишние сто стаканов кукнара — дескать, если бы не мои знакомства и так далее. Я, мол, хочу потащиться в столице, домой попаду не скоро, лучше рассчитайтесь сейчас. Выглядело все убедительно и мотивированно. Груз достали из тайника в кузове, отсыпали мне мою долю — 50 стаканов, дали денег. Груз обратно упаковывать не стали: чего теперь бояться — два мента в сопровождении.

Моя информация о прибытии, местонахождении груза и его сопровождающих стала сигналом к началу операции «Перехват». В ущелье «газик» был протаранен «ЗИЛом», прибывшие на место аварии «сотрудники ГАИ» обнаружили кукнар. То, что сопровождающие груз менты сразу не разобрались в ситуации и пытались спасти гонца и груз, стало фактом сотрудничества работников МВД с наркоторговцами. Через два дня — 5 марта — я был «арестован» на аэровокзале с боевыми ножами.

Это была моя первая боевая операция. Мой куратор, навещая меня в СИЗО, сказал, что я становлюсь первоклассным сексотом, что мне увеличена зарплата и открыт трудовой стаж. Санкция на мое содержание под стражей была выдана на два месяца...

Для моей матери и любимой женщины мой арест стал ударом. Единственное, что их утешало: я арестован не за наркотики, а за хорошо им известное мое хобби — за ножи. Я попросил куратора, чтобы он нашел возможность передать мою зарплату матери, а женщине моей выслать бандероль с французскими духами.

По делу о контрабанде кукнара было осуждено девять человек. Моя фамилия на следствии и на суде не фигурировала.

ЯША

В СИЗО, в следственной камере строгого режима, я чувствовал себя вполне комфортно. В среднеазиатском СИЗО можно было получить с воли любой грев — наркотики, водку, деньги, часто и женщин. У кого качественный грев — тот и авторитетней. Мой куратор постарался обеспечить качественный грев... Я не только сам получал наркотики, но и делился ими с другими авторитетами. Это опять-таки работало на мою репутацию. Тогда-то я и познакомился со своим будущим другом и партнером.

В камере нас было около сорока человек. На свободе стоял апрель. Я сидел на верхних нарах возле окна и играл в нарды с Жориком — авторитетом средней категории. Дверь камеры открылась, и менты ввели какого-то парня-корейца. Он поздоровался: «Привет, братва!» Стало ясно, что он из наших. Кто-то в ответ поздоровался и с ним: «Здорово, Яша». Я-то отбывал срок в России, а здесь почти все прописанные в тюрьме знали друг друга. Яша сразу спросил: «Буржуй здесь?» Буржуй был наркоманом и бакланом — то есть хулиганом. Он как раз спал в это время.

В честь нового жителя хаты заварили чифир, забили косяк с анашой. Я предложил Яше кукнару. Он тут же отказался от косяка и вкатил моего угощения. Я поинтересовался, за что и как он сел. «А ты кто такой?» — спросил Яша. Я сказал, что тюрьма поставила меня смотреть за хатой, чтобы, значит, хата была правильной. Тогда он представился: три ходки по 144-й статье — щипач, карманник стало быть. Подсел, чтобы разобраться с Буржуем. Буржуя тут же разбудили. Он увидел Яшу и стал похож на покойника, хотя был здоров и силен. Оказалось, что, пока Яша мотал очередной свой срок, Буржуй посадил на иглу его младшую сестренку и пускал ее по кругу, а потом продал в Каракалпакию за триста граммов ханки.

В нашей хате на сорок человек было пятнадцать бродяг, то есть тех, кто имел право на внутритюремные разборки. Как смотрящий я спросил их мнение. А потом подвел итог: ты, Яша, можешь и должен получить с Буржуя, я объявляю его не бродягой, а чертом...

Яша умел драться. Почти сразу отключил Буржуя. Затем подтащил его к параше (стоящему возле дверей забетонированному унитазу), расстегнул свои штаны, обнажил член и несколько раз провел им по губам Буржуя. Затем развернул Буржуя мордой к стенке, стащил с него спортивное трико и провел членом между его ягодиц. И стал Буржуй нетрахнутым педерастом. И уже к вечеру попросил ментов перевести его в петушатник — в камеру, где содержались педерасты.

Ночью в нашей хате состоялся сходняк. Пришли авторитеты с полосатого (особого) режима. Спросили с меня как со смотрящего — тюремные интриги покруче интриг любого королевского двора. Интересовались правомерностью моих действий. Свое разрешение Яше получить сполна я подкрепил кукнаром. И как всегда, наркотики оказались решающим аргументом.

Яша стал моим тюремным кентом...

ПОВЫШЕНИЕ КВАЛИФИКАЦИИ

Пятого мая закончился срок санкции моего содержания под стражей. Меня отпустили, взяв подписку о невыезде. Мой куратор уже подготовил медицинское заключение о том, что я заболел туберкулезом и нуждаюсь в срочном стационарном лечении. Неделю я побыл дома, а потом уехал «лечиться» от туберкулеза.

Мои хозяева определили меня в спецотделение окружного госпиталя в Алматы. Вначале меня сгоняли с дозы. Затем — дезинтоксикация. Позже — шоковая (инсулиновая) терапия. Обновили кровь. Провели курс общеукрепляющего лечения. За два месяца меня сняли с наркотиков. Я снова был готов к работе.

С июля до середины августа я проходил спецподготовку. Меня учили слушать и слышать собеседника: спровоцировать человека на нужный мне поступок; разбираться в тюремных и уголовных кодах для расшифровки маляв (писем, записок и т.п.). Изучал я также материалы об организованной преступности и наркобизнесе за рубежом, первые результаты борьбы с советской оргпреступностью. Знакомился с личными досье среднеазиатских авторитетов и арестованных групп наркобизнеса. Обучали меня системе запоминания и тренировки зрительной памяти. Приехал мой куратор. Провел своеобразный экзамен. Остался доволен. Сказал, чтобы я возобновил тренировки по метанию ножей. Потребовал, чтобы я подробно расписал все 60 дней пребывания в СИЗО. Особенно моего куратора заинтересовала история с Яшей. На Яшу я составил характеристику как криминальную, так и человеческую. После этой писанины куратор вывез меня в офицерский тир алматинского гарнизона и преподал уроки стрельбы из пистолета.

Тем временем вышла амнистия. И мое уголовное дело было прекращено еще до суда.

Заданием мне было определено: создавать, не раскрывая себя, информационную сеть, собирать компромат на сотрудников МВД, провоцировать разборки внутри криминального мира, проверять информацию о возобновленных нелегальных посевах опийного мака.

В городе я появился на законном основании — амнистированный туберкулезник. Городская братва считала, что мне крупно повезло — иначе загремел бы вместе с грузом.

Сентябрь — октябрь — время сбора конопли и изготовления анаши. На областном сходняке было принято решение взять под контроль эту торговлю. Пржевальская группировка контролировала восточную часть области, наша — западную. Для нейтрализации диких заготовителей решили использовать ментов. Я не сумел проконтролировать первый вывоз анаши в Новосибирск. Судя по всему, партия была очень крупной, так как на внеочередной связи мой куратор был мною не доволен...

Я ИДУ В РОСТ

Итак, мне приказали создать информационную сеть... Значит, снова надо было сесть на иглу. В этом был свой резон: наркоманы становятся болтливы после принятия вожделенной дозы, особенно если она достается на халяву. Потому я и попросил своего кагэбэшного куратора выдать мне «для служебного использования» побольше «отравы». После оформления немалого количества бумаг я получил тысячу ампул промедола.

У МВД, у угро были свои информаторы в среде наркоманов. Новый инспектор по наркомании оказался «идейным ментом», рьяно взялся за свою работу и взяток не брал. Пока...

В первую очередь я стал выявлять его стукачей, что было не так уж и сложно. Выдающий информацию не должен догадываться, что представляет собой какую-то ценность. Надо уметь обнаружить людей, обладающих врожденным «даром» сплетника, и периодически встречаться с ними для дружеской беседы. Услышанное анализируется потом и раскладывается по полочкам. К новому 1986 году у меня уже сложился некий приятельский круг. В нем я и черпал почти всю информацию о криминальном и околокриминальном мире нашего района.

В соответствии со своим образом жизни я не должен был заниматься барыжничеством. Так что промедол уходил на бесплатное раскумаривание нужных мне людей. В городе меня начали считать крутым — ведь только у меня были «стекляшки» (ампулы), они позволили мне завязать знакомство с «идейным» ташкентским вором в законе Маликом. Я нигде не работал, но имел деньги, поэтому сложилось мнение, что я «работаю на выезде» — за пределами области. Малик предложил мне встретить Новый год у него в Ташкенте. Мой куратор был доволен: его сексот поднимался в криминальном мире...

СРЕДНЕАЗИАТСКИЙ УГОЛОВНЫЙ КОЛОРИТ

В восьмидесятых годах «отрава» из Афганистана шла через Ташкент. Узбеки контролировали опийную дорогу... В те годы по-настоящему организованная преступность существовала только в Средней Азии. Были тому свои исторические причины. Во-первых, вооруженная борьба с советской властью — басмачество — продолжалась здесь до конца тридцатых годов. Во-вторых, с началом Отечественной войны сюда эвакуировались не только «цивильные» граждане, но и уголовники всех категорий. В-третьих, Средняя Азия использовалась как место для депортации многих малых народов: чеченцев, балкарцев, турок-месхетинцев, корейцев... Официально Средняя Азия значилась советской, красной, со всей положенной атрибутикой. На самом деле здесь был совсем другой мир.

Среднеазиатский криминалитет отличался от российского большей гибкостью, он куда быстрее воспринимал перемены в обществе. Здесь гораздо раньше, чем в России, поняли, что лучше покупать МВД, нежели противостоять ему. К восьмидесятым годам преступность Средней Азии четко структурировалась: воры в законе — авторитеты — смотрящие — исполнители. Воры имели выход на высшие политические и силовые структуры — кроме КГБ. Война в Афганистане открыла южные границы СССР. Среднеазиатская номенклатура через высших криминалов начала конвертировать советские деньги в иранское и индийское золото. Подступ к ворам был невозможен из-за того, что они опирались на свои кланы. Общение с ними шло через младших представителей клана — «братишек». И то, что такой серьезный человек, как Малик, удостоил меня своим вниманием, было прямо-таки сверхъестественной удачей. Отказываться от встречи с ним представлялось в высшей степени неразумным. Но от первого впечатления зависело очень многое...

САБЛЯ БУХАРСКОГО ЭМИРА

Гастролерами из России в Алматы была «выставлена» квартира одного старого генерала. Гастролеров повязали. В списке «выставленного» значилась сабля, принадлежавшая якобы бухарскому эмиру. Мой куратор придумал гениальный ход. Ведь до суда украденные вещи находятся в МВД. Вот он и приволок мне эту саблю и постарался «записать» кражу в мой актив. Я должен был подарить редкостное оружие Малику. Тем самым я подтверждал свою репутацию и оказывал уважение «аге». Накануне — 30 декабря — мой куратор представил меня моему связисту в Ташкенте, сотруднику узбекского КГБ. И вечером того же дня мы выехали на автобусе из Фрунзе. Утром были в Ташкенте. На вокзале меня встречали «братишки».

По обычаю на туй (свадьбу) собрались только мужчины — авторитеты и смотрящие, близкие клану Малика. Каждый поднес подарок — деньги, золото. Ну, а я приподнес саблю бухарского эмира. Малику сабля очень понравилась. Меня он представил как молодого, но «путевого» человека, что было равносильно приближению к клану.

После двухдневного праздника состоялась серьезная беседа. Малика интересовало мое мнение о криминальном мире Киргизии. Он предложил мне информировать его о всех новостях. До вокзала меня довезли его «братишки». А там меня взяли менты. При досмотре мне подсунули грамм опия. Это была обычная практика, но менты не стали брать с меня откупного, что очень и очень настораживало...

Меня закрыли в «отстойник» и «запустили под пресс». Вначале возник соблазн добиться встречи с моим здешним «контактом», но уж больно назойливыми показались мне вопросы ментов. Оставалось только «лаять» ментов и дожидаться помощи. Трое суток без санкции прокурора меня «прессовали», как резинового, а я исправно «лаял ментов — козлов паскудных». Но не отпускала опасность, что меня допрессуют до того момента, когда никакая санкция прокурора ни мне, ни кому-либо вообще не потребуется. Тем более, что менты были узбеки, а я — орус. Но трое суток кончились. И меня неожиданно «погнали». И не было уже сил удивляться весьма характерному обстоятельству: из «отстойника» меня радостно встречали «братишки» Малика. Неделю я потом отлеживался у одного из них. Однако выходило так, что я доказал, что во мне есть каторжанский дух. И домой меня отправили с почетом. С собой я увез полкило опия и приглашение приехать в марте на встречу мусульманского Нового года. О том, что мое возвращение контролировал мой «контакт» из узбекского КГБ, я узнал от встретившего меня в аэропорту куратора.

И СЕКСОТЫ ЛЮДИ

На спецквартире я сдал опий и начал письменно оформлять свое двухнедельное отсутствие. Для того чтобы вновь не разгонять дозу на игле, было решено, что я перехожу на азиатский способ употребления — через желудок. Мне были выданы: зарплата, опий и деньги для оперативной работы. Я должен был «греть» «путевых», находящихся в центральной лагерной больнице нашей республики. Куратор посоветовал не скупиться. У него был свой мент в этой зоне. Я уже многое понимал, тем более что сам в 1984 году еще в Альметьевске разработал систему контроля. Мент был сотрудником управления «В». Куратор вывез меня на встречу с ним. Я передал ему груз и маляву в тюремную больницу. В середине января я оказался дома...

Моя тогдашняя жизнь состояла не только из сексотской работы и криминальных интриг и разборок, но и любви. Конечно, смешно выглядит влюбленный сексот и уголовник, но тогда мне казалось, что все это можно как-то совместить. Было одно «но» — нельзя никому говорить о своей работе. Сексот он сексот и есть... А в то время я хотел жениться, так как был уверен, что моя контора меня прикроет от всех бед. Подруге своей я сказал полуправду. Мол, вор я и наркота. Но ворую только у «маслокрадов» (расхитителей госимущества. — *М.Ш.)* и «козлов из номенклатуры» (взяточников. — *М.Ш.)* Это была дань блатной романтике. В Средней Азии нормальные люди ненавидели «маслокрадов» и советских баев. Про «отраву» говорил, что вылечусь и брошу, а пока, мол, ворую, но исключительно для снятия стресса.

БАРТЕР ПО-СОВКОВОМУ: ЛЕС ПРОТИВ ГАШИША

Основными потребителями нашего гашиша были исконно лагерные регионы — Кемерово, Новосибирск, Омск. В те годы гашишная наркомания давала больший доход, чем опийная. Афганского опия было мало, и он шел только на внутреннем рынке Средней Азии. В Россию и Сибирь экспортировали кара-калпакский, тянь-шаньский и талды-курганский опий и кукнар. Все знают про Чуйскую долину, роль ее в гашишном бизнесе велика. Но мало кто знал, что лучший гашиш-«ручник» изготавливается из горной тянь-шаньской конопли. Но в самой Средней Азии гашиш не представлял большой ценности. При правильной организации можно было собрать тонну, две, а то и три гашиша.

Таким вот образом собирался большой груз. Он переправлялся в регионы, где преобладали лесные ИТУ. Тамошняя братва получала товар, распределяла его по лагерям и расплачивалась. Однако не деньгами — лесом. И шли левые эшелоны с досками, брусом и прочим лесным добром в безлесую Среднюю Азию почти со всех лесоповалов. Реализовывались через лесоторговые базы. Дефицит леса обеспечивал постоянную и большую прибыль. Получали ее криминалитет и партийно-хозяйственный актив. Позднее этот процесс назовут отмыванием наркоденег. Но для

Средней Азии это было нормальным явлением: деньги должны делать деньги.

Маршрут Токтогульское водохранилище — город Кара-Куль — Кемерлаг я отрабатывал для Малика три месяца. Помог переправить туда два груза. После моей информации было снято руководство 3-го и 27-го ЛИТУ (лесное исправительно-трудовое учреждение), так как КГБ проводил чистку рядов МВД.

ПОБЕДНОЕ ВРЕМЕЧКО

Летом 1986 года из своей информационной сети я выудил сообщение о возврате оружия из Афганистана и начал было его разрабатывать. Но тут куратор преподал мне жестокий урок. Сексот может и должен проявлять инициативу только в рамках поставленной задачи.

Весной 1986 года начались интенсивные посадки опийного мака в ущельях Алая, Джумгала, Казармана, Кемина... Сентябрь — время сбора опия у «бабаев» (стариков). Вместе с «братишками» Малика и ментами я мотался из аула в аул. В конце 1986 года была проведена успешная операция по изъятию в Ахангаране 70 килограммов опия на сумму два миллиона тех еще рублей. Это арест исполнителей и братвы из маликовской группы. По информации сексотов проведена чистка в киргизском и узбекском МВД (правда, верхи она не затронула — даже КГБ был бессилен против высшей партноменклатуры).

Образовался своеобразный вакуум. Большинство детей и племянников партбоссов сидело на игле. Для дискредитации старого руководства двух среднеазиатских республик и Казахстана была организована небольшая сеть барыг, и я принимал в этом активное участие. Сынки, дочки, племянники покупали опий и химарь, кололись на блатхатах, а их фотографировали на пленку.

В 1987 году приступили к проведению операции «Мак», когда с помощью солдат и МВД уничтожались выявленные в 1986 году места посевов опийного мака. В том же году наркобизнес был уничтожен на одну треть. Поставщики легли на дно... А мы думали, что победили...

ДРУЗЬЯ ВСТРЕЧАЮТСЯ ВНОВЬ

В 1988 году были раскрыты хлопковые и мясные махинации в Казахстане и Узбекистане. Начались конфликты между узбеками и турками-месхетинцами, таджиками и киргизами. Мой куратор впервые потребовал от меня проведения политического анализа в кримгруппах, в которых я работал. В 1988 году состоялся и большой воровской сход в Ангрене. Как смотрящий я помогал обеспечить безопасность его проведения. Тогда среднеазиатский криминалитет принял «историческое» решение: не идти на поводу у «маслокрадов», а помогать ментам долбить их (воровство, грабежи, разбои), запустить деньги на налаживание контактов с моджахедами-узбеками Афганистана. Так начался большой импорт в СССР афганского опия.

В конце 1988 года в среднеазиатских управлениях 3-го ГУ КГБ начали создаваться подразделения «С» из зарекомендовавших себя на оперативной работе сексотов. Это был первый случай, когда сексотов сводили вместе. Тогда я опять встретился с Яшей-корейцем. Я не знал да и не спрашивал, когда и как его завербовали. Меня назначили старшим группы. Мы проходили ускоренную физическую и техническую подготовку. Дрессировали нас инструкторы из 7-го управления, мы называли себя «псами»... И вот почему. Когда человек не хочет делать опасную и неблагодарную работу, он прибегает к помощи собаки. Нашей задачей было убирать барыг, гонцов, уничтожать отраву, изымать деньги и ценности для передачи в родную контору. Легально же я значился как отбывший на лечение все того же туберкулеза.

Подготовка проходила на армейской базе под Алматы. В группе моей было четыре человека. Только Яшу знал по имени. Остальных — по псевдонимам. Все мы прошли курс антинаркотического лечения. Закончился он психокоррекцией.

ДВЕ ОПЕРАЦИИ, МОРДОБОЙ И СВАДЬБА

Завершалась война в Афганистане. Моджахеды были у Пянджа. Открывалась большая опийная дорога. Город Ош становился одним из центров транзита отравы. Опий тогда стоил 50 рублей за грамм. В криминальном мире я завоевал стабильное положение. У меня была своя команда, контролирующая «диких» барыг Ферганской долины.

К нам поступил заказ из Казани. Первая партия — 10 килограммов. Мой куратор, используя свои источники информации, разработал операцию. Наша задача состояла в том, чтобы после передачи отравы, доставки денег на точку и перехвата «спецами» курьеров проникнуть на блатхату, убить охрану и барыгу, изъять деньги и ценности и завершить все большим огнем. Операция началась вечером. Курьеров перехватили. Обеспечили им полную изоляцию... Нам с Яшей выдали по нагану и стеклотару с огневой смесью. Свою работу мы выполнили отлично. Единственной трудностью было принудить барыгу отдать деньги и драгметалл. Используя спецметоды, убедили барыгу сдать деньги, рыжье (золото) и оставшуюся отраву.

Торговцы отравой — самая паскудная категория людей, поэтому совесть нас не мучила.

Утром мне ребята сообщили, что «русаки» замочили барыгу, забрали отраву и убрались восвояси, спалив дом. Так контора по своим каналам обеспечивала нам информационное прикрытие. Мы сдали около миллиона рублей, золото и 17 кило опия. Сексот должен быть честным с конторой. Это залог его безопасности. За операцию нас премировали — по десять штук (по десять тысяч рублей. — *М.Ш.*) в руки... Другие «псы» сделали подобную работу в Ташаузе и Джегзане...

На большом сходняке было решено устроить разборки с казанскими и другими «русаками», делегировать в Россию исполнителей. Они выполнили свою работу. Объединения организованных наркодельцов России и Средней Азии не произошло. Было также решено доставку отравы в Россию, в том числе и в Сибирь, осуществлять своими людьми, создать через цыган свою сеть барыг. Но первым этапом должна была стать организация торговли в Средней Азии и Казахстане. Вторым этапом — грамотное освоение российских регионов. Каждый воровской клан получал свой участок. За Маликом остался Новосибирск и Кемерово.

Однако мы с Яшей провели и свою — личную — операцию. Без разрешения конторы. Мы убрали барыгу, который менял опий на девочек и мальчиков. Среднеазиатская партноменклатура частенько практиковала содержание и соответствующее использование наложников и наложниц. Попавшие в эту карусель мальчишки и девчонки исчезали бесследно. Мы были хорошими сексотами. Мы нашли того барыгу, что приобрел Яшину сестренку. Из-за нее, если помните, Яша по моему разрешению опустил в тюрьме того, кто ее продал, — Буржуя. Яша построгал барыгу, как баранину. Я обеспечивал отход. Получилась накладка. Меня ранило. Только благодаря Яшиному упорству и хитрости мы остались живы, сумели затеряться среди корейцев-луководов Кара-Калпакии.

Куратор устроил нам большой скандал с мордобоем. Напоследок сказал: «С такими кентами-анархистами пропасть не пропадешь, но горя хапнешь...» Но это было еще не все. Он подпрыгнул, как обчифиренный, когда я сообщил ему, что собираюсь жениться. В его обязанности входило знать обо мне все. Он и знал. И втолковывал, что у сексота не должно быть семьи, что сексот живет только до тех пор, пока дружит с удачей. Но я был самоуверен и нагл.

Свадьба была в июне. Общак подарил мне дом под Ошем. Я становился своим среди ошской братвы. После свадьбы я рассказал жене, кто я такой, что делаю, и обещал, что буду просить вывести меня из активной оперативной работы. Последующий разговор с моим куратором был трудным. Однако мне обещали, что после разработки новосибирско-кемеровской линии я буду переведен в информационную агентуру...

ВОРЫ ВСЕХ СТРАН, СОЕДИНЯЙТЕСЬ?

Итак, я должен был отработать новосибирско-кемеровскую линию. Доставка наркотиков в этот регион начала осуществляться на «поливных машинах» — так называли транспорт, который в то время перевозил частные грузы — в основном овощи и фрукты — с юга в Сибирь. Это было очень непросто: приходилось контролировать десятки машин с сотнями ящиков, забитых, как говорится, дарами природы.

Маликом я был откомандирован для налаживания контактов с местной братвой. Должен был я приобрести и несколько домов для конечной разгрузки и для работы здесь с цыганами. Яша выехал вместе с моей командой. Контора помогла мне приобрести дома для братвы, для поставки гашиша. А затем удалось выйти и на цыган, готовых на оптовые закупки отравы.

Не обошлось без конфликтов. Глава кемеровской преступной группировки Паша Заяц начал претендовать на половину прибыли... Одной из моих задач как раз и было провоцирование разборок между азиатами и сибиряками. Мне удалось списать перехват двух машин с грузом на Зайца. Началось выяснение отношений. Но мы действовали грамотно. Заяц был настолько скомпрометирован, что начались внутренние разборки с убийствами. В конце концов мы с Яшей засветили часть наркоторговцев и помогли местной

Горные перевалы Памира, которые преодолевают наркокурьеры

Контрабандист, пытавшийся провезти опий через пост Каракуль

Таджикско-китайская граница

Афганский кишлак за рекой Пяндж, где продают наркотики. Таджикско-афганская граница

Таджикско-афганская граница в Горном Бадахшане

Опий, изъятый у памирских контрабандистов в Мургабском погранотряде в Горном Бадахшане

Пограничный пост Каракуль в Горном Бадахшане

На таких военных бортах из Горного Бадахшана в Россию везут наркотики. Аэропорт в г. Хороге

Извлечение млечного сока

Наркокурьер, задержанный с опием на посту Каракуль в Горном Бадахшане

Король наркобизнеса Алеша Горбун

Король
наркобизнеса
Алеша Горбун

Операция «Конопля» в Краснодарском крае

Операция «Мак» в Таджикистане

конторе установить контроль за прибывающими машинами.

Но наступили уже восьмидесятые годы, и контору пинали все, кому не лень. «Демократы» невольно помогали оргпреступности.

В Средней Азии Комитету госбезопасности не могли простить раскрутку хлопковых, мясных, опийных дел. Зима 1989—1990 годов была тяжелой. Нейтрализовали агентуру 5-го Главного управления. Принялись и за тех агентов, которые работали не по диссидентам, а по оргпреступности. Высшие милицейские чины МВД, прокуратуры, судов, партийные боссы пытались остаться у властного кормила и доить, как раньше, народы своих республик. В Ошской области обкомовские лидеры стремились поставить под свой контроль криминальные группы. В ход шли деньги и национальные лозунги. Она была тупой, эта ошская номенклатура. Никак не могла понять, что преступный мир идейно интернационален. В феврале 1990 года воры Средней Азии и Казахстана приняли решение физически устранять тех, кто в зонах и на свободе будет разделять преступный мир по национальному признаку.

Тем не менее в Ошской области началось натравливание киргизов на узбеков. Дескать, узбеки богатеют на киргизских землях. В джалал-абадской зоне был спровоцирован конфликт между киргизами и узбеками, после которого киргизов-зачинщиков удавили. Но уже 21 марта произошли первые столкновения между киргизскими и узбекскими дехканами.

Нашу группу — всех четверых — переориентировали на выявление инициаторов конфликтов. Куратор выдал нам оружие...

Идеология не наша работа. Мы были специалистами в своей области. И честно говоря, не знали, что делать. Опийная дорога временно заморозилась. Нам не было известно, откуда появились «дикие» барыги, торговавшие анашой. Только житель Средней Азии знает, что анаша, употребленная с водкой, способна у кого угодно вышибить мозги: вот вам и подготовка людей к кровавым побоищам. В наших местах становилось опасно...

КОНЕЦ ВЕЗЕНИЮ

В то время самым безопасным местом в Средней Азии была Алматы. Я убедил куратора в необходимости вывоза туда моей жены и в конце апреля отправился туда, чтобы все подготовить... На этом мое всегдашнее везение кончилось. На Курдайском перевале такси, в котором я ехал, врезалось в «КамАЗ». Очнулся в больнице. В реанимации. Мне нужна была связь, поэтому я плюнул на конспирацию и вышел на свой отдел в казахстанском КГБ, попросив врача позвонить «моим родным в Алматы». Мой «дядя» из алматинской конторы был доволен. Я передал ему людей, с которыми ехал договариваться о контакте с ошской группировкой и блатхатой в Талды-Курганской области. Моему «папе» — куратору — сообщили, что я живой. Меня тут же перевезли в окружной госпиталь, где лечение, конечно, было лучше.

Там я узнал, что в Оше началось взаимное истребление киргизов и узбеков и было очень много жертв. Власти не контролировали ситуацию. Во Фрунзе было введено чрезвычайное положение. Войска блокировали Ошскую область, и обычная связь прервалась. Правда, через некоторое время мне сообщили, что жена жива и здорова и эвакуирована в Ташкент. К концу августа я начал ходить, меня вывезли в Киргизию. Там, на спецквартире, куратор сообщил, что мою жену на машине увозил Яша. Они попали под толпу... Яша защищал ее, сколько мог. Защитил... Но жена была на седьмом месяце. После всего этого кошмара у нее случился выкидыш. Сама она получила тяжелую психическую травму. Окружающая действительность перестала для нее существовать. Яша попал в госпиталь. Но врачи говорили, что выживет. Еще двое из моей группы, Иргаш и Павлик, были чуть не до смерти избиты, когда пытались удержать в узбекском околотке толпу пьяных и обкуренных киргизов. Из группы «С-7» целым и невредимым остался только я.

Агентурная сеть 3-го управления была частично рассяна, частично уничтожена ментами. Все надо было начинать сначала.

РАЗВАЛ

Мой куратор в то время был моим единственным наставником и учил меня всему тому, что знал сам. Он не имел права рассказывать мне то, что все-таки рассказал... Он дал мне координаты кагэбэшных стукачей (так называемых стукачей на испуге) в МВД и областных УВД, в криминальных структурах, адреса резервных спецквартир и коды экстренной связи. Я получил другой паспорт (на случай эвакуации), удостоверение сотрудника МВД, немного золотых вещиц и оружие. В конце октября я был уже в Ташкенте. Яша, как настоящий «пес», выжил. Жена меня не узнавала. Врачи говорили, что со временем возможны улучшения.

Опийная дорога размораживалась. Выход из «Золотого полумесяца» оказался закрыт больше чем на половину: в Иране (а «Полумесяц» проходил как раз через Иран — из Юго-Восточной Азии в Европу) для перевозчиков наркоты ввели смертную казнь. Маршрут Таджикистан — Туркмения (Красноводск) — Азербайджан стал опасен из-за войны. В Киргизии — чрезвычайное положение. Оставался только Узбекистан.

К тому же это было время, когда из российских зон на родину этапировали азиатов. Началась борьба за влияние в криминальной среде. У прибывающих были связи с российскими ворами в законе. Местные использовали свои связи в МВД, и они победили: им удалось устроить беспредел в зонах — на вернувшихся полезли сидящие за недавние погромы. Так преступный мир Средней Азии продемонстрировал, что не будет жить по русским воровским законам.

Конкурентом крепнущей наркомафии неожиданно стал президент Киргизии Акаев. В январе 1991 года среднеазиатский криминалитет некоторое время пребывал в шоке: было дано указание о восстановлении в республике опийных маковых посевов. Тут же выяснилось, что в Турции уже закуплены семена и оборудование для строящейся в Бишкеке фармацевтической фабрики. Мы старались не допустить отраву в нашу страну. Из-за этого гибли люди... И все напрасно. А в МВД Киргизии спешно был создан отдел, который должен был курировать Иссык-Кульскую область и отвечать за маковые посевы. То есть менты садились на золотое дно. Они уже потирали руки. Но все-таки мы успели хоть здесь сказать последнее или почти последнее слово. Срочно была задействована бывшая агентура 5-го отдела среди журналистов. Бывшему партийному лидеру Усубалиеву (он все еще пользовался влиянием) предоставили информацию о росте наркомании. На некоторых депутатов Верховного Совета было оказано давление с помощью имеющегося против них компромата. Через сексотов проводилась косвенная обработка лидеров организованной преступности юга, вложивших деньги в афганскую опийную дорогу. МВД сопротивлялось отчаянно. Но золотого дна не получило...

Однако это была лебединая песнь киргизской госбезопасности.

И У СОБАК ЕСТЬ СВОЯ ЭТИКА

В среднеазиатских УКГБ местные кадры начали убирать всех русскоязычных. Шла борьба за картотеку агентуры. Лидеры оргпреступности получили возможность поквитаться с теми, кто когда-то мешал им. Активно задействованному сексоту трудно уйти на консервацию. А сотрудники МВД всячески помогали нашему выявлению. Раскрытому агенту или информатору выкалывали глаза, отрезали язык и уши, рубили пальцы...

Моему куратору удалось изъять всю информацию о подразделениях «С». Нам с Яшей он сказал, что теперь мы свободны от своих обязательств. Принуждать нас он не вправе. Нам надо спасать свои жизни. Можем эвакуироваться под видом беженцев. Он не учел, что у «псов» может быть своя этика. Наша жизнь теряла смысл без нашей работы. Теперь нас стало некому прикрывать. «Псы» оказались вне закона. Куратор дал нам инструкции по работе в складывающейся обстановке и уточнил, что теперь наши отношения сделались неофициальными. Он дал нам канал связи с пограничниками особого отдела Московского погранотряда и своими друзьями в Ташкенте и Душанбе.

СМЕРТЬ ХОЗЯИНА

Его послали инспектировать Торугартскую таможню и Тянь-Шаньский погранотряд... Перевал Долон очень сложный, особенно зимой. «Уазик» с подполковником Беляниным Валерием Константиновичем потерял управление... Он падал триста метров. Говорят, что, когда у пса умирает хозяин-друг, он тоже погибает от тоски. Мы с Яшей, узнав об аварии, напились смертельно...

Используя информацию погибшего куратора, мы начали собирать «псов». В одну стаю...

БЕЗ ПОВОДКА И НАМОРДНИКА

Политическая дестабилизация в государстве способствует расцвету наркобизнеса. В 1991 году началась гражданская война в Таджикистане, межнациональные конфликты в Узбекистане и Кыргызстане... Русские были стержнем порядка и законности. Вытеснение русскоязычных из силовых структур приняло массовый характер. Госбезопасность свертывала свою работу. На рубеже 1991—1992 годов были организованы опийные посевы на границе Таджикистана и Афганистана.

Инфляция обесценивала рубли. Их место занял опий. Граница практически была открыта. Население одного только Кулябского района в Таджикистане, по оперативному анализу (его сделал человек из моей группы Маджит), с ноября по февраль сумело аккумулировать около полутора тонн опия. Он был тогда дешевле хлеба. Но не было рынка сбыта. Криминальные структуры меняли муку и сахар на опий по очень выгодному для себя курсу. Весной 1992-го начался массовый исход русских из Таджикистана.

Маджит получил информацию, что в одном из контейнеров с беженцами будут переправлять 150 пятикилограммовых брикетов отравы. Мы не могли шмонать все контейнеры подряд... Но Маджит прошел Афган и стал там спецом по минно-огневым заграждениям. Его группа подорвала и сожгла контейнерный склад в пригороде Куляба, операцию отнесли на счет местных националистов, якобы помешавших увозить русским «награбленное». Однако моджахеды прислали контролеров для поиска виновных в уничтожении отравы. Нашего Маджита вычислили. И он был казнен... Я так и не узнал, как его звали на самом деле...

Для нас это послужило уроком по технике безопасности. Без Маджита и его группы нас, «псов», на три республики осталось одиннадцать. Мы с Яшей были инициаторами сбора стаи. Поэтому и должны были отвечать за жизнь своих кентов. Решили сузить регион работы. Надо было определить узловую точку наркобизнеса. Воротами был Таджикистан. А единственным местом, где возможна концентрация и безопасная загрузка отравы, — только Ош.

Русские уехали, так что купить в Оше две квартиры оказалось легко. Мы их переоборудовали. Из верхней пробили лаз в нижнюю. Усилили двери. Трех «псов» отправили за деньгами: нам необходим был резервный фонд. Деньги они взяли у председателя одной районной организации потребсоюза.

В криминальном мире Средней Азии происходили изменения. Бандиты обеспечивали охрану, реализация опия внутри региона и его экспорт переходили в руки бывшего партийно-хозяйственного актива. Но все они зависели от поставщиков из опийного пояса. Север Афганистана контролировали моджахеды-узбеки... В нашей группе было трое узбеков. Мы послали их в Айвадж и Нижний Пяндж, криминальное прошлое помогло им освоиться на месте. Двоих отправили в Горно-Бадахшанскую область. Они прошли афганскую войну, перед ними стояла задача выйти на связь с Московским погранотрядом. Оставшиеся брали на себя Ош, Джалал-Абад и Бишкек.

МАЙОР ЭСЕН

В Кыргызстане в 1992 году на базе бывших 6-х отделов милиции начали создавать отделы по борьбе с наркотиками... Нашу информацию мы стали анонимно гнать туда. Они неплохо ею пользовались. Я уже думал вступить с ними в полный контакт. Но в Джалал-Абадском районе по нашей наводке был взят с 50 кило опия замначрайотдела внутренних дел. Через трое суток у задержанного вместо опия «оказалось» мумие. Оперов, бравших замнача, перевели в участковые. Бишкекские менты начали искать информаторов...

Меня взяли в аэропорту Манас, когда я собирался лететь в Новосибирск. Закрыли в районном «отстойнике». Через сутки меня забрали столичные менты. Разговаривал со мной майор. Я прикинулся наркотой и овечкой. Но мент объяснил, что знает меня, знает, что я принадлежу к ошской братве... Оказалось, что он переведен сюда из УКГБ, поэтому назвал мне и мой псевдоним, и номер контактного телефона бывшей экстренной связи. К тому же Эсен (так звали майора) знает меня лично. Он принимал участие в перехвате кукнара из Талды-Кургана и сидел тогда в кабине «ЗИЛа». Знал он и Белянина, знал, что у него есть свой сексот. Менты меня разрабатывали как представителя братвы. А Эсен искал хорошего агента. По его словам, в киргизских госструктурах есть люди, стремящиеся перекрыть опиумную дорогу через Кыргызстан. Нам же было выгодно, чтобы барыги пользовались старыми дорогами, а не создавали новые. Мне было странно слышать это. Но с майором мы все-таки пришли к соглашению... Я улетел в Новосибирск. А когда вернулся в Ош, возобновил контакты с посредниками.

С помощью Эсена были нейтрализованы три попытки транспортировки отравы в Сибирь, захвачено 40 килограммов опия и 30 килограммов гашиша, осуждены 18 человек — из них 4 мента.

В мае 1993 года Кыргызстан выходил из рублевой зоны. Среди наркоторговцев это вызвало немалый ажиотаж. От Эсена я получил задание вычислить маршрут транспортировки денег в Россию. Парни из моей стаи поработали хорошо. Оказалось, что основная масса денег будет переводиться через Таджикистан, где в хождении был еще рубль... Эсена назначили начальником Чуйского отдела по борьбе с наркобизнесом... Он был расстрелян в своей машине вместе с женой и детьми...

ЛЕГКАЯ СМЕРТЬ

От парней, работающих в опийном поясе, пришла информация о новых способах транспортировки отравы в Центральную Россию. Нанимались русские, переодевались в пограничную форму.

Получали документы о транспортировке спецгруза и везли его в поездах без всякого досмотра. Лето 1993-го мы с Яшей провели в Москве... В другом мире...

Вернувшись домой, узнали, что нет больше нашей группы в опийном поясе. Ребята погибли вместе с российскими пограничниками, когда уничтожалась группа моджахедов, шедших в Таджикистан. Работа сексота теряет свой смысл, когда начинается война. Мы прекратили всякие контакты с властью (кроме Московского погранотряда). Торговля опием стала полулегальным бизнесом в Таджикистане и на юге Кыргызстана. Уже не составляло труда выявлять барыг. Ребятам, работающим в Горном Бадахшане, мы предоставляли полную самостоятельность... Потихоньку накапливали информацию о наркобизнесе и связях наркоторговцев с властными структурами... Мы поняли, что обычными мерами, так или иначе оговоренными в законодательстве, с этим бизнесом бороться нельзя. Надо по-другому...

Яша вступил в контакт с министром внутренних дел Кыргызстана Молдашевым, бывшим сотрудником КГБ, и передал ему информацию о перепрофилировании наркобизнеса с опия на героин (героин везти выгоднее). В ноябре 1995 года мы уничтожили «КамАЗ» с бутылями уксусного ангидрида, который нужен для получения героина. Но допустили ошибку: оставили в живых шофера. Ошские менты взяли тех, кто участвовал в нападении, и выбили из них показания. Началась охота на нас. Спасибо покойному куратору за паспорт. Из Оша мы ушли в горы. К чабанам.

В январе 1997 года мы узнали, что нас хотят достать и скомпрометировать и братва и менты... Вся наркота в трансе. Все хотят с нами «встретиться». Единственной надеждой оставался Яшин контакт с министром. В феврале мы добрались до Кара-Балта. Яша попробовал через контактный телефон установить связь, но было поздно. Министра уже сняли... Решили уходить через Кемерово в Новосибирск. Понимали: одиночки не могут бороться с наркобизнесом. Мечтали тогда только об одном: если не повезет, то умереть сразу. Яше не повезло. Он решил скрыться в Джамбуле. И его там повязали. Я думаю, что убивали его долго...

Мне повезло.

Сексотам не ставят памятников. О них не пишут романов. И живут они не долго...

Но каждый скомпрометированный барыга, каждый уничтоженный килограмм отравы — зачтется нам Богом...

Единственное, что могу пожелать тем, кто остался работать в Горном Бадахшане и на юге Кыргызстана... и себе... — легкой и быстрой смерти.

P.S. По словам Георгия, начиная с 1991 — 1995 годов группа сексотов, или «псов», в составе которой он был, уничтожила 41 наркоторговца. На счету самого Георгия 7 человек.

Глава 3
ПРАВОСУДИЕ НЕ ДЛЯ ВСЕХ

Новый Уголовный кодекс Российской Федерации, вступивший в действие с 1 января 1997 года, внес некоторые коррективы в жизнь российской Фемиды, которые значительно повлияли на судьбы многих людей, оказавшихся не в ладах с законом.

Переход от старого кодекса к новому тем не менее не избавил современное российское правосудие от неразберихи, законодательной путаницы, а подчас и прямого использования служебного положения в корыстных целях.

В частности, из-за несовершенства некоторых законодательных нормативов, касающихся проблемы наркотиков, вполне может случиться так, что при определенном раскладе пострадает ни в чем не повинный человек. Наглядным примером тому служит история, приключившаяся с гражданином Грузии в Москве осенью 1996 года.

ОПЕРАЦИЯ «КОМПРОМАТ»

Темури Габисония, уроженец Грузии, национальность — грузин, был задержан оперативниками прямо у винно-водочной палатки. Как у него впоследствии оказались наркотики, он так толком и не смог объяснить, но одно он понял сразу и очень четко: оперативники, оказавшиеся сотрудниками МУРа, собираются поиметь с него большие деньги. В противном случае у него могут возникнуть очень большие проблемы. Он попросту будет отправлен на нары.

В драматической истории с Темури Габисония российская Фемида как раз оказалась заложницей в руках вымогателей — иначе и не скажешь — из МУРа, решивших, что им позволено все. В частности, «нагреть руки» на так называемом «лице кавказской национальности».

А начиналась эта история довольно тривиально. Два оперативника из МУРа как-то ночью покупали в палатке пиво и водку, а продавщица, то ли по халатности, то ли умышленно, не пробила им чек. Конечно, она не права. Но то, что последовало за этим, никак не адекватно ее проступку.

Нарушение продавщицей правил торговли настолько возмутило представителей нашей доблестной милиции, что они решили проучить женщину и потребовали вызвать к месту происшествия владельца торговой палатки — для разбирательства.

Женщина пыталась объяснить разъяренным милиционерам, что ночью ей будет сложно разыскать хозяина, так как рабочий день давно закончился и вряд ли в столь поздний час он сидит в офисе. Рассерженные муровцы не желали ничего слышать: вынь да положь им хозяина! Не дозвонившись, разумеется, до владельца палатки, отчаявшаяся женщина попросила его брата помочь ей в разрешении конфликта. Братом и оказался Темури Габисония, который на свою беду тут же отправился ей помогать. Так он и попал в руки сотрудников МУРа.

Заметим, что МУР не занимается контрольными проверками торговых точек, для этого у органов имеются другие подразделения. Сотрудники уголовного розыска вправе лишь составить протокол по факту нарушения правил торговли и отправить его в соответствующие инстанции.

Темури прибыл на точку, и разговор с ним у оперативников был весьма короткий. С грузина потребовали пятьдесят миллионов неденоминированных рублей. За что? — спросите вы. За нанесенный моральный ущерб. Естественно, что у того таких денег не было, да и не думал Темури оказывать контролерам-самозванцам такую немыслимую «материальную помощь». За что и поплатился.

Отказ грузина был воспринят как личное оскорбление, порочащее честь и достоинство сотрудника Московского уголовного розыска. Такие вещи, понятно, не прощают. Грузина обыскали — без понятых, естественно, — так, как это принято делать с особо опасными преступниками: широко расставленные ноги, руки на капоте и бесцеремонное ощупывание тела под видом обыска карманов и подкладок. Ничего компрометирующего пока обнаружено не было. Слово «пока» здесь совсем не случайно. Дальше будет ясно почему. Документы у Темури они забрали.

Самого Габисония оперативники посадили в незнакомый «мерседес» и два часа катали по ночной Москве, угрозами вышибая из него означенную сумму. Одновременно по сотовому телефону все время велись устрашающие переговоры, которые должны были произвести на задержанное «лицо кавказской национальности» соответствующее впечатление. Впоследствии, кстати, ни хозяина автомобиля, ни хозяина сотового телефона установить следственные органы так и не удосужились. Якобы, по словам одного из сотрудников МУРа, за рулем сидел один из его агентов, имя которого он по закону не имеет права разглашать.

Хотя какой там агент?! Темури утверждает, что позже, когда его уже привезли в отделение милиции, водитель активно принимал участие в повторном обыске.

И что же дальше? В участке из кармана Габисония извлекли пакетик с порошкообразным веществом весом 0,04 грамма. Экспертиза установила, что в порошке содержится героин. Точную дозу в миллиграммах следствие так почему-то и не установило. Цифру, натурально, округлили, но этого было вполне достаточно, чтобы судьи и следователи могли упрятать Темури за решетку на долгие годы.

Когда две логики противоречат друг другу, рождается мистика. Сначала, при первом обыске, у палатки, наркотики не нашли. Возили Бог знает сколько по Москве, привезли в участок, снова обыскали — и вот вам пожалуйста, наркотик! А что ж раньше-то? Логично? Вроде бы да. Но никто не видел первый обыск, кроме продавщицы, а ей кто же станет верить. В участке же о понятых позаботились.

Логика Темури: он знает, куда едет, продавщица, как смогла, объяснила ситуацию, он знает, с кем ему придется иметь дело, знает, скажем так, не совсем уважительное отношение московской милиции к «лицам кавказской национальности». Он что, сумасшедший?! Брать с собой наркотик?!

Логика муровцев: наркоман вообще на все способен, к тому же этот грузин вообще не русский. Я утрирую немного, но в целом так оно и есть.

Так рождается мистика: как же все-таки попал наркотик в карман Габисония?

Вывод напрашивается очевидный: уж очень хотелось поиметь с грузина 50 миллионов, и поэтому наркотик ему был подброшен. К тому же дома у него тоже все обыскали, но наркотиков обнаружить не удалось. Анализы крови и мочи Темури опять-таки не давали оснований утверждать, что он употреблял наркотические вещества. Скорее, наоборот, не употреблял.

Так или иначе, суммы, чтобы отмазаться от муровцев, так и не нашлось. Конфликт замять не удалось, и дело было передано в суд.

Молодой следователь с большим энтузиазмом взялся за это уголовное дело. И влепил Темури по максимуму: статья 228 часть 4 УК РФ. Вот что в ней, в частности, говорится: *«Незаконное приобретение или хранение в целях сбыта, изготовление, переработка, перевозка, пересылка либо сбыт наркотических средств или психотропных веществ в особо крупном размере наказывается лишением свободы на срок от 7 до 15 лет с конфискацией имущества».*

Адвокату Сергею Забарину стоило больших усилий убедить следователя получше все-таки разобраться в тонкостях и коллизиях статьи 228 и ограничиться ее первой частью, где говорится: *«Незаконное приобретение или хранение без цели сбыта наркотических средств или психотропных веществ в крупном размере наказывается лишением свободы на срок до трех лет».*

— Следователь, молодая, кстати, женщина, с трудом разбиралась в тонкостях 228-й статьи, — сказал адвокат. — Мне удалось доказать ей, что применение 4-й части статьи предполагает значительный объем наркотика, который может достигать, к примеру, трех — пяти доз, но никак не одной дозы, хотя четкого количественного определения дозировки нет. А сколько это может быть в граммах? Законодатель такого конкретного понятия не дает.

Маленькая победа адвоката, к сожалению, не полностью оправдала Темури Габисония, так как доказать, что наркотики вообще были подброшены, практически было невозможно. А тем более — объяснить, что то малое количество наркотика, с которым был задержан подсудимый, не является уголовно наказуемым деянием.

Хотя согласно заключениям постоянного комитета по контролю наркотиков Минздрава РФ — 0,04 грамма героина относятся к *особо крупным размерам*. Почему? Об этом стоит поговорить серьезно.

«ЛОВУШКА» БАБАЯНА

Какое количество наркотиков можно считать *«крупным» и «особо опасным»?* От четкого определения зависит судьба человека — сколько лет он будет гнить в тюрьме или в таежных северных лагерях.

В декабре (точнее, 17 декабря) 1996 года Постоянным комитетом по контролю наркотиков при Министерстве здравоохранения Российской Федерации (председатель — академик Э.Бабаян) был принят и рекомендован для служебного пользования правоохранительными и судебными органами «Перечень крупных и особо крупных размеров количества наркотических средств и психотропных веществ, обнаруживаемых при незаконном хранении или обороте». В нем содержатся наименования наркотических и психотропных средств с указанием их количества в граммах и миллиграммах, которому как раз и дается уголовно-правовая оценка «крупного» или «особо крупного» размера.

Ниже приводится фрагмент из «секретной» таблицы, недоступной ни наркоману, ни барыге-торговцу, ни адвокатам, пытающимся защищать подозреваемых по делу нелегального наркобизнеса, ни, тем более, обычному гражданину.

ПЕРЕЧЕНЬ КРУПНЫХ И ОСОБО КРУПНЫХ РАЗМЕРОВ КОЛИЧЕСТВА НАРКОТИЧЕСКИХ СРЕДСТВ И ПСИХОТРОПНЫХ ВЕЩЕСТВ, ОБНАРУЖИВАЕМЫХ В НЕЗАКОННОМ ХРАНЕНИИ ИЛИ ОБОРОТЕ

(по заключению Постоянного комитета по контролю наркотиков)

Утвержден на заседании Постоянного комитета по контролю наркотиков
17 декабря 1996 года (протокол № 53/9-96)

(Таблица составлена на основании протокола заседания Постоянного комитета по контролю наркотиков № 53/9-96 от 17 декабря 1996 года и № 54/10-96 от 25.12.96 г.)

№№ п/п	Наименование	Размеры в граммах	
		крупные включительно	особо крупные, свыше
	Наркотические средства		
1.	Марихуана:		
	высушенная	от 0,100 до 500,0	500
	невысушенная	от 0,500 до 2500,0	2500,0
2.	Гашиш	до 100,0	100,0

3.	Гашишное масло	до 50,0	50,0
4.	Опий (в том числе медицинский), независимо от наличия нейтральных наполнителей (мука, сахар, крахмал и др.)	до 10,0 (1000 таблеток по 0,01 г)	10,0
5.	Экстракционный опий (в т.ч. сухой остаток от выпаривания водных извлечений в виде отвара, инфуза, настойки из соломы любых видов мака, содержащих наркотические средства, перечисленные в данном списке, в частности морфин, кодеин, тебаин, орипавин)	до 10,0	10,0
6.	Ацетилированный опий	до 5,0	5,0
7.	Солома маковая высушенная	от 0,200 до 250,0	250,0
	невысушенная	от 1,000 до 1250,0	1250,0
8.	Морфин (основание и соли)	до 1 г (100 ампул 1% раствора)	1 г (100 ампул 1% раствора)
9.	Героин (независимо от наличия сопутствующих веществ)	до 0,005	0,005

| 10. | Амфетамин (фенамин) (основание и соли) | до 3,0 | 3,0 |
| 11. | (+) — лизергил (ЛСД, ЛСД-25) | до 0,0001 | 0,0001 |

Председатель Постоянного комитета
по контролю наркотиков
д.м.н., проф., академик *Э.А.Бабаян*

Что бросается в глаза, когда изучаешь эту таблицу? Почти все наркотики в разделе *«крупный размер»* не имеют *минимума «от»*. То есть любое количество наркотика подпадает под уголовную статью.

Например, героин до 0,005 (пять тысячных грамма, это не опечатка) — крупный размер, свыше — особо крупный. Аналогичные оценки и по многим другим сильнодействующим наркотическим средствам.

Стоп. Но ведь это же нонсенс. Юридический. Эксперты по борьбе с наркобизнесом поясняют, что 0,001 грамма героина или 0,0001 грамма ЛСД нормальный человек может разглядеть только в микроскоп.

Дальше. Эти градации, применяемые для осуждения наркоманов и наркоторговцев, вызывают у юристов серьезную озабоченность, так как отсутствие минимальной дозы в таблице наркотических веществ порой превращает в преступника невинного или больного человека.

И последнее. Как оказалось, данный перечень, применяемый судебными органами для вынесения приговора обвиняемому, идет вразрез с действующим законодательством и противоречит основному закону — Конституции страны, а именно пункту 3 статьи 15.

Адвокат Межреспубликанской коллегии адвокатов Сергей Забарин как раз столкнулся в своей практике с этим медицинским перечнем, защищая Темури Габисония. Вот что он мне поведал:

— В этом перечне раскрывается содержание квалифицирующих признаков состава преступлений, то есть понятий «крупных или особо крупных размеров». Но его необходимо привести в Уголовном кодексе, чтобы он получил силу закона. То есть перечень должен быть утвержден законодательным, а не исполнительным органом, — поясняет Сергей Забарин. — Сейчас же перечень не что иное, как ведомственный нормативный акт, носящий к тому же не обязательный, а рекомендательный характер.

Но согласно положению о порядке государственной регистрации ведомственных нормативных правовых актов, утвержденному постановлением Правительства РФ от 8 мая 1992 года № 305, такие акты, существенно затрагивающие права и законные интересы граждан, вступают в силу со дня присвоения им номера государственной регистрации.

Вместе с тем, если такие нормативные акты зарегистрированы в Минюсте, но не опубликованы в установленном порядке, предусмотренном указом Президента РФ от 23 мая 1996 года № 763 «О порядке опубликования и вступления в силу актов Президента РФ, Правительства РФ и нормативных правовых актов федеральных органов исполнительной власти», то они не влекут правовых последствий, как не вступившие в силу, и не могут служить основанием для регулирования соответствующих правоотношений, применения санкций гражданам, должностным лицам и организациям за невыполнение содержащихся в них предписаний.

Наш перечень не прошел указанной процедуры регистрации, так как он не опубликован в соответствующих средствах массовой информации, а Комитет Минздрава РФ не является федеральным органом исполнительной власти, поэтому он не может применяться правоохранительными и судебными органами.

Мне, юристу, только с помощью профессиональных знакомств удалось получить эти заключения Комитета при Минздраве, которые заранее, в «секретной» форме были разосланы следователям и прокурорам для применения за подписью руководителей МВД, прокуратуры и судебных органов России. Документ был опубликован лишь в бюллетене Верховного Суда РФ, который является специальным изданием и не доступен всем гражданам страны для прочтения.

Следовательно, жители России просто в неведении, какие наркотические вещества и в каком количестве считаются запрещенными в УК РФ и что может грозить человеку, который косвенно или умышленно соприкоснулся с одним из этих неопубликованных в прессе препаратов. А грозить ему может от 7 до 15 лет тюрьмы. Как известно, правило Фемиды гласит: незнание закона не освобождает от уголовной ответственности виновника преступления.

— Если в старых списках наркотических средств было аккурат прописано, сколько граммов или миллиграммов, допустим, гашиша или героина считать дозой, за которой не последует уголовного наказания, — комментирует Сергей Забарин, — то в новом перечне, к тому же еще, как оказалось, незаконном акте, напрочь отсутствуют точные границы того минимума, который позволяет больному или просто любителю использовать те или иные наркотики и не очутиться за решеткой. Давайте исходить из того, что наркоман не обязательно преступник. Человек, который давно употребляет запрещенные препараты по старому перечню, знает, что один грамм или меньше можно хранить для собственного употребления.

Допустим, если 0,005 грамма героина считать одной дозой и одновременно классифицировать особо крупным размером — это нонсенс. Особо крупный размер, как правило, предусматривает, что наркотик будет сбываться. То есть корыстную цель. Следовательно, если неосведомленный наркоман идет на рынок, покупает для своего потребления какую-то сотую или тысячную долю грамма героина и если его возьмут с поличным, вывернут карманы, то он получит минимум семь лет.

Указанный перечень, по сути, нарушает к тому же все законы не только правовой, но и формальной логики. Любой человек, случайно соприкоснувшись с наркотиками (в данном случае речь может идти о героине или другом сильнодействующем препарате), допустим использовав одежду наркомана, не ведает о том, что там уже есть частицы или пыль наркотика, и может сесть в тюрьму. Если, грубо говоря, вырезать из кармана кусок материи и провести экспресс-анализ, где будет выявлена миллионная доля вещества, то уголовная статья начнет действовать.

Мы живем в 10-миллионом городе, где, по данным МВД, около двухсот тысяч человек регулярно принимают наркотики и никто не может быть застрахован от таких казусов. Абсурд? Нет, реальность.

За разъяснением реального абсурда я обратился к специалисту по борьбе с нелегальным оборотом наркотических веществ из МВД РФ. В силу специфики его деятельности я вынужден сохранить его инкогнито, но анонимность сей точки зрения нисколько не умаляет его важности. Он согласился, что статья 228, мягко говоря, далека от совершенства. Но попытался успокоить меня тем, что, мол, следователи не дураки и прекрасно отличают барыг от действительно больных наркоманов.

Он тем самым хотел сказать, что человека, задержанного с малой дозой, милиционеры чаще всего отпускают восвояси или, в крайнем случае, привлекают к административной ответственности. Но если в сети оперативников попадаются «крупные акулы» преступного мира (киллеры, каталы, воры в законе и т.д, и т.п.), которых порой вроде как не за что «зацепить», то одной миллионной дозы героина оказывается достаточно, чтобы отправить такого клиента в «долгосрочную командировку» в места не столь отдаленные. Нетрудно предположить, что при удобном случае в такую группу риска могут попасть личности, подобные Темури Габисония.

— Если сейчас получить информацию в РУОПе или в главке МВД, а точнее, проверить статистическую информацию по задержанию авторитетов и вообще членов преступного мира, то получится очень интересная картина, — рассказывает Сергей Забарин. — Чуть ли не каждый второй авторитет, арестованный РУОПом, как правило, задерживался во время движения по улице. Его машину блокировали либо захватывали непосредственно на трассе и при личном обыске, как правило, обнаруживали пистолет «ТТ» с обоймой, заряженной восемью патронами, и порядка 0,1 — 0,15 грамма героина. Меня эта информация, когда я ее проанализировал, очень удивила. Получалось, что все авторитеты ходят с пистолетом «ТТ» и с героином?! Возникает вопрос: что они все, тупицы?

Если он авторитет, то прекрасно понимает, что идет борьба с преступностью, что он под колпаком, его пасут, снимают информацию с телефона. А он выходит на улицу, куда-то едет, его хватают и тут же, при понятых, которые, в силу закона, свидетели, тут же, при обыске, находят пистолет и наркотик.

Вот такой, оказывается, двойной стандарт применялся сотрудниками правоохранительных органов в вынесении приговора гражданам России. А двойной стандарт означает, что отныне все зависит не от буквы закона, а от множества других побочных факторов: от настроения людей, представляющих правосудие, от политических, скажем, взглядов обеих сторон, наконец, от национальной терпимости работников правоохранительных органов.

До недавнего момента, к сожалению, жертвой этой юридической несправедливости стало огромное количество людей. Судьи и прокуроры ломали головы, как выйти из тупика. А тем временем тысячи заключенных месяцами и годами ждали приговора суда. Их дальнейшие перспективы весьма неопределенны: в тюрьму, в наркологический диспансер или на свободу? Как говорится, есть из чего выбирать.

Но гром грянул, сотни жалоб как со стороны юристов, так и незаконно задержанных граждан, включая больных-наркоманов, возымели наконец действие. Судьи, следователи и прокуроры дождались от Постоянного комитета по контролю наркотиков при Минздраве РФ нового документа.

Четвертого июня 1997 года (протокол № 3/5-97) на свет появилась сводная таблица заключений, регламентирующая «три размера в граммах» наркотических средств и психотропных веществ. В левой графе таблицы появился столбик «небольших размеров от 0 до...», то есть необходимый минимум, чтобы документ приобрел некую логическую форму и мысль.

Но как оказалось после опубликования ее в бюллетене Верховного Суда РФ, такие наркотики, как героин, ЛСД, фенциклидин и т.д., вновь остались без минимума. То есть, буквально, содержание 0,00001 грамма этих наркотиков на вашей одежде по-прежнему оставляет право за Фемидой привлекать вас к уголовной ответственности. Следователи, прокуроры и судьи по-прежнему имеют возможность использовать в вынесении судебного решения метод двойного стандарта.

ИЗВИНИТЬСЯ?! — ДО СВИДАНИЯ!

Но вернемся к делу Темури Габисония. Можно сказать, что ему несколько повезло. К моменту вынесения приговора ситуация вокруг обвиняемого заметно смягчилась. Сотрудник, проводивший обыск и задержание Темури, позже оказался привлечен к уголовной ответственности по другому делу — за вымогательство (как же иначе-то, правда?). Этот факт также существенно способствовал изменению части 4 вменяемой статьи на часть 1. Рассматривать версию о подбросе наркотика сотрудником милиции, разумеется, никто не стал.

По приговору суда Темури получил шесть месяцев, тогда как сам процесс длился восемь месяцев. Судом не было принято к сведению, что медицинский перечень, о котором мы говорили, не является официальным документом.

Дело Темури принимало все более скандальный характер: жалобы поступали и в Моспрокуратуру, и далее, в Генпрокуратуру. Российская Фемида попала в неловкое положение. Человек, можно сказать, пострадал от несовершенства законодательных актов, от нечистоплотности и коррумпированности некоторых сотрудников МУРа и в итоге, как говорится, «пересидел» срок.

Что делать в таком случае? Как, понимаешь, оправдаться перед несчастным грузином? Ведь по закону, если человек оправдан, перед ним необходимо извиниться, немедленно выпустить на свободу и даже более того — возместить физический и моральный ущерб.

Чтобы родная милиция раскошелилась? Ха-ха.

В изъятых документах задержанного молниеносно обнаружилось липовое свидетельство о временной регистрации в Москве. За подделку документа Темури впаяли нормально: год лишения свободы.

Сейчас он продолжает сидеть в печально известной «Матросской тишине».

Адвокат Сергей Забарин продолжает бороться за освобождение своего подзащитного, так как уверен, что Темури не подделывал этот документ, а получил его из рук конкретного человека, работника паспортного стола. Никакой экспертизы по этому поводу не проводилось. Но доводы адвоката уже никого не интересовали, его уже никто не слушал. Как говорится, был бы человек, а статья найдется. И вообще этот грузин, мол, благодарен должен быть. За подделку документа до двух лет положено, а ему только год дали. Несправедливо? Жена у него беременна?! До свидания!

Самым интересным в этом процессе — и самым вопиющим! — было отсутствие прокурора. Его функцию исполнял... судья. Он был сразу и прокурором и судьей. Полное попрание Конституции РФ, а именно статьи 123 пункта 3, которая провозглашает, что судопроизводство осуществляется на основе состязательности и равноправия сторон. Таковы правила игры в современной юриспруденции, в любой Конституции другой страны, хоть Мозамбика или Тринидада и Тобаго. Как адвокат сможет победить на таком процессе, где прокурор выносит приговор? Абсурд, бред, ахинея? Реальность.

— На процессе по делу Габисония, — сказал Сергей Забарин, — функции прокурора свелись к тому, что он только утвердил обвинительное заключение, кстати совершенно безграмотно составленное следователем. Вот вам и вся российская Фемида. В нынешнем законодательстве, согласно статье 35 УК РФ, судья единолично рассматривает дела, которые предусматривают до пяти лет лишения свободы, а таких дел сейчас около 60 процентов.

Итак, до правового государства России еще очень далеко. Очень далек еще тот день, когда российский гражданин может со спокойной душой отдать себя в руки правосудия, уверенный, что суд, как и положено, во всем разберется и установит справедливость. Если такое вообще возможно. Очень, очень далек тот день от сегодняшнего.

Поэтому остается одно. Осторожным нужно быть не только с огнем, с преступником или на дорогах. Но и иногда, может быть, в первую очередь — с людьми, которые по долгу службы должны нас защищать. В России же всегда было все наоборот.

Глава 4
ЗДОРОВЬЕ И ЗАКОН

Его имя сегодня на слуху. У него в нашей стране есть противники, но количество сторонников с каждым днем увеличивается. Он спасает детей и подростков от самой страшной чумы XX века — от наркоэкспансии. Владимир Иванов внедрил в Рос-

сии новый метод детоксикации организма, изобретенный знаменитым ученым-самородком американцем Л. Роном Хаббардом.

Вот уже несколько лет в его реабилитационный центр съезжаются убитые горем мамы и папы и с последней надеждой везут своих отравленных наркотиками чад со всех концов бывшего СССР. Он достиг фантастических результатов. Психолог, кандидат медицинских наук, ученый, бывший сотрудник правоохранительных органов В. Иванов вылечивает и возвращает к нормальной жизни до 50 процентов своих пациентов-наркоманов. В то время как государственные медицинские учреждения едва могут похвастаться 3 — 5 процентами вылеченных от наркомании детей и подростков.

Мой разговор с Владимиром Ивановым начался с рассуждений о катастрофической ситуации в Центральной Азии, где в некоторых странах в наркобизнес все больше и больше втягиваются чиновники из государственных структур, и процесс этот приобретает гигантские масштабы. Я начал буквально пугать его ситуацией в Таджикистане, Кыргызстане, Казахстане, откуда десятками тонн идут наркотики в Россию и дальше в Европу.

Перед российскими границами постепенно образуется новая наркоимперия. Этот регион стал не только транзитным коридором для афганского и пакистанского героина, но и базой для производства всех видов растительных наркотических средств.

Но мои доводы не произвели должного впечатления на Владимира Иванова. Наша беседа раскрыла более страшную картину, связанную с легальным и нелегальным наркобизнесом. Речь зашла о серьезных информационных искажениях, а порой и пробелах, которые уводят общество от основных проблем, решение которых могло бы приостановить захлестнувшую нашу страну наркоэкспансию, как с юга, так и с запада.

М у м и н Ш а к и р о в. Почему вы считаете, что средства массовой информации рисуют неточную, а то и ложную картину сегодняшней трагедии, связанной с наркобизнесом?

В л а д и м и р И в а н о в. Вас волнует ситуация на таджикско-афганской границе, откуда идет основной наркопоток. Я вам скажу, что это уже никого не должно волновать. Почему? С этим можно согласиться, если вы информацию представите в том виде, в котором ее нужно представить. А теперь рассмотрим другой срез этой проблемы. То, о чем не пишут.

В 1989 году я был в составе специальной бригады МВД по проверке одной из наших азиатских республик. Могу назвать страну, но это не принципиально, потому что во всех этих республиках, в принципе, происходит одно и то же. Я проверяю личный состав сотрудников МВД и сотрудников управления внутренних дел. У меня есть чрезвычайные в этом отношении полномочия, которые предписывали начальнику районного управления внутренних дел при моем появлении отдать приказ закрыть все двери, входы и выходы и всех сотрудников, которые находятся на посту, освидетельствовать на предмет наличия наркотика в биологической жидкости, в частности в моче.

Это было в Советском Союзе. Мы проверили около 20 областных УВД. У 117 милиционеров из 320 был обнаружен наркотик в моче. То есть они на посту, при оружии, причем это не только рядовые сотрудники, но и начальники службы, следственного управления, уголовного розыска — и все наркоманы, почти 30 процентов командного и личного состава.

Я привез эти данные в Москву, написал, естественно, подробный анализ и задал массу вопросов министру МВД СССР Вадиму Бакатину. Ответ последовал однозначный, советский. Сначала был шок на неделю: что с этим делать? Как быть? А потом кто-то не мудрствуя лукаво сказал: этого не может быть, потому что этого не может быть никогда. А если и может быть, все равно такой факт порочит советскую милицию в глазах общественности, и мы не имеем его обнародовать.

В течение полутора лет меня преследовали. Я был начальником отдела наркологии МВД в звании подполковника. Меня пытались уволить за дискредитацию звания сотрудника правоохранительных органов.

И еще. В то же самое время меня заинтересовала так называемая операция «Мак», которую проводит МВД, иногда в сотрудничестве с ФСБ. Ее цель — уничтожить так называемые незаконные посевы мака и конопли. Традиционно это происходит на Украине, на Дальнем Востоке, в южных областях России, в Кыргызстане, в Казахстане, в Туркмении и т.д.

И вот в том же 1989 году я говорю: «Возьмите меня на одну из этих операций!» Мне хотелось посмотреть, что это и как. Приезжаем, маковое поле гектара на полтора-два. Все было настолько серьезно, что я начал снимать на камеру. Овчарки, вертолет, автоматчики. Оперативники вырывают стебли мака, собирают в снопы, складывают в стог, обливают бензином, поджигают. Я говорю: «Ребята, что вы делаете?»

Они на меня посмотрели как на идиота и говорят: не видишь, что ли, уничтожаем незаконные посевы. Я отснял на пленку то, что нужно было. А на следующий день вернулся в министерство и попросил проводить меня в подвал, где хранятся образцы мака с полей, ранее уничтоженных, и произвел там съемку. Головки мака были порезаны на всех без исключения образцах. Это говорило о том, что милиция дала возможность наркодельцам изъять млечный сок, т. е. опий. А то, что я увидел на посевном поле, полная профанация. Я даже не буду говорить, что операция сама по себе дорогая: вертолет, автоматчики, собаки, автотранспорт и т.д. Но она еще дороже, потому что это же предательство со стороны сотрудников милиции: полковников, генералов. Они же все понимают, но тем не менее покровительствуют этому чудовищному обману.

Самое потрясающее, что недавно я увидел репортаж по ОРТ на ту же тему. Показывают операцию «Мак». Не знаю, оператор то ли случайно, то ли специально схватил в объектив головки мака — они тоже были порезаны. 1989 год и 1997 год. Выходит, ничего не изменилось.

Ну что, Куликов не знает, что так проводятся операции? Знает и молчит. Все остальные чиновники не знают этого? Знают и молчат. Тогда возникает вопрос — а нужно ли вообще травмировать население, выбрасывая на их головы эти факты?

М.Ш. Что вы можете сказать о знаменитой новой 228-й статье УК РФ и перечне Минздрава РФ, регламентирующих наказание за незаконное хранение, сбыт, переработку и т.д. наркотических средств и психотропных веществ?

В.И. То, что за последние годы происходило с этой статьей в Уголовном кодексе РФ, можно также назвать преступной халатностью, а то и целенаправленной пропагандой употребления наркотиков. В особенности это касается и перечня, составленного медицинской комиссией, возглавляемой академиком Э. Бабаяном.

Смотрим УК РФ 1990 года. Из него изымается статья об уголовной ответственности за употребление наркотиков. Гуманная акция, как говорили люди, которые ратовали за это, — наркомания болезнь, мы не можем карать больного человека за то, что у него возникло болезненное пристрастие. Нечеловечно, мол. А человечно, значит, разрешить наркоманам употребление наркотиков и не преследовать их. Но у меня возникает другой вопрос: а почему государство разрешило моему ребенку употреблять наркотики? Мой ребенок не начинал их употреблять. Почему государство считает, что нашими детьми можно пожертвовать?

В этом законе закладывалась просчитанная юридическая коллизия, потому что употреблять не храня невозможно. За исключением того, что, если шланг вам в окно высунут, вы подышите и уйдете. Вы не хранили. Хранить нельзя. Это спланированный казус.

Что же делать? Разрешить какое-то количество хранить без уголовной ответственности. И вот к 1990 году бабаяновский комитет определяет эту допустимую дозу — 5 граммов анаши, а чуть позже было разрешено уже полкило анаши, понимаете? И тем самым уголовный розыск практически был парализован. Почему?

М.Ш. Потому что задерживали людей, у которых было менее 5 граммов.

В.И. Неужели наркоторговцы такие идиоты, что будут носить по 5 килограммов? Нет. Они расфасовывают по спичечным коробкам, которые называются «корабль», а там, естественно, меньше 5 граммов. И уголовный розыск знал об этом, задерживал и когда обнаруживал в лучшем случае менее 5 граммов, то ничего не мог сделать. А административные наказания, которым подвергались наркоторговцы, это что мертвому припарки.

Такое было в декабре 1990 года, а вот уже в 1996 году дошли до полукилограмма марихуаны. Это ж надо додуматься?! Откройте комментарии к Уголовному кодексу. И вы видите, 228-я статья — уголовная ответственность за хранение, транспорт, сбыт наркотиков в крупных размерах — мера наказания такая-то. Смотрим перечень Э.Бабаяна. Вот, крупным размером являются 500 граммов.

А менее? Ну так вот, для справки, я вам говорю, что таким количеством анаши можно травануть целую школу, но за это не полагается уголовная ответственность. Как мы вообще к этому пришли?

И комитет Бабаяна непосредственно в этом деле даже не соучастник, а главный, может быть, запевала. Ну кто эти люди? Я не могу сказать, что они преступники. У меня нет фактов. Я не могу разоблачить.

Но люди, которые спланировали эту акцию, не упражнялись в философских измышлениях. Это так называемая хасбулатовская Дума приняла такой закон. Причем, на мой взгляд, эти люди талантливо осуществляли свою цель, они знали, что будет через семь лет, через десять.

И только с января 1997 года, конечно, люди стали протестовать, появились публикации в прессе, потоком пошли письма в Минздрав и прочее... Теперь внесены поправки в перечень, но употребление осталось уголовно не наказуемым.

Вот почему все эти скандальные и громкие публикации об очередных задержаниях — это сотрясание воздуха. В первую очередь надо очистить информационное поле.

М.Ш. Разделяете ли вы точку зрения, что есть сильный наркотик, например опий, героин, ЛСД, и слабый, типа марихуаны и маковой соломки? Существует мнение, что можно разрешить курение так называемой анаши и выбить из-под торговцев-нелегалов наркобизнес, взяв его в государственные руки. Например, как в Голландии.

В.И. Это глубокое заблуждение. И для развития этой тенденции дезинформируют журналистов. Ну, давайте рассудим. Есть ли слабые наркотики? Есть, если говорить о том, что можно попробовать наркотик и не стать наркоманом. Все мировые исследования, социологические, биологические, показали, что из 100 человек, попробовавших наркотик, только 15 становятся наркоманами. Но значит ли, что наркотики сами по себе могут быть слабыми? Нет, конечно. Посмотрите на это с другой стороны: знаете, что делает конопля с мозгами человека при регулярном употреблении? Если вы увидите такого человека, то о слабых наркотиках вы не заикнетесь.

По официальным данным, из 100% наркоманов 95% приобщились к так называемым сильным наркотикам именно после употребления анаши и другой растительной дряни. Со временем, при привыкании, «травка» перестает быть эффективной.

М.Ш. Да, прослеживается такая «эволюция»: «травка», гашиш, опий, героин.

В.И. Вот именно. И когда журналисты пишут о том, что марихуана — слабый наркотик, то хочется сказать: лучше помолчи и вообще не пиши. Недосказанность, неполнота информации — вот в чем недостаток. Наркоманы прессу не читают. Читают здоровые дети. В Италии есть партия, которая бьется за легализацию анаши. В Соединенных Штатах за то же ратуют некоторые профессора. Так это же, считай, подрывная работа.

М.Ш. Как вы прокомментируете ситуацию с Голландией, где наркотики можно купить легально?

В.И. Вот еще один образец ложной информации. Такой опыт был у них 15 лет назад. Наркотики легализовали в Амстердаме. Через полгода полиция выяснила, что европейская столица превратилась в центр всего наркобизнеса и преступного сброда. Вскоре опыты были прекращены. За исключением нескольких попыток раздавать метадон в трамваях и кафетериях.

Голландия не пошла на легализацию наркотиков, и, когда журналисты пишут о том, что кто-то из них был в бистро и ему предлагали открыто купить марихуану, я им говорю: не надо ездить в Амстердам, поезжайте в «Голдэн пэлэс» или в «ДТМ» (комсомольский центр — дискотека). И посмотрите, что в Москве на нашей российской почве будут предлагать! Правда, нелегально. Голландский опыт провалился.

М.Ш. Так, значит, там нет легального наркобизнеса?

В.И. Нет, конечно. Вот вам образец дезинформации. Наркобизнес там провалился с самого начала. Но я вам скажу, благодаря каким усилиям он вообще состоялся.

В 1919 году западногерманский фармацевтический концерн «Элайлили» предложил миру спасение от героиновой наркомании в виде вещества, которое было названо хероинкомпаунд. В 1937 году это вещество было названо делафином. В честь самого Адольфа Гитлера. В 1954 году это уже метадон. Уже становится горячо.

К 1989 году Парламентская Ассамблея Совета Европы разослала документ правительствам всех стран земного шара с рекомендацией запретить на государственном уровне легальное и нелегальное распространение метадона, поскольку этот препарат унес больше жизней, чем героиновая наркомания, для лечения которой он и был предложен. Метадон оказался наркотиком еще более вредным для человечества, поскольку его стали легально распространять в трамваях. Вот какая пошла цепная реакция.

В Соединенных Штатах от него отказываются. Он популяризируется и продается в двух формах: в таблетках и в инъекциях. США освобождаются от метадона, Европа запретила, а его столько произвели и куда же деть?

Правильно, в помойную яму, в Россию. Замечу, что в нашей стране наркология была достаточно передовой наукой. Есть масса компетентных специалистов. Другое дело, что их не знают во всем мире, потому что публикации по наркологии были сосредоточены в лучшем случае в изданиях для служебного пользования или с грифами «секретно» и до сих пор они не рассекречены. Если вы пойдете в библиотеку имени Ленина, вы моих работ не прочитаете, если у вас нет допуска к литературе с грифом «для служебного пользования», хотя там нет никаких государственных тайн.

Так вот, есть люди, которые удивляются: мол, да что вы, какой метадон в России?! А он подползает. Метадоновую программу уже запускают в трех областях на Украине, и я слышал, что Молдавия пошла на этот эксперимент. Постепенно, не сразу.

М.Ш. Почему именно Молдавия?

В.И. Не знаю. Может быть, потому, что люди там менее информированы, некому заслон поставить. Закон предписывает лечение наркоманов в государственных учреждениях. Уже такое не случайно. Значит, в медучреждения пойдет метадон. Легально. Его надо продавать. Это глобальный бизнес. Через медцентры пойдет отмывка денег и прочее. Понятно, да? Прямо этого не сделаешь, вот и готовится соответствующая почва. Закон поможет осуществить все легально.

В законопроекте так и было написано, что количество произведенного наркотика будет определяться конъюнктурой рынка. Я говорю, вы идиоты, что ли? Конъюнктура рынка — это наши с вами дети. Потрясающе.

М. Ш. Так как же вы можете прокомментировать то, что в Уголовном кодексе России была изъята уголовная ответственность за употребление наркотиков?

В.И. Что касается врачей, то они с этим согласны, с пеной у рта доказывают, что правильно сделали, изъяв уголовную ответственность. Наркоманы теперь не боятся приходить на лечение. Но я-то знаю, что они лукавят. На самом деле это не так. Люди большей частью перестают обращаться в наркодиспансеры и в больницы. Но не потому, что они боятся попасть на учет или подвергнуться уголовной ответственности за употребление наркотиков. Тут совершенно другая сторона. Эффективность лечения наркомании в клиниках равна нулю. Я знаю пациентов, которые по 5 — 7, как они говорят, ходков сделали и бесполезно. И народ знает, в принципе, и не идет туда. А врачи все свое долдонят, и им стыдно признаться, что да, к нам не обращаются и правильно делают, потому что помочь мы не можем.

М.Ш. Медицина бессильна?

В.И. Пожалуй, в какой-то мере. Я вот что вам скажу. В Советском Союзе существовала уголовная ответственность за употребление наркотиков.

Я в то время работал в наркологической клинике Второго медицинского института. Тогда мы тоже думали, что лекарствами можно вылечить. Некоторые врачи так думают до сих пор. Мы назначали наркотики по медицинским показаниям нашим пациентам. В голову не приходило прокурору привлечь нас к ответственности за применение наркотиков в медицинском регламенте.

М.Ш. То есть вы снижали дозу?

В.И. Да. Эта методика была официально утверждена Минздравом. Никто ничего не запрещал, абсолютно. Хотя и существовала уголовная ответственность. Тут важен вопрос компетентности и правильности оперирования термином: уголовная ответственность предусматривает не медицинское потребление наркотиков, а незаконное употребление наркотиков. Врачи выписывали рецепты, и наркотики применялись при раке, при остротравматических заболеваниях, коликах, инфаркте, и ничего противоречащего закону в этом не было.

В таком подходе есть своего рода обман, хотя врачи и строят из себя гуманистов. А люди не знают этих тонкостей и верят. Так лечит ли медицина? Вот позвоните Егорову, бывшему директору ГНЦ (Государственный наркологический центр), он сейчас главный нарколог Минздрава России, и спросите: «Какова эффективность лечения наркомании в государственных клиниках?» И он вам скажет.

М.Ш. Не соврет?

В.И. Не соврет. Он вам скажет: 3 — 5% всех наших пациентов после так называемого лечения воздерживаются от наркотиков в течение полугода. Проще говоря, эффективность лечения равна нулю. Что такое 5% воздерживающихся полгода, когда 95% не воздерживается и двух дней после их лечения. Вот что он вам скажет. А почему? Давайте снова вернемся к Федеральному закону о легальном обороте наркотиков. Госдума в этом законе в части здравоохранения пишет, что лечение больных наркоманией должно производиться только в государственных и муниципальных медицинских учреждениях и нигде больше.

Почему? Эффективность лечения равна нулю, а законодатель ставит такие рамки. Хотите, назовите это монополией. А я назову преступным умыслом. Потому что, если я направляю в государственные медицинские заведения поток людей, заведомо зная, что они там помощи не получат, я преследую какую угодно цель, но только не ту, которая соответствует моему должностному положению, например министра здравоохранения.

М.Ш. А официальные медицинские структуры пользуются только одним методом лечения — уменьшением дозы и больше ничем?

В.И. Нет. Применяют медикаменты для лечения наркомании, которые сами являются наркотиками. Вот в чем парадокс. Только они называются по-другому — транквилизаторами, сильными транквилизаторами, снотворными. Это ряд психотропных препаратов, которые воздействуют на психическое состояние человека. Значит, наркоман получает изменение психического состояния наркотиком. Вот и получается, что государство заинтересовано сбывать эти наркотики, но легально, под названием тазепам, мезипам. Да, конечно, есть в государстве люди, которые заинтересованы сбывать такие препараты — это фармацевтические концерны. Да и не только в нашем государстве, причем это очень прибыльный бизнес, и здесь идет война очень серьезная.

М.Ш. Вы думаете, это проблема только России или всего мира?

В.И. Всего мира. Но во всем мире очухались. На сегодняшний день в США вопросами помощи больным наркоманией занимаются примерно полмиллиона общественных организаций, которые финансируют не медицинские программы, а реабилитационные центры, исключающие применение лекарств и дающие гораздо больший эффект.

М.Ш. Неужели в законе нет ничего позитивного, что способствовало бы лечению от наркомании?

В.И. Закон и смешон, и преступен. По-моему, он увеличит вал наркотиков не для медицинских целей. Вот послушайте. На первых его страницах сказано, что государство выступает монополистом во всех видах деятельности с наркотиками. Хорошо, согласен: речь идет о производстве, транспорте и сбыте наркотиков. Но на 11-й странице вы вдруг читаете, что лицензию на операции с наркотиками может приобрести юридическое лицо и что представитель юридического лица для получения лицензии не должен состоять на учете в наркодиспансере и обязан иметь фармацевта с высшим образованием в фирме. Смешно — не то наркобизнесменам очень трудно это сделать! И еще нужна лицензия на производство, транспорт и сбыт наркотиков. При чем тут хотя бы транспорт? Для этого надо ответить еще на один вопрос, с которым я хотел бы обратиться к министру здравоохранения: сколько российскому государству необходимо наркотиков? Я лично, пожалуй, ответил бы так. Советскому Союзу на год было достаточно килограмма сухого морфия, а это миллиард ампул.

Он распределялся по клиникам, по онкологическим центрам. Мы же знаем, кто нуждается в наркотиках, раковые больные составляли 90%. Где применяется морфий? При болевом шоке, почечных коликах, т.е. в единичных случаях. Поэтому посмотрели, сколько больных, сколько надо, и получили нужное количество. В таком случае хочется спросить законодателя: о каком транспорте идет речь? Вы что, молоко, хлеб развозите? Транспортные компании организуют, лицензию берут на транспорт наркотиков. Это ж как называется? Килограмм наркотика производится в течение двух недель. Раньше с этим справлялись Одесский и Чимкентский заводы. Произвели — и закройте завод.

Грубо говоря, юридическое лицо — это палатки, которые будут функционировать под прикрытием так называемого афганского или чернобыльского фондов, а значит, немудрено, что и криминальных структур. Да мы уже с вами это проходили. Вспомните тарпищевский и федоровский спортивный фонд, который торговал водкой и сигаретами. Так здесь будет то же самое: законодательное обеспечение позволит взять лицензии. Вы понимаете, что это такое?

А всего-то на год медицинской промышленности нужен килограмм морфия.

Большинство депутатов, которые голосовали за этот закон, не знают об этом. Те же, кто закон готовит, знают. Почему так ловко все получается? Обратите внимание, что закон-то об обороте наркотических и психотропных средств. Вот о психотропных средствах можно говорить в тоннах. Пока реальной возможности отказаться от них нет, и они действительно перевозятся тоннами. Но психотропные препараты, транквилизаторы, не являются предметом черного нелегального наркобизнеса. Да, они могут вызвать пристрастие, иногда даже зависимость, но это не наркомания...

М.Ш. То есть наркотические средства и психотропные вещества — разные вещи, а значит, может быть, нужно два закона?

В.И. Я и говорю им, отделите эти вещи. Закон нужен один. О наркотиках. А все остальное регулируется с помощью других нормативных актов.

Есть в этом законе еще один любопытный момент. Собственно, для чего он создавался? Не ради же того, чтобы люди убивали своих детей, губили свой разум. Нет. В нем написано, что для контроля легального оборота наркотиков создается государственное учреждение. Еще одно. Но у нас же есть МВД, прокуратура, ФСБ, таможенный комитет, ФПС... К чему еще одна организация?

Причем финансироваться это государственное учреждение должно из бюджета и внебюджетного фонда. Но каким образом госучреждение может финансироваться из внебюджетного фонда? Зачем? А затем, что этот внебюджетный фонд, в свою очередь, будет финансироваться из денег, изъятых из наркобизнеса. Теперь мне все понятно! Во всяком случае, *мне* все понятно. Кому-то, может быть, нет.

Создан треугольник для отмывания денег. Как? — спросите вы. Это может быть сюжетом детективного романа или фильма.

М.Ш. Приведите пример.

В.И. О том, что мы не ценим денег, а ценим дружбу, вы, наверное, знаете. Вначале меня заинтересовал вопрос: почему создание внебюджетного фонда должно фигурировать в законе о наркотиках? Что такое? Например, я хочу создать благотворительный внебюджетный фонд. Обращаюсь в Минюст, регистрируюсь. Главой фонда я назначу своего приятеля, который хорошо меня понимает. А сам я непосредственно наркосбытчик. Вот у меня завалялась тонна героина, которую мне надо продать. Я нахожу покупателя, назначаю место встречи, он везет мне миллиард долларов. И я даю информатору известие в ФСБ, что готовится такая-то операция по продаже. Прилетают и арестовывают. И тонну героина, и миллиард долларов. Я пожертвую даже людьми, которых арестуют, и все будет выглядеть очень правдоподобно. Куда пойдет этот миллиард долларов? Во внебюджетный фонд. А я из фонда переправлю эти деньги на борьбу с наркобизнесом, где сидит мой приятель или брат. И он вернет мне эти деньги на борьбу с наркоманией. И дело сделано, деньги отмыты. В чем дело? Почему, собственно, это нужно?

Да потому что беда наркобизнеса в том, что люди все-таки не научились ставить преграды для отмыва денег. На Западе это учитывают. Черные деньги надо запустить на банковские каналы, и их никто никогда не проследит после этого. И вот создается такой механизм. Когда очнутся, как я говорю шутя, как с чеченскими авизо, поезд уже уйдет, и очень далеко.

М.Ш. И все-таки какой нужен федеральный закон о легальном обороте наркотических средств и психотропных веществ?

В.И. Я бы многое там перечеркнул. И как гражданин России и отец своих детей, я написал бы единственную строку: гражданин России обеспечивается конституционным правом на защиту от распространения наркомании. И расшифровку этой позиции, и все.

М.Ш. Что это, по-вашему, означает?

В.И. Этот прецедент нам известен. Существует уголовная ответственность за заражение сифилисом, СПИДом? Да. Если ваш ребенок затащил моего ребенка в ночлежку и упорол его наркотиками, я прямо подаю иск на вас и требую материальной компенсации, а еще в больших размерах — морального ущерба на основе Конституции. И пусть только судья не примет к рассмотрению.

Или такой пример. Скажем, напротив моей квартиры сосед продает наркотики. А у меня дети, я не хочу, чтобы на их глазах это происходило. Пишу начальнику отделения, даю ему эту информацию. Второй экземпляр заявления оставляю себе. Через месяц он мне должен ответить, но этого, конечно, не происходит. Тогда к этой копии заявления прилагаю мое заявление в суд и подаю на начальника отделения судебный иск за нанесенный мне моральный ущерб, миллионов так на 150. Суд подтвердит моральный ущерб. Расплатится так один раз и уже разберется со своим коррумпированным или некоррумпированным участковым в две секунды. Так порядок будет наведен в России за неделю.

Если на сигналы о том, что в притонах продаются наркотики, милиция не реагирует, то, конечно, значит, повязана с этими дельцами. А как их взять? Взять — значит доказать. А попробуйте доказать. Поймайте участкового, когда он правой рукой берет деньги, а левой — возвращает наркотики. Да никогда вы его не поймаете. И не надо ловить. Этим должны заниматься те, кто на наши деньги обеспечивают нашу безопасность. И это должно быть в конституционном законе: право российского гражданина на защиту от наркомании. Мы можем их заставить это сделать.

М.Ш. Вы пришли к этому сами или это мировой опыт борьбы с наркобизнесом?

В.И. Нет. К этому я пришел сам. Все это для меня вещи обыденные и очевидные. Я в этой области работаю около 30 лет.

М.Ш. Как вы пришли к созданию реабилитационного центра «Нарконон»?

В.И. Повлиял Хаббард, человек, который не только в прикладной философии, но и в области наркологии сделал принципиально новое и очень важное открытие. Узнав его суть, люди очень быстро убеждались, что наркомания не тяжелый недуг, а она излечима.

Как излечима? Когда человек бросил употреблять наркотики, когда он уже перешел ломку, поправился, иными словами, он все-таки говорит, что в голове какая-то пленка, мир черный вокруг: я думать ни о чем не могу, я автоматически действую, не могу удержаться от этого. Что это такое?

Все очень просто. Я тоже искал философский камень в свое время, думал, найдем, изобретем лекарство, которое может преодолеть эту психологическую зависимость. Но это невозможно, потому что выход в другой плоскости. Выяснилось, что все наркотики растворяются в жирах. И большинство не растворяется в воде. Попадая в организм, они депонируются в жирах, а 85% вещества мозга — это жир, и наркотик идет туда. Мозг очень плохо снабжен капиллярной системой на уровне клеток, и наркотик так и остается там. Конечно, наркотик влияет и на скорость импульсов. Подробностей, думаю, не надо.

Засев в мозгах, наркотик диктует им свою волю. Как же выводить его? Через какое сито? В мире на сегодняшний день известен один способ — метод Хаббарда, метод очистки организма от токсинов. Есть масса способов вывода других токсинов — трансфузия, гемосорбция, просто замена крови. Вот наркотики не выводятся известными способами, так же как радиоактивные нуклеактиды.

Метод сводится к следующему.

Сауна в течение 30—40 дней по 5—6 часов в день. С приемом возрастающих доз витаминов, минералов, солей, которые выводятся с потом, и их надо возмещать в увеличивающихся дозах. И на 5-й — 7-й день вдруг в поте обнаруживается кокаин, ЛСД, морфин. И продолжается это до 15—17 дней, а потом наркотики из пота исчезают. Вот такая кривая. И когда заканчивается процедура, человек физически выглядит здоровым и смело может сказать: «Я свободен». Эту ленту, пленку в голове ему вырезали.

М.Ш. То есть, грубо говоря, вы предлагаете вместо центров по вкачиванию в человека химии, то есть тех же наркотиков, строить оздоровительные центры?

В.И. Я никому ничего не предлагаю. Я сам взял и построил центр, и он сейчас действует в Москве. Когда я в девяностых годах увидел эти центры в Штатах, Германии, Швеции, я буквально был потрясен.

М.Ш. Вы построили центр наподобие того, что предлагал Хаббард?

В.И. Да. С 1994 года он функционирует. И я могу вам сказать, что доброй сотне детей и юношей я сохранил жизнь, они не употребляют наркотики.

М.Ш. Метод Хаббарда все-таки метод физико-биологический?

В.И. Программа «Нарконона» этим не исчерпывается. Окончательный вопрос с наркотиками разрешается не только путем очистки организма от токсинов, но и восстановлением нравственных, если хотите, моральных ценностей у человека. Речь идет именно о восстановлении, а не привитии новых. И вот когда два компонента срабатывают, человек обретает полную свободу от наркотиков.

И дальше возникает вопрос: ну, хорошо, а что делать с программой реабилитации Хаббарда? Вылечившиеся наркоманы — это 20% полезнодействующей силы, а 80% полезнодействующей силы — это профилактика наркотизма. Мои сотрудники работают в школах с педагогами, с родителями, с самими детьми. И здесь мои усилия я направляю на тот самый спрос, предполагая, что если ребенок усваивает то, что не надо пробовать наркотик, просто не надо пробовать, так и нет проблемы наркомании. Просто нет — и не надо бороться с наркобизнесом, не надо никого арестовывать.

М.Ш. Но лечение в вашем реабилитационном центре очень дорого.

В.И. Да, дорого. За здоровье надо платить. Но основные расходы идут на проживание в доме отдыха и на питание. То есть на то, что является прерогативой государственных или коммерческих цен. Мы их не устанавливаем. Наши чистые затраты обходятся в 20% от стоимости всего лечения. Но мы полностью отвечаем за тех, кто прошел полный курс лечения. Эти люди уже никогда не будут употреблять наркотики и всю оставшуюся жизнь будут пропагандировать лозунг: «Нет наркотикам!», то есть «Нарконон!».

Глава 5
МНОГОЛИКИЙ СПРУТ

НИГЕРИЙСКАЯ МАФИЯ

После таких задержаний и рождаются, наверное, легенды. Пауль Фелекс, гражданин Нигерии, обладал недюжинной силой, и, чтобы его свалить, скрутить, повязать, понадобились двадцать минут и усилия всех оперативников — участников задержания. Причем преступник умудрился порвать две пары наручников и даже телефонный провод, которым оперативники пытались его связать.

За этой квартирой в доме на проезде Дежнева сотрудники РУОПа следили месяц. Когда пришла информация, что там продается наркотик, оперативники не стали спешить с выводами. Чтобы нигерийцы продавали прямо с квартиры? Это была наглость, на них, нигерийцев, непохожая, так что информация вполне могла быть ошибкой, если не что-нибудь похуже. Торопиться было нельзя ни в коем случае, мало ли что...

«Я ВОНТ ХЕРАЙН!»

Нигерийская наркомафия в России — это прежде всего предельная дисциплина, иерархия, четкое следование правилам, полная и почти безусловная конспиративность встреч. Практически никогда нигериец не станет сбывать товар в квартире, которую снимает и в которой живет.

Любому наркоману в Москве известно, что негры в Москве торгуют наркотиками. Подходите прямо на улице к чернокожему молодому человеку, который непонятно почему стоит на одном месте и никуда не уходит, и говорите:

— Ай эм Вася. Я вонт херайн! (То бишь героин.)

И десять против одного, что вам повезет, особенно если опытный наркопродавец заметит в глазах просителя знакомый жаждущий «огонек». Потенциальному покупателю будет дан номер пейджера. Остальное — дело техники. Вы позвоните на этот пейджер и поделитесь своими проблемами — разумеется, в пределах того, что вы можете доверить телефонисткам. Как говорят в таких случаях оперативники, контакт состоялся.

Если же покупатель чем-то не понравился чернокожему «благодетелю», то он может съездить к Российскому Университету дружбы народов имени Патриса Лумумбы, где нужные связи завести можно с легкостью. Впрочем, в последнее время добираться туда совершенно необязательно. По утверждению тех же руоповцев, героина в Москве сейчас навалом, достать его можно практически везде: в метро, на улице, где попало. Но к Патрису Лумумбе все равно ездят, потому что когда-то вожделенный наркотик можно было достать только там, а раз так, то, значит, есть возможность наладить нужные контакты. А за своей дозой, как известно, наркоман поедет хоть на край света, если ему твердо ее гарантируют.

Еще два-три года назад слава об Университете дружбы народов как главном месте, где в Москве торгуют героином, быстро распространилась в тех странах, откуда приезжают учиться студенты. И тут произошел казус. Университет стал терпеть колоссальные убытки, поскольку именно плата за обучение иностранцев — основная статья дохода университета. Дело в том, что руководство вуза решило создать собственную службу безопасности. Возглавил ее выпускник университета врач-психиатр Александр Мельниченко.

Служба безопасности университета насчитывает сегодня 140 человек. Подавляющее большинство местных секьюрити — выпускники и студенты университета. Именно благодаря усилиям людей Мельниченко с начала прошлого года торговцев героином удалось вытеснить с территории альма-матер.

— Сегодня мы более или менее владеем ситуацией, — уверяет Мельниченко. — Перелом наступил, когда удалось-таки отправить в мордовский лагерь одного из главных организаторов героинового бизнеса — нигерийца Угона Отуечву Оконкво. Но наркодельцы достигли главного: сумели за короткое время создать достаточно обширный рынок сбыта.

ПОД СОЛНЦЕМ САТАНЫ

Нигерийская мафия, по мнению специалистов, уже стоит на видном месте в России.

Если поначалу героином приторговывали ливанцы, сирийцы и афганцы, то уже к лету 1994 года на Юго-Западе Москвы безраздельно хозяйничали нигерийцы. Им не только удалось вытеснить своих арабских конкурентов, но и поначалу отразить «наезды» одной из солнцевских бригад, контролирующей эту территорию и попытавшейся взять под свой контроль выгодный бизнес.

В результате разборок нигерийцев с солнцевскими больше всего пострадал один из корпусов Университета дружбы народов, который был попросту подожжен. Сами же нигерийцы на время растворились по Москве и буквально через пару дней возобновили свой бизнес. По утверждению оперативников из УНОНа (Управления по борьбе с незаконным оборотом наркотических веществ) МВД РФ, «гостей» столицы все-таки взяли под «крышу» солнцевские. В некоторых районах Москвы нигерийцы «отстегивают» и чеченским мафиози.

Итак, масштабы деятельности нигерийских торговцев героином сопоставимы только с их же четкостью функционирования. Торговцев очень трудно застать на месте преступления, очень трудно проследить ниточку их контактов дальше, если в руки правоохранительных органов попадается кто-то из представителей низшего звена «иерархии».

Чтобы поймать с поличным на месте преступления даже вульгарного «сбытчика», розничного торговца, оперативники проводят целые операции по задержанию. Но как правило, такие победы не дают нужного результата. Практически во всех случаях подобных задержаний цепочка с арестом наркоторговца моментально прерывалась. В чем же тут дело? Как раз в эффективности той системы безопасности, которую нигерийские мафиози разработали и претворили в жизнь.

ОСТОРОЖНО, ДВЕРИ ОТКРЫВАЮТСЯ!

Нигерийцы мало чем отличаются от остальных многочисленных гостей нашей страны, в частности ее столицы, когда начинают делать здесь первые шаги и обживаться. Прежде всего они, разумеется, снимают квартиры, в которые вселяются по два-три человека. Подавляющее большинство находящихся в таком положении граждан, если у них нет никакого официального статуса, ищут работу, дело, с помощью которого они могли бы поднакопить деньжат, — у каждого свои резоны в Москве.

Благо, как говорит старинная русская поговорка, «в Москве денег — кадка, была бы догадка». А суть мудрого изречения не изменилась и в настоящее время. Прибывают нигерийцы в Москву под видом либо беженцев, либо студентов, либо бизнесменов, однако разворачивают совершенно иную деятельность, несовместимую с законом. И подчиняются иным законам — жесточайшей дисциплины.

Начнем с того, что одна квартира ничего не значит, то есть значит, конечно, но очень мало. Она лишь одна из ячеек, точное число которых, к сожалению, назвать не сможет никто, в том числе и те, кто с наркопродавцами борется изначально, то есть специалисты.

В каждую квартиру, в которой живут эти преступники, наркотик, в частности героин, привозят по мере надобности, то есть в порядке поступления заказов. Причем важно, что количество единовременно поступившего наркотика чрезвычайно редко превышает пять граммов. Затем за товаром приезжает курьер. Получив его на квартире, курьер отправляется на место встречи. И никогда — никогда! — он не идет на нужную встречу один. Как минимум — вдвоем, как правило — втроем.

Обычно встречи происходят в метро. Кстати сказать, очень удобное место. В толпе, толкотне можно производить любые действия, но удобство еще и в том, что народ периодически убывает, и можно оглядеться вокруг себя в спокойной, так сказать, обстановке. А затем — снова наплыв толпы, и так без конца.

Итак, сначала выходит один нигериец (именно — нигериец, потому что посторонние в эту компанию не попадают), проверяет станцию на предмет подозрительных людей, самих клиентов: нормально ли они ведут себя, не слишком ли суетятся, ни одна мелочь не ускользает от внимательного взгляда «проверяющего».

Следом за ним прибывает второй. Они обмениваются условными сигналами, то есть первый сигнализирует второму, что все чисто. Тогда второй направляется к клиенту вместе с наркотиком.

Непосредственно сама передача наркотика от одного участника сделки к другому может происходить различными способами. Например, с помощью поцелуя. Дело в том, что в большинстве случаев наркотик запаян в достаточно плотный целлофановый шар (нигерийцы изготовляют его на удивление практично и добротно), и при поцелуе этот небольшой контейнер, в котором умещается до одного грамма героина, перекочевывает из одного рта в другой. Или еще проще: товар передается просто рукой за спину, когда оба сидят. Деньги вручаются таким же манером перед тем, как продавец встанет и либо уйдет из вагона, либо войдет в него — в зависимости от ситуации.

«Я ТВОЙ НЕ ПОНИМАЙ!»

Все эти изощренные действия отследить сложно, но можно. И отслеживают. И даже ловят. Но, к сожалению, в большинстве случаев на этом все и кончается. «Ведущий» сделку человек, увидев, что его напарник задержан, моментально звонит на квартиру попавшегося и докладывает обстановку сообщникам. Уже через несколько минут квартира — чистая. Ее жильцы тут же растворяются в многомиллионном городе.

Ну, а что задержанный нигериец? Тут уж начинаются многочисленные «отмазки», не очень, впрочем, разнообразные. Обычно поначалу они

Наркодиспансер
в Краснодаре

Токсикоман нюхает
ацетоновый пакет

Ecstas
Amphetaminderiva

(MDMA, MDA, M
häufige oder auffälli

Lichtbild der Vorderseite

Bezeichnung:
Rückseite:

	1	2	3	4	5
	ADAM	EVA 130 mg	Amor Bruchrille	LOVE Herz	B
	11	12	13	14	15	16
	Käfer	Mercedes	Triple Five	V. I. P.	CAL Bruchrille	B
	22	23	24	25	26	27
	Elephant Bruchrille	Hund Bruchrille	Pigs Ringelschwanz	Pelikan Bruchrille	Taube Bruchrille	Frie
	33	34	35	36	37	38
	Superman	Popeye Bruchrille	Chiemsee Bruchrille	Fido Bruchrille	Häuptling Bruchrille	SON
	44	45	46	47	48	49
	Pilz Bruchrille	Olympics	Hammer&Sichel	Gorbys CCCP	Kleeblatt Kleeblatt	K B

Bundeskriminalamt Wiesb
In Zusammenarbeit mit den Landeskrimiraläm

Таблица таблеток экстази

/XTC in Tablettenform

(MBDB, DOB)
einungsformen

Stand 06/95

6	7	8	9	10
Drops Bruchrille	**Sonne** Bruchrille	**Halbmond** Bruchrille	**Herzpfeil** Bruchrille	**VW** Bruchrille

17	18	19	20	21
Schlitzauge Bruchrille	**ANADIN**	**Boomerang**	**Bulls** Bruchrille	**Delphin** Bruchrille

28	29	30	31	32
Spatz Bruchrille	**Vogel**	**Kermit** Bruchrille	**Feuerstein** Bruchrille	**Batman**

39	40	41	42	43
Smiley SMILE	**Playboy** Bruchrille	**Schwalbe**	**Dino** Bruchrille	**Anker** Bruchrille

50	51	52	53	54
Liebessymbol Bruchrille	**Yellow Sunshine**	**Pink Panther**	**Snowball**	**Ying Yang**

OA 25, 65173 Wiesbaden
Zollkriminalamt und dem Bundesgrenzschutz

DRUGS • OF • ABUSE

1. Marijuana
2.-4. Hashish
5. Cocaine
6. Mandrax (methaqualone)
7. Morphine
8.-9. Heroin

CCC 7/90

Разновидность наркотиков

Начальник ОВД «Китай-город» г. Москвы полковник Василий Стрельцов вытряхивает «колеса», изъятые у арестованной пенсионерки

Главная аптека Москвы на Никольской. Наркоточка

Гражданин Испании, задержанный таможенниками в Шереметьево-2 с 4,5 кг кокаина в чемодане с двойным дном

В этой античной голове было спрятано 3,5 кг гашиша. Гамбург

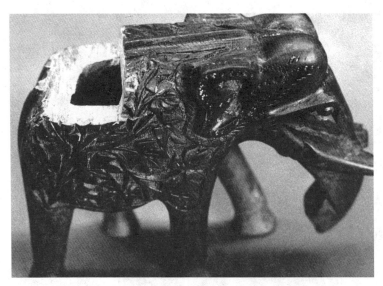

Героиновая шкатулка. Изъята таможенниками в Шереметьево-2

Таможня на российско-китайской границе

Кокаин, спрятанный в запчастях от трактора

Гражданка Наргиз Нагиева с партией героина, задержанная в Дагестане

Обыск у распространителей. Дагестан

Облава на наркодельцов на Даниловском рынке

Нигерийский наркоторговец Эмэкейт Пауль Фелекс по кличке Боксер

Нигерийские гости в Москве. Слева в черной одежде наркоторговец Эмэкейт Пауль Фелекс

Нигерийский наркокурьер, арестованный в аэропорту Шереметьево-2

Облава РУОПа на наркоторговцев в Северо-Восточном округе г. Москвы

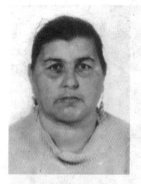

Цыганка мама Роза

Цыганка-наркоторговка Хризантема

Цыганка-наркоторговка Людмила

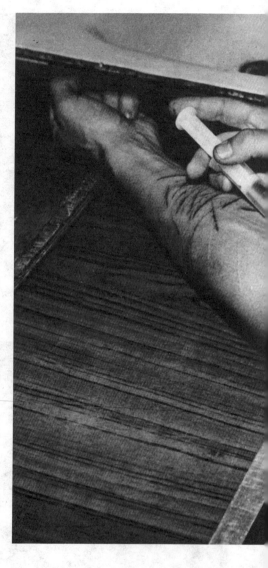

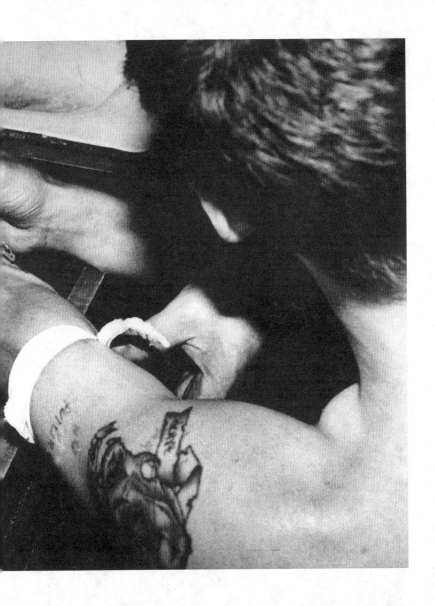

Наркотики в зоне

Марк Мильготин, один из лидеров ассирийской группировки

Гашиш, изъятый у таджикских наркокурьеров в аэропорту Домодедово. Оперативная съемка

все ссылаются на полное незнание русского языка, на нищету, из-за которой вынуждены ютиться где попало, на то, что жить им негде и не на что, а если и есть у них какие-то деньги, то лишь благодаря добрым людям, которые им помогают, чем могут. Проходит драгоценнейшее время, и наступает момент, когда они чувствуют, что теперь можно и заговорить, но любые их показания отныне не будут иметь ни малейшей ценности — поезд ушел. Даже если он и захочет сдать своих подельников, то не сможет: они уже обо всем позаботились, поменяли квартиру, и отследить дальнейшую цепочку невозможно.

Идеальный вариант для следствия — прибыть на квартиру, из которой был выдан товар, через десять—пятнадцать минут после того, как наркоторговец взят. Но пока это малодостижимая мечта оперативников.

В основном нигерийцы имеют дело с героином, и среди своих клиентов они пользуются популярностью и уважением. Нигерийский героин наиболее чистый, без всяких примесей, то есть за качество своего товара они отвечают. Держат марку. Обычно нигерийцы не обманывают своих клиентов и грамм дают, что называется, чисто весовой, без димедрола, чем частенько грешат другие их коллеги.

Один грамм героина стоит сто долларов — такова такса. Если покупатель берет много, то ему делается подарок в виде одного грамма сверху.

Таким образом они поддерживают своих выгодных клиентов. Конечно, нельзя сказать, что распространение наркотиков в Москве — исключительная прерогатива нигерийцев, однако они крепко и прочно держатся за место на российском рынке, и борьба с этим кланом будет долгой и, по-видимому, изнурительной.

ЖЕЛЕЗНЫЙ ФЕЛЕКС

Но давайте вернемся к нашему герою.

Итак, гражданин Федеративной Республики Нигерия Пауль Фелекс Имитчер, 1969 года рождения, оказал при задержании мощное сопротивление, и, чтобы все-таки его задержать, понадобились усилия целой группы оперативников. Впоследствии он жаловался на то, что при аресте его били, требовал «скорую помощь», которая не замедлила приехать, но все это не мешало ему в камере активно заниматься боксом. Он тренировался каждое утро в течение нескольких часов. Когда к нему по чьему-то недомыслию подсадили бомжа, то он на нем, что называется, отработал все приемы, после чего стал единственным хозяином камеры. В общем, решительный такой мужчина.

Вместе с ним в квартире был взят еще один человек. Пауль обращался с ним как со швалью, недочеловеком, поэтому у оперативников и сложилось мнение, что «железный Фелекс» — не последний человек в нигерийских родоплеменных связях. Голубая кровь, одним словом.

Однако «аристократ» африканских родовых племен зарвался: торговал прямо с квартиры, как сообщили руоповцам. Видимо, Паулю Фелексу Имитчеру не был чужд этакий снобизм, вперемешку с высокомерным презрением, которые, разумеется, граничили не только с наглостью, но и откровенной глупостью.

Руоповцы долго готовились, подбирая людей, которые хорошо знали Имитчера, были вхожи к нему и могли бы купить у нигерийцев героин. Соответствующая работа с ними была проведена, и в ходе тщательно спланированной операции была зафиксирована передача запаянного целлофанового шара с героиновым грузом. Всех, кто находился в тот момент в квартире, задержали. Пяти граммов героина, найденных там, а также двух граммов, изъятых у самого Имитчера, вполне было достаточно, чтобы предъявить задержанным обвинение в сбыте наркотических веществ в особо крупных размерах.

Пауль Фелекс потому и сопротивлялся так отчаянно, что понимал: у него минимальные шансы «отмазаться» от этого обвинения. Люди, которых он прежде знал как своих знакомых-клиентов, на сей раз выступали как свидетели.

Контингент нигерийских наркодельцов весьма разнообразен. Наряду с такими высокопоставленными особами, как Пауль Имитчер, встречаются и такие, кого иначе как отребьем и не назовешь. Удивляться этому обстоятельству не приходится. Уж слишком порочно само занятие торговлей наркотиками.

В столице и вообще в России распространяют наркотики отнюдь не спившиеся, опустившиеся нигерийцы. Большинство из тех граждан Нигерии, которые занимаются столь неблаговидным делом, физически благополучные люди, крепкие, молодые спортивные ребята, для которых, скажем, бег, волейбол, плавание вовсе не пустые слова, не говоря уже о боксе.

Разумеется, работают нигерийцы в основном в крупных городах, где можно легко затеряться среди населения. Конечно, где-нибудь в российской глубинке негры будут смотреться дико, а в той же Москве, например, существовать можно относительно спокойно.

ГЛОТАТЕЛИ

Нигерийская наркомафия провозит свой товар в Россию по-разному. Один из способов — транзит... в собственном желудке. По сути, способ прост до гениальности. По исполнению — исключительно труден и требует не только сноровки, но и готовности к смертельному без преувеличения риску.

Итак, в капсулы, обычно размером в два сантиметра диаметром, может поместиться до двадцати граммов героина. Они должны быть изготовлены с особой тщательностью, ибо в случае, если «разгерметизируются», то наркокурьер гибнет. Дело в том, что эти небольшие наркотические контейнеры глотаются...

Иных нигерийских наркокурьеров готовят к такой работе с детства. С малых лет, еще не совсем отчетливо представляя себе, зачем, собственно, все это нужно, они — под руководством старших товарищей, естественно, — глотают какие-то шарики, величиной примерно с грецкий орех. Тренировка происходит постоянно, регулярно, и неудивительно, что к зрелому возрасту пищевод принимает форму, удобную для таких манипуляций, немыслимых для нормального человека. К этому времени они, конечно, понимают, зачем все это нужно.

Приготовленный таким образом наркокурьер способен проглотить десятки подобных капсул, начиненных героином. Был случай, когда такой глотатель «принял» более семидесяти капсул! А это составляло полтора килограмма наркотика. Нужно ли говорить, как именно затем эти контейнеры добываются на свет Божий.

Разумеется, бывало, что капсулы разрывались прямо в желудке наркокурьера. Мучительная смерть тогда настигала человека неизбежно. Кстати, родственники погибшего претензий не предъявляли: им всегда выплачивалась солидная компенсация.

Есть и другие способы. Для достижения своих целей нигерийцы не брезгуют и помощью проституток, которых, правда, перед тем как привлечь к работе наркокурьера, тщательнейшим образом инструктируют. Об этом ниже еще будет рассказано, но сейчас нужно сказать вот что.

Трудно ожидать от девушек, в основе своей приезжавших в Москву для заработка (чем в большинстве торгуют приезжие девушки в Москве? Собой!), знания иностранного языка. Нигерийцы, разумеется, общаются с ними на русском языке, знание которого они так трепетно скрывают от правоохранительных органов. Между собой, в целях конспирации, они разговаривают только на родном языке, что не может не осложнять работу тех, кто за ними гоняется.

ГОСТЬ ИЗ ДЕЛИ

В конце 1996 года на подпольном наркорынке Москвы заметно упали всегда высокие цены на героин. Означать это могло только одно: в столицу явно поступила крупная партия наркотика. Когда предложения много, цены падают неизбежно, это касается всего — от героина до детских ползунков. Управление экономической контрразведки ФСБ сделало свои выводы.

Прежде всего отдел с незаконным оборотом наркотиков проанализировал сообщения своих агентов и ситуацию, которая сложилась в результате такого мощного выброса наркотиков на наркорынке. Через подставных лиц сделали контрольную закупку нового товара. Экспертиза показала, что героин этот — самой высокой очистки, самой высокой степени — 999. Цену он имел бешеную. Еще недавно в рознице его продавали по четыреста долларов США за грамм, а в том случае его цена колебалась между двумястами и тремястами долларами. Стало понятно, что чекисты вышли на новый наркоканал, нити от которого вели к гражданам Нигерии, студентам Сельскохозяйственной академии имени Тимирязева и, разумеется, Университета дружбы народов имени Патриса Лумумбы. За подозреваемыми установили круглосуточное наблюдение.

После нескольких месяцев ожидания пришло сообщение: в Дели готовится к отправке крупная партия наркотиков. Контрразведчики приготовились брать наркокурьера и «студентов» с поличным. Обычно наркотики привозил один человек прямым маршрутом из Дели. Но на сей раз все было по-другому. Наркокурьер из Дели в Москву не прибыл.

Пора уже познакомиться с тремя молодыми девушками, знакомыми наших героев-«студентов»: Екатерина Б., приехавшая из Ивановской области, 24 года; Наталья П., приехавшая из Воронежа, 20 лет, и Светлана Л., приехавшая из Биробиджана, 27 лет. Эти особы промышляли в столице проституцией и сожительствовали со своими нигерийскими работодателями.

Так вот, когда наркокурьер из Дели почему-то задержался, молодые особы засобирались из Москвы в путь. Куда? Зачем? Почему?

Контрразведчики получили еще одно сообщение, которое поставило все на свои места: место прибытия делийского перевозчика наркотиков — Узбекистан. Точнее — Ташкент. В пожарном режиме ФСБ связалась со службой национальной безопасности Узбекистана. Счет шел на часы, и надо отдать должное узбекской стороне, сработали они безупречно и без всяких бюрократических проволочек. Впрочем, кому еще, как не спецслужбам, знать, что от оперативности в таких случаях зависит все.

Весь маршрут новоявленных наркокурьерш был взят под контроль.

В конце мая Екатерина Б. прилетела в Ташкент и прямо из аэропорта позвонила по номеру, который заучила наизусть, в один из ташкентских отелей. Делийский наркокурьер ждал ее уже два дня. Они обменялись паролями, и Екатерина Б., взяв такси, довольно быстро добралась до места назначения.

Все происходило четко и быстро, причем с обеих сторон. Екатерина получила товар, и факт передачи узбекская контрразведка зафиксировала так же оперативно и профессионально, как профессионально действовали наркодельцы. А на следующий день Екатерина Б. села на скорый поезд «Ташкент — Москва» и через трое с половиной суток уже была в столице. Она проехала через два государства СНГ и полтора десятка российских областей. Ехала спокойно, так и не догадываясь, что на протяжении всего пути за ней следили контрразведчики Узбекистана, Казахстана и России, «передавая из рук в руки».

Следили за Екатериной и наркодельцы. Но и они не заметили контрразведчиков, которые проявили не только высокий профессионализм, но и удивительную слаженность и четкое взаимодействие.

В ночь на 30 мая контрразведчики прикрыли один из очагов распространения наркотической заразы, и все задержанные были пойманы с поличным. Когда спецназ экономического управления ФСБ ворвался в квартиру на Зеленоградской улице, находившиеся в ней наркодельцы фасовали товар. Два оптовика рассчитывались деньгами со «студентом»-нигерийцем — хозяином товара. Здесь была и Екатерина Б. В течение ночи подъезжали и другие покупатели, в основном нигерийцы. Под утро набралось уже одиннадцать человек, и мало у кого из них были документы. Большинство пробралось в Россию нелегально.

Тем временем Наталья П. и Светлана Л. последовали тем же маршрутом, что и Екатерина Б., но почему-то оказались не в Ташкенте, а в Алматы. Очевидно, девицы, мягко говоря, были не в ладах с географией, а уж столицы двух сопредельных экзотических для них государств выглядели, пожалуй, на одно лицо. Ташкент, Алматы — какая разница?

Стали звонить по тому же самому номеру, и тут-то и начались первые «непонятки». С ними упорно не хотели иметь дела и с редким постоянством посылали по известному адресу, не желая «врубаться» в смысл предлагаемого пароля.

Обстановка накалялась. Причем нервничали не только девушки. Казахские чекисты, с которыми, как и в случае с узбекскими спецслужбами, связались российские контрразведчики, нервничали тоже. Операция срывалась на глазах. Было неясно: то ли девушки виртуозно водят контрразведчиков за нос, то ли что-то произошло и делийский наркокурьер исчез, что было равносильно провалу.

Целая неделя понадобилась, чтобы пробел в географических знаниях был ликвидирован и особы, разобравшись наконец, что произошло, поехали в Ташкент. И здесь — о чудо! — номер сработал. В ташкентской гостинице они получили большую спортивную сумку, под двойным дном которой лежали три с половиной килограмма чистейшего героина. Стоила сумочка больше миллиона долларов.

Спустя некоторое время спецназовцы брали квартиру на Волгоградском проспекте. Хозяин притона обещал подругам-наркокурьершам за их услуги пять тысяч долларов. Он был арестован с поличным и вместе со своими наркокурьершами.

По существу, он и был организатором всей героиновой цепочки.

СВОЙ СРЕДИ ЧУЖИХ, ИЛИ ДОЛЛАРОВЫЙ ДОЖДЬ

Чтобы бороться с наркоторговцами, есть много выверенных, испытанных, хотя зачастую и рискованных разработок. Установление наблюдения за преступниками — дело нужное, эффективное, но не единственное конечно же.

Одним из распространенных методов в этой борьбе является внедрение. Показательна одна из операций, которая проводилась контрразведчиками в Воронеже и постепенно перекочевала в Москву. В сущности, она была начальным звеном многоходовой операции, а в итоге был перекрыт канал, по которому в Россию ввозились сильнодействующие наркотики. Принадлежал наркоканал нигерийцам.

Сказать, что началось все с Воронежа, значит упустить из виду ту большую часть работы контрразведчиков, которую они делают постоянно. Все началось с более чем неясных слухов, домыслов, неясной информации, смысл которых сводился к тому, что недалеко от Московской области, то есть в соседних областях, появились какие-то торговцы наркотиками, чуть ли не база там у них. В конце концов удалось установить, что все так и есть и обосновались таинственные торговцы в Воронеже.

По этому поводу создана специальная группа, в которую вошли специалисты из МВД, ФСБ, РУОП

Центрально-Черноземного экономического района, а также управление ФСБ Воронежской области. Началась разработка всевозможных комбинаций по выявлению поставщиков, но, увы, безрезультатных, и казалось, что было невозможно на них выйти.

В конце концов было решено попытаться внедрить в одну из преступных группировок Воронежа своего сотрудника. Решить, конечно, легче, чем осуществить.

Как можно внедрить человека в среду, в которой все друг друга знают чуть ли не со школьной скамьи? Тем более в провинциальном городе, где каждый новый человек на виду. Даже с серьезными рекомендациями постороннему человеку сделать это очень и очень нелегко.

Тем большее уважение вызывает работа сотрудника Регионального управления по организованной преступности Н., работавшего «под прикрытием». Благодаря тщательно разработанной легенде, его незаурядному исполнительскому, если будет позволено так выразиться, мастерству ему удалось стать своим среди местной братвы.

Был он, как говорят, «крут», имел неплохие связи и довольно быстро завоевал доверие у соответствующей публики. Когда настал подходящий момент, Н. изъявил желание приобрести «тяжелые» наркотики. И никого этим не удивил.

Произошло наконец то, к чему так стремились контрразведчики: через некоторое время братва свела его с нигерийцами, которые и оказались искомыми наркопоставщиками. Естественно, они были выпускниками российских вузов, но приобретенная в России профессия им не пригодилась, потому что повышению их благосостояния гораздо больше способствовало распространение наркотиков. Добро бы их инициатива процветала на родине, а вот поди ж ты! Впрочем, пакостное дело и в Африке — пакостное.

Первая же купленная партия товара отправилась в криминалистическую лабораторию, где эксперты определили, что героин не самый чистый по составу, но, без сомнений, имеет пакистанское происхождение.

Видимо, «крутость» нового знакомого нигерийцев произвела на них впечатление. Прошло совсем немного времени, и они поинтересовались у Н., не знает ли тот какого-нибудь крупного покупателя их весьма и весьма специфического товара.

Естественно, у того был таковой на примете, и, конечно, он пообещал чернокожим бизнесменам свести их с таким покупателем, который сможет «поднять» наркотик на четверть миллиона долларов.

Он не лгал нигерийцам, когда называл «крутого» покупателя своим товарищем. Разумеется, они были в какой-то мере товарищами, потому что человек этот был сотрудником ФСБ.

Постепенно действие переносилось в Москву. Большие деньги — большие города.

И наоборот.

Впрочем, нигерийцы не торопились, придерживаясь девиза о максимуме осторожности. Африканские бизнесмены от наркотиков тоже внимательно присматривались к тем, кто хотел взять у них большую партию товара. Осторожничали сверх меры, если здесь можно вообще осторожничать сверх меры. Встречи обычно назначались около Университета Патриса Лумумбы: среди своих легче затеряться. Иногда для европейца лица чернокожих так же неотличимы, как неотличимы Ташкент и Алматы для недалеких путан.

Контрразведчики, сотрудники МВД, все, кто участвовал в этой операции, может быть, и нервничали, но самую малость. Они тоже понимали, что спешить нельзя. Спугнуть архиосторожных дельцов — плевое дело. Нужно запастись терпением и ждать, ждать, ждать...

Все когда-нибудь заканчивается. Закончилось и это длинное ожидание. В общежитии на Профсоюзной улице была назначена первая встреча, во время которой предполагалось, что будет куплена пробная партия в четыреста граммов и должно быть уплачено двадцать пять тысяч долларов.

И встреча состоялась! Но совсем не так, как ожидали и планировали нигерийцы. Как только они приняли деньги и достали товар, в комнату ворвалась группа захвата. Да так внезапно, что один из продавцов от растерянности, иначе это и не объяснишь, метнул в открытое окно пачку долларов, в которой было десять тысяч. Двое других только рты раскрыли.

Лишних денег у контрразведчиков нет, и сотенные купюры были взяты в Госбанке напрокат. А теперь вот из-за панического состояния наркоторговца народные деньги разлетались под порывами ветра с высоты шестого этажа. Этакое густое облако зеленых бумажек.

Оперативники внизу тоже постарались на славу: все бумажки до единой были подобраны. Государственный банк не пострадал.

ГЕРОИ ОПЕРАЦИИ «САФАРИ»

В плацкартном вагоне поезда «Алматы — Москва» происходило что-то чрезвычайно интересное для скучающих пассажиров: одной из пассажирок устроили самый настоящий обыск. Почему вежливые, но на вид вполне суровые люди из всего многообразия пассажиров выбрали именно эту симпатичную девушку, почему именно к ней прицепились настырные молодые люди, до определенной поры так и оставалось тайной. Девушка тоже до определенного момента оставалась вежливой, под стать тем, кто решил ее обыскать. Документы? Пожалуйста. Вещи для обыска? Ради Бога! Хотите осмотреть меня, обыскать?! Ах, врач женщина? Тогда конечно, раз это так вам необходимо.

Девушка соглашалась на все, спокойно предоставляла свои вещи для их тщательнейшего изучения и обыска, девушка просто олицетворяла собой полное и безусловное спокойствие, не паниковала, не возмущалась, не требовала адвоката, не спрашивала, почему, мол, именно к ней такое повышенное внимание, словом, вела себя как разумный законопослушный гражданин, вынужденный терпеть бесчинства каких-то оперативников, неизвестно почему решивших именно на ней проверить свои сомнительные способности к розыску преступников.

А оперативники и проверяющие девушку люди постепенно начинали нервничать. Неужели вся работа, проведенная с привлечением многих людей, совместно со спецслужбами нескольких стран, пойдет насмарку?! Неужели столько сил, времени потрачено впустую?! Было из-за чего нервничать. Когда оперативники приступали к обыску девушки, уверенность в ее виновности составляла у них 99 процентов. А теперь неужели все усилия оказались потраченными напрасно?

Обыск подходил фактически к концу, когда одного из оперативников осенило, когда вдруг сработало то, что профессионалы называют наитием, оперативным чутьем. И наступило спокойствие, оперативники почувствовали, что им стало свободней дышать. К ним вернулась стопроцентная уверенность, что они на правильном пути.

Но теперь уже девушка стала заметно нервничать. И честно говоря, было отчего...

Начиналось все в Москве. К нигерийцу Онеке оперативники присматривались давно.

Летом 1997 года сотрудники ФСБ получили информацию, что нигериец Онека ведет активную работу по распространению наркотиков. Контрразведчики разработали операцию по изобличению наркодельца.

Полковник ФСБ, сотрудник Управления экономической контрразведки Сергей Васильевич К. говорит по этому поводу не очень конкретно (что объясняется спецификой его работы), но весьма, на наш взгляд, убедительно:

— В принципе, по закону нам доступны две возможности оперативной деятельности: технические средства контроля и использование агентур, доверенных лиц. Сейчас последнее называется по-другому, но это не важно и не меняет сути дела. Практически любая разработка вертится на сочетании этих двух методов. Если имеется агент, который вращается в этой среде, получает информацию и, кстати, может активно и целенаправленно ее использовать, то это хорошо, но так бывает редко. Не просто ходить и слушать, где что скажут, а иметь возможность задать вопрос, не в лоб, конечно, а задавать серию вопросов, ответы на которые могут позволить сделать соответствующие выводы, — это очень хорошо. Но такое не всегда бывает, потому что подвести человека к подозреваемому лицу очень сложно, далеко не просто. А завербовать кого-то из окружения подозреваемого лица — это еще сложнее. Потому что вербовочные предложения так просто не делаются. Здесь ты в любом случае раскрываешь собственный интерес, и в случае отказа на 90 процентов, и даже больше, мы засвечиваем собственный интерес к проверяемому человеку. И тогда операция неминуемо оказывается на грани провала.

В случае с нигерийцем Онекой сотрудники ФСБ получили довольно отрывочные сведения о том, чем занимается этот человек. И после того, как эти сведения были обобщены, проанализированы, интерес к африканцу с их стороны возрос. Контрразведчиков заинтересовали его намерения. Они уже знали, по какой приблизительно схеме работают нигерийские наркодельцы. Где-нибудь в Юго-Восточной Азии или в Латинской Америке заготавливается партия, а потом человек, который эту партию организует, ищет «муравья», «мула», который бы перевез наркогруз. То есть он организует, посылает человека за грузом и ждет его возвращения. На эту ситуацию, по словам контрразведчиков, и собирались они поймать Онеку.

Около двух месяцев телефонные разговоры Онеки тщательно контролировались. В результате стало понятно, что некий груз должен прийти из Пакистана в Алматы. Этот-то груз и предназначался Онеке. Но каким образом нигериец должен получить «посылку» из Азии и каковы ее габариты, было неясно.

Сотрудники ФСБ следили за окружением подозреваемого лица и в итоге вышли на молодую женщину, Ирину К., которая сожительствовала с Онекой. Африканцы — народ, по меркам бедных российских девушек, богатый, и жить с нигерийцем для некоторых из них редкая удача. Ирине К. в этом смысле «повезло»: она жила с Онекой, была под его покровительством, и, судя по всему, была довольна этим обстоятельством. Как говорят, любовь зла...

Когда выяснилось, что Ирина К. купила авиабилет в Алматы, контрразведчики поняли: время настало. И немедленно связались со своими коллегами из Казахстана. Те, разумеется, пообещали полную и безусловную помощь. Кстати, по этому делу оперативники уже работали в контакте со своими людьми из Пакистана. Последние, в частности, оказали им помощь в идентификации фирмы, с которой по телефону связывался подозреваемый Онека.

В дальнейшем спецслужбы России и Казахстана работали в полном и тесном контакте.

Итак, Ирина К. села в Шереметьевском аэропорту в самолет и вылетела в столицу Казахстана — Алматы.

ЛУЧШЕ ГРУЗ, ЧЕМ МЕДЕО

Потом про эту операцию снимут документальный фильм, но даже он не сможет в полной мере показать, насколько четко и слаженно российские и казахстанские контрразведчики вели это дело.

В самолете Ирина вела себя спокойно, ничем не обнаруживая свое волнение. Правда, она не могла заснуть. Но это не является показателем. Мало ли почему человек не хочет спать в полете?

В Алматы самолет приехал по расписанию. Ирина не сдавала вещи в багаж, у нее была только небольшая сумка, поэтому в аэропорту она не задержалась. Она оставалась там ровно столько времени, сколько нужно для того, чтобы найти такси.

Она села в такси и уехала в город. Оперативники, что называется, не спускали с нее глаз.

Остановилась Ирина в гостинице «Казахстан». Судя по всему, времени у нее было в обрез. Как только она расположилась в номере, пошли звонки. Ирина К. звонила каким-то людям, какие-то люди звонили ей. Оперативники отслеживали каждый звонок. Наконец Ирина успокоилась. Это означало только одно: договоренность достигнута, и до поры до времени можно не суетиться.

Возродилась эта суета поздно вечером. В 23 часа 04 минуты по местному времени в гостиницу «Казахстан» вошли двое мужчин африканского происхождения. Через еще некоторое время оперативникам стало ясно, что наркокурьер — а Ирина К. была именно наркокурьером — получил от них груз. Но брать тех, кто передал ей этот груз, было рановато. Зато наблюдение за ними установить — самое время.

Что и было сделано.

В столице Казахстана Ирина К. пробыла не долго, всего лишь одни сутки. Ну, может, с небольшим. Она не стала осматривать достопримечательности Алматы, не поехала, скажем, на Медео, чтобы опробовать там знаменитый лед, ей было наплевать на утверждение «не видел Медео — не видел Алматы», она торопилась обратно. Что касается здешних красот, то она сюда не за этим приехала.

Уже на следующий день, 29 октября 1997 года, Ирина К. села в поезд «Алматы — Москва».

СПРЕЙ ЗАКЛИНИЛО

Спокойная девушка в плацкартном вагоне и была Ирина К., 1976 года рождения, уроженка г. Ногинска Московской области.

Оперативники представились и объявили ей, что она подозревается в незаконном перевозе наркотических веществ.

В ответ на это Ирина К. спокойно попросила документы оперативника, спокойно взяла их в руки, спокойно их изучила и так же спокойно вернула. А потом с пренебрежением ответила:

— Нет у меня ничего.
— Вы уверены? — спросили ее оперативники.
Она пожала плечами:
— Ищите.
И оперативники приступили к обыску.

Он продолжался довольно долго, а Ирина К., казалось, не обращала на них никакого внимания. Нужно вам — ищите. Весь ее облик выдавал полное равнодушие. Ищите, мол, если вам больше делать нечего.

И оперативники искали. Им казалось, что они обыскали буквально все, вплоть до личного досмотра самой подозреваемой, который проводила женщина-врач, привлеченная к этому контрразведчиками, — все было впустую.

Наркогруза не было.
Оперативники нервничали.
Девушка была само спокойствие.
Пассажиры меняли любопытство на раздражение. Сколько можно мучить бедную девушку?
Оперативники нервничали.
Девушка была спокойна.
Казалось, все.
И тут...
— А это что такое? — спросил один из казахских контрразведчиков. — Кажется, спрей?
И все изменилось.

Конечно, нельзя сказать, что Ирина К., увидев в руках оперативника флакон-распылитель из-под самого обычного спрея, задрожала, побледнела, вскочила с места, как это бывает в детективных романах. Но она явно потеряла самообладание. Даже пассажиры отметили внезапную перемену в поведении подозреваемой, а что уж говорить о тех, для кого подобные нюансы — каждодневная работа? Девушка явно занервничала, а когда подозреваемый нервничает, это странным, но вполне объяснимым образом успокаивает оперативников. Во всяком случае, в подобной ситуации.

Нажав на кнопку флакона-распылителя, оперативник обнаружил, что никакого эффекта нажатие не вызывает, то есть распылитель не работает.

— Он не работает, — заметил оперативник.

— Так вы же и сломали его, — волнуясь, возразила ему Ирина К. — Дернули за что-нибудь и сломали.

— А этот? — В руках оперативника был точно такой же флакон. — Тоже дернули?

Второй распылитель, как и первый, не подавал никаких признаков жизни.

— Да вы с ними как хотите обращаетесь! — обвинила Ирина К. контрразведчиков в порче имущества. — Что угодно сломать можете.

— Ты смотри-ка! — удивлялся оперативник. — Три флакона — и все не работают. А тяжелые какие!

Он обратился к понятым.

— Посмотрите, — призвал он их, — могут быть такие флаконы тяжелыми?

Распылители действительно были слишком тяжелыми для таких предметов.

— На глазах у понятых мы сейчас проверим, что находится в этих флаконах, — предложили оперативники.

И тут Ирина К., которая только что обвиняла их в порче своего имущества, в частности этих самых флаконов-распылителей, заявила:

— Да это вы мне их подложили! Сами же и подложили!

Но такое смехотворное заявление не могло убедить никого из присутствующих. Похоже, она и сама поняла, что сделала ошибку.

Оперативники вскрыли флаконы и в каждом из них нашли черные пакеты, обмотанные изолентой, внутри которых находился порошок белого цвета. Впоследствии экспертиза установила, что это был героин чистейшей пробы.

Информация о находке была немедленно передана в Алматы.

РАСПЛАТА

Как только информация об изобличении наркокурьера Ирины К. поступила в столицу Казахстана, тамошние спецслужбы начали операцию «Сафари».

Когда группа захвата ворвалась в квартиру, снимаемую теми самыми наркодельцами, которые приходили к Ирине К. в гостиницу «Казахстан», то в ней какое-то время стоял тонкий женский крик. Пронзительный, на одной неменяющейся ноте он перекрывал даже обычные в таких случаях крики членов группы захвата: «На пол!» Оперативная запись захвата наркодельцов явственно показала, что крик одной, насмерть перепуганной женщины, может быть мощнее голосов бравых мужественных ребят, сурово исполняющих свой долг.

Так взяли тех, кто поставлял в Казахстан наркотики и посылал наркокурьеров в Россию.

Ирину привезли в Алматы, где ее будут судить по законам Казахстана, на территории которого она совершала преступление. А законы о наркопреступности тут, не в пример России, очень суровые. Распространение наркотиков карается жестоко, вплоть до смертного приговора.

По-человечески жаль эту девушку, которая так легкомысленно поддалась желанию легко заработать шальные деньги. Но шальные деньги приносят шальную судьбу. А она в таких случаях бывает порой беспощадной.

На самом деле торговать наркотиками — это опасный тяжелый труд, который не принесет счастья никому — ни тем, кто им занимается, ни их детям, ни близким.

Ирины К. это касается в первую очередь.

Подполковнику Дмитрию Коняхину, сотруднику центра общественных связей ФСБ, удалось поговорить с наркокурьером Ириной К.:

— Как ты свою судьбу дальше видишь?
— Ужасно, — коротко отвечала Ирина.
— Насколько ужасно?
— Так, что умереть хочется. Лучше умереть, чем думать об этом.
— Ты думала об отце, о матери, когда все это делала?
— Я не хочу, чтобы они об этом знали.
— У тебя есть муж?
— Я просто живу. Африканец из Нигерии.
— Как его зовут?
— Онека.
— Как?
— О-не-ка.
— Он знал, чем ты занимаешься?
— Думаю, да.
Разумеется, Онека знал.

ПОСАДИЛИ... НА ГОРШКИ

Организатор этого преступления — Онека — остался безнаказанным.

Конечно, есть показания Ирины К. о том, что отправил ее сюда именно Онека, но эти показания нужно еще доказать. Нигериец вполне мог заявить на суде, что действия Ирины К. — ее личная инициатива, а он не может отвечать за всех русских девочек, которые с ним спят и которым вдруг почему-то захотелось заработать денег на стороне.

Она может оговорить бедного нигерийского парня, понимаешь, а он страдай.

Все это понимали оперативники, и для того, чтобы с достаточным основанием задержать Онеку, нужно было, чтобы казахские коллеги сделали одно конкретное дело: прокуратура Казахстана должна была прислать поручение российской ФСБ арестовать и отправить к ним Онеку. Но казахи так и не сделали этого. Российские контрразведчики постоянно держали Онеку под контролем и в любое время могли его арестовать, но все это оказалось впустую. Поручение так и не пришло. И в конце концов нигерийцу удалось скрыться.

— Мы не могли просто прийти к человеку и арестовать его без каких-либо предъявлений и документов, — говорит Дмитрий Коняхин. — Это было бы беззаконием. Если бы он встретил ее, мы могли бы это сделать. Или — в случае пересылки поручения казахской прокуратуры — мы должны были бы этапировать его из Москвы в Алматы.

Канал перевозки на поезде был пресечен российскими и казахскими спецслужбами после того, как в аэропорту Шереметьево одно время прилетевших нигерийских граждан чуть ли не через одного сажали на горшок: валом пошли пассажиры, которые провозили наркотик в собственном желудке. Когда же до наркокурьеров дошло, что в Шереметьеве резко усилился контроль, они изменили схему и стали искать обходные пути — как, например, через Алматы.

Как правило, в роли «мула» используются девушки: или проститутки, или сожительницы, которым кружат головы, обещают жениться, а фактически используют их.

Схема проста, как две копейки: в третью страну типа Казахстана или Узбекистана присылается груз, за которым из Москвы вылетает курьер (молодая женщина) и, получив груз, выезжает обратно по железной дороге.

Резон понятен: на железной дороге таможенный досмотр значительно мягче, невозможно тщательно проверить всех пассажиров поезда, а случай с Ириной К. — это результат усилий контрразведчиков и России, и Казахстана, и даже немного Пакистана. А сколько наркотического груза перевозится независимо от какого-либо расследования? Попросту говоря, сколько наркотиков беспрепятственно провозится в Россию? В Москву?

Да, девочки на контакт с африканцами идут охотно и довольно активно, деньги у этих негров водятся, а это — главное. А потом, когда этот приятный во всех отношениях друг не важно какого цвета предлагает тебе поездку куда-нибудь в Латинскую Америку — съездить, отдохнуть, посмотреть заморские красоты, — почему бы и нет?! А то, что на обратном пути тебя вежливо попросят передать другу посылочку — что в этом такого?! Конечно! Пожалуйста! Тем более, что тебе за это и денег дадут. Не жизнь, а сплошное удовольствие.

И едут девочки в Латинскую Америку, и становятся самыми настоящими наркокурьерами. И не подозревают даже, как сильно они рискуют жизнью, здоровьем, свободой.

Вознаграждение за такие поездки не слишком большое: от 500 до 2000 долларов — гроши по сравнению с теми доходами, которые имеют наркодельцы, использующие девчонок как самых настоящих мулов — без кавычек.

...Наша страна пересечена железнодорожными магистралями. Огромное количество вагонов ежеминутно прибывает в города России из разных уголков света.

Неужели мы дойдем до такой жизни, когда нам придется с подозрением вглядываться в наших попутчиков: не везет ли он, часом, наркотики?

А тем временем отрава продолжает поступать в Россию. Еще немного, и мы захлебнемся в ней.

Еще немного, и наступит день, когда *их* станет больше, чем *нас.*

И это станет началом конца...

ЦЫГАНСКАЯ МАФИЯ

Времена, когда цыгане занимались, скажем, конокрадством, миновали безвозвратно. У кого сейчас можно лошадей воровать? И кому продавать? Бесперспективное дело, а уж кто-кто, а цы-

гане конъюнктуру рынка чувствуют довольно четко. Если конокрадство и было их традиционным занятием, то только потому, что традиции животноводства в нашей стране были всегда на более-менее приличном уровне, даже в пору расцвета колхозов. Можно, конечно, изловчиться и попробовать украсть какого-нибудь ахалтекинца, подаренного Ельцину президентом Туркмении, но опять же — кто купит такую лошадь? Замучаешься, пока найдешь покупателя. Приходится идти в ногу со временем. До нигерийской мафии им далеко, но они, что называется, не лыком шиты: спрос и предложение на наркорынке они изучили хорошо.

ТАБОР ПРИХОДИТ В ГОРОД

Для создания преступной группировки у цыган имеется все необходимое, чтобы такая криминальная «ячейка» функционировала успешно в течение длительного времени. Рано или поздно конец будет, сколько веревочке ни виться, но, пока это произойдет, они, конечно, могут успеть многое. Под всем необходимым прежде всего имеется в виду стопроцентная круговая порука. Не секрет, что родственные, клановые связи у цыган развиты до такой степени, что невозможно даже и представить себе, чтобы один из них мог помочь следствию в отношении другого.

Еще совсем недавно, в самом начале девяностых, цыганский табор у окрестностей Москвы представлял собой обычное зрелище, мало изменившееся в течение последних сотен лет: шалаши, палатки, костер, на котором обычно готовится пища, которую и пищей-то трудно назвать, и, разумеется, мусор, грязь, вонь и прочие сопутствующие прелести убогого цыганского быта. Очевидно, понадобился целый развал такой мощной империи, как Советский Союз, чтобы хоть что-то переменилось в этом цыганском «имидже».

Все больше и больше берет верх понимание того, что «зацепиться», осесть на каком-нибудь одном месте в общем-то не слишком и позорное дело. Вольные дороги и романтические ветры уже не с такой всесокрушающей силой манят современных цыган. И вот уже многие из них начинают вести оседлый образ жизни, как бы наступая на горло собственной песне.

Считалось, что деньги нужны цыганам только для того, чтобы прокормиться, поддержать жизнь в таборе, женщины обычно гадали, используя извечную слабость людей: побольше узнать о будущем. Это всегда было важно, и именно поэтому цыганки так активно специализировались в искусстве гадания. Если завтра случится невероятное и никто вдруг не захочет узнавать, что ждет его в будущем, цыганки переквалифицируются быстро, найдут, чем еще заморочить голову гражданам. Тем более, много для этого не нужно. Нужно только четко знать, что волнует этих граждан, остальное — дело техники.

Но мы отвлеклись. Итак, считалось, что воруют цыгане не от хорошей жизни. Действительно, в истории масса случаев, когда цыгане воруют все, что плохо лежит, но чтобы они же, скажем, грабили, разбойничали — об этом человеческая молва мало что знает. Практически ничего.

Кто-то думает, что они живут, чтобы воровать. Кто-то считает, что они воруют, чтобы жить, суметь прокормиться. И те и другие сходятся во мнении, что цыгане никогда не станут работать. В смысле, на одном месте. В советские времена бывали случаи, когда бригада цыган подряжалась на заработки, на строительство, но это редчайшие случаи. Как говорят математики, это та величина, которой позволительно пренебречь.

В последнее время, и об этом можно говорить с максимальной долей уверенности, деньги становятся для цыган определяющим моментом их существования. Теперь можно уверенно говорить о том, что они живут, чтобы воровать. Чтобы зарабатывать, нужно трудиться. Но цыгане работать не могут и не будут — в основной своей массе. Трудно говорить такое о целом народе. Но мы тешим себя мыслями о том, что имеем в виду ту цыганскую массу, которая живет на территории нынешней России. К несчастью, она, эта масса, имеет весьма непривлекательный вид — и в прямом и в переносном смысле.

Понятно, что, ведя кочевой образ жизни, много денег не украдешь, не заработаешь, не найдешь, одним словом. И потому не стоит удивляться, что они все больше и больше обзаводятся жильем.

Кстати, для этого цыгане используют не только легальные, законные способы. Покупка квартиры — дело, как правило, дорогое. И если есть возможность приобрести ту же квартиру пусть более хлопотным, но зато прибыльным способом, то они ничем не брезгуют. Нет, до убийств и вымогательств в массовом порядке цыгане пока не дошли (хотя можно предположить, что, если их страсть к деньгам будет прогрессировать с такой стремительной скоростью, подобное тоже вполне может произойти, то есть вымогательства и убийства, — деньги портят).

Чтобы приобрести жилье, они способны на многое. Особенно показателен в этом смысле случай с Розой Дубровиной из Малаховки.

МАТЬ-ГЕРОИНЯ

Прежде чем начать рассказывать о том, как попала «достойная» гражданка в Малаховку, заметим, что через совсем небольшой отрезок времени она станет самой настоящей наркобандершей и окрестные наркоманы будут звать ее не иначе, как «мама Роза». К сему добавим, что «мамой» ее будут звать не только потому, что у наркоманов принято так называть человека, снабжающего наркотой. Дубровина — не падайте от потрясения — была натуральной матерью-героиней.

У нее было двенадцать собственных детей...

Роза Николаевна Дубровина приехала в Малаховку в 1990 году вместе с мужем. Антон Дубровин, ее супруг, пробовал заниматься коммерцией, и одно время у него даже был магазин. Но, судя по всему, Роза Дубровина вынашивала более грандиозные планы, чем обычный магазин.

Там же, в Малаховке, проживал некий гражданин Курочкин. И вот будущая «мама Роза» решила зарегистрировать с означенным гражданином Курочкиным законный брак. Для цыган очень важно то, что мы называем чувством целесообразности. Если задуманная акция может принести семье пользу, выгоду, «добро» на такое действие дается моментально и без проблем. Какую же выгоду видел Антон Дубровин, многодетный отец, в том, что его жена изменяет ему с каким-то пьяницей Курочкиным? О! Как раз в том обстоятельстве, что этот Курочкин — пьяница. Были и другие «достоинства» у нового жениха мамы Розы. Например, дом.

Все, что происходит в дальнейшем, предугадать несложно. Не нужно быть пророком, чтобы с большой долей вероятности предположить прямо во время их регистрации, что через непродолжительный период времени бедняга Курочкин или утонет, или ему на голову кирпич упадет, или упьется вусмерть. Произошло последнее. Гражданин Курочкин умер от чрезмерной доли алкоголя. Обычно жены как-то уберегают своих мужей от подобной участи. Мама Роза, видать, не смогла этого сделать.

Не уберегла, так сказать. И это — единственное, что мы можем сказать по поводу безвременной кончины гражданина Курочкина. Ну разве еще то, что, мол, пить надо меньше.

К моменту смерти мужа (фиктивного, разумеется) Роза Николаевна уже была прописана на его жилплощади. После того как тело Курочкина было предано земле, в его доме поселились и Антон Дубровин, и все двенадцать детей. Как говорится, дело сделано.

Можно было начинать новую уголовно-трудовую жизнь. Но получилось так, что настоящему мужу Дубровиной, Антону, тоже не повезло. В 1992 году его застрелили, причем сделал это его собственный племянник (вот и верь после этого незыблемости клановых связей! Вот что деньги делают). За что именно застрелили Дубровина, выяснить не удалось. Так или иначе, дважды вдова Роза Николаевна Дубровина приступила к реализации нового дела в своей жизни.

Нужно сказать, что ее новое дело изменило не только ее судьбу, но в весьма значительной степени и жизнь той части населения Малаховки, которая настолько запуталась в смутном времени, что не нашла ничего лучшего, как искать забвения в наркотических средствах. Никто не знает, сколько наркоманов родилось благодаря деятельности цыганки Розы Николаевны Дубровиной.

ВЕЧЕРА НА ХУТОРЕ БЛИЗ ПЕХОРКИ

Начинала она потихоньку. Из деревни Пехорки, где в итоге осела Роза Николаевна, медленно, постепенно стала распространяться спасительная для идиотов «дурь». Но до того дня, когда ее схватят за руку, было еще далеко.

Специалисты вспоминают сейчас, что началось это движение в 1992 году. Какая-то информация стала проникать и в прессу.

А с 1994 года пошел уже вал, самый настоящий. Жалобы шли потоком — росло количество наркоманов, кололись прямо в подъездах, а опыта работы с распространением и сбытом наркотиков было не много.

В 1996 году в Малаховке был образован отдел по незаконному обороту наркотических веществ при городском отделе милиции. Вот что, понимаешь, сумела сделать Роза Дубровина: для борьбы с ней был создан целый отдел. Возглавил его капитан милиции Владимир Сорокин.

К весне 1996 года оперативники в конце концов вышли на маму Розу. К этому времени она уже превратила домик-барак покойного гражданина Курочкина в добротный двухэтажный дом, в котором и проживала вместе со своими детьми. Рядом с основным, так сказать, домом было еще одно неказистое строение, из окошка которого, как оказалось, и выдавались дозы всем страждущим.

А таковых оказалось много и с каждым днем становилось все больше и больше. В небольшом населённом пункте, по данным оперативников, их было около трехсот — по самым скромным подсчетам.

За домом цыган была речушка и огороды других граждан. Огороды нещадно и бездумно вытаптывались наркоманами — это еще одна проблема местного населения, которая заслуживает отдельного разговора. Но сейчас мы говорим о маме Розе.

Когда факт распространения был установлен достаточно достоверно, было принято решение брать этот источник. Но сначала предстояло совершить проверочную закупку.

Чтобы купить дозу, оперативнику не требовалось предъявлять какие-либо «рекомендательные письма» или еще что-то в этом роде. Достаточно было отстоять небольшую очередь, в которой, кроме оперативника, находилось еще восемь человек. Когда наконец очередь до него дошла, он спокойно купил шприц и ушел. О расценках на эту гадость мы еще поговорим, а пока о другом.

На основании проверочной закупки было выписано постановление на обыск. Операцию намечалось провести при участии областного ОМОНа.

Когда омоновцы вместе с оперативниками ворвались в притон, находившиеся там граждане попытались было ликвидировать то, что они продавали, вылить, но все следы замести, конечно, они не смогли. Там даже обнаружились деньги, на которые проводилась проверочная закупка.

Сам механизм сбыта наркотических веществ был до удивления прост. Ничего сногсшибательного и экстраконспиративного. Окошко, решетчатый проем, в нем небольшое отверстие, в которое суются деньги. А там, внутри, — банка с нужной жидкостью, которая набирается в шприц и выдается. И все. Можешь расслабиться и получить удовольствие.

Итог операции не мог удовлетворить ее участников — результат был, но невелик. Привлечь смогли только двух женщин: дочь мамы Розы Маргариту Антоновну Дубровину и некую гражданку Шакалову (наградил же Господь фамилией!) Анжелу Витальевну, подругу Розы Николаевны. Между прочим, было этой дамочке тогда семьдесят три годка. Несмотря но то, что при обыске у Маргариты Антоновны был обнаружен гашиш, до суда ее довести не удалось. С задержанием цыган вообще постоянно возникают трудности, и оперативники не берутся судить, с чем это связано. Вроде все документы собраны как надо, а их отпускают или под подписку о невыезде, или по состоянию здоровья. Хотя что может быть смешнее подписки о невыезде, когда речь идет о таких вольнолюбиво-кочевых людях, как цыгане.

Старушку Шакалову осудили к шести годам лишения свободы, но ее судьбу решил облегчить некий адвокат, родом из Молдавии. Состоялся еще один суд, и срок бабушке скостили, но не намного: оставили пять с половиной лет лишения свободы. К тому времени адвокат получил гонорар в размере сорока миллионов рублей, но воспользоваться этими деньгами в полном размере он не успел. Оскорбленные в лучших своих чувствах цыгане приставили ему нож к горлу и потребовали вернуть деньги: они считали, что он их обманул. По большому счету, все так и было.

НЕ УВЕРЕН — НЕ ОБГОНЯЙ

Разумеется, схватить маму Розу за руку было трудно. Она не хранила в своем доме ничего, что могло бы ее скомпрометировать. В итоге ей удалось спасти и свою дочь Маргариту от правосудия.

Но, отделавшись легким испугом, Роза Николаевна и не думала свертывать свою деятельность на ниве распространения наркотиков. А жалобы граждан шли и шли сплошным потоком. И к февралю девяносто седьмого года, подготовившись получше, малаховский отдел по незаконному обороту наркотических веществ проводит еще одну операцию по выявлению и обезвреживанию притона мамы Розы.

На этот раз гашиш был куплен у самой Розы Николаевны. К тому же часть наркотиков была найдена у другой ее дочери, Людмилы Антоновны Дубровиной. На помощь оперативникам пришла даже программа «Времечко», которая брала у оперативников интервью. Все честь по чести. И количества обнаруженной наркоты тоже было вполне достаточно, чтобы арестовать торгующих. Что, собственно, и было сделано. Но, честно говоря, оперативники были разочарованы. Количество обнаруженного товара явно не соответствовало размаху торговли, можно найти гораздо больше. Судя по всему, дом мамы Розы был только перевалочным пунктом, а база, где хранилось остальное, находилась в другом месте.

На нет, говорят, и суда нет. Но и тех граммов, которые были обнаружены при обыске, хватило для возбуждения уголовного дела. Что и было сделано.

Дальше все происходило по знакомой схеме. Пришли адвокаты, внесли залог, и арестованных отпустили. Сумма залога — пять миллионов рублей. Для Розы — деньги смешные.

А дальше началось: то они в суд не могут прийти, то они болеют, то еще что-нибудь невообразимое в смысле отправления правосудия. В конце концов судья не выдержал и изменил меру пресечения Людмиле Дубровиной, взял ее под стражу. Сделать то же самое в отношении Розы Николаевны Дубровиной не удалось: она лежит в больнице, у нее законная справка, врачи уверяют, что у нее открытая форма туберкулеза. Вот, оказывается, какая опасная работа — торговля наркотиками.

Дети Розы Николаевны под стать собственной матери. Задерживали ее дочерей Маргариту и Хризантему (это не шутка — у них действительно такие цветочные имена). В 1995 году была задержана Нелля Антоновна Дубровина. Против нее было возбуждено уголовное дело, которое закончилось условным сроком. В общей сложности больше половины родных детей мамы Розы были в разное время привлечены к уголовной ответственности по тем или иным причинам. Остальные же детки не привлекались по весьма прозаичной причине: они еще слишком малы для этого. Но, например, двенадцатилетний Антон и тринадцатилетняя Лиля тоже начинают входить в бизнес матери, начинают понемногу торговать. Их оперативники не трогают.

Пока.

РОЗА — ДОЗА

Начинала Роза Николаевна с «травки». Все наркоманы, наверное, начинают с «травки», но мама Роза — не наркоманка, отнюдь. С «травки» она начинала свой путь распространителя наркотических средств. Привозила марихуану, которая раскупалась у нее довольно бойко. Затем пришло время — неизбежно пришло! — расширять свой смертельный бизнес.

Мама Роза переходит на наркотический раствор — маляс. Другими словами — опий, который из маковой соломки делается. Разведя один куб такого маляса, можно получить десять кубов наркотического раствора. Один такой кубик стоит около семидесяти тысяч рублей старыми деньгами.

В среднем наркоману в день нужно пять кубов, один полноценный шприц. Нетрудно подсчитать, что на круг, более чем приблизительно, на это дело требуется триста пятьдесят тысяч. В день, напомним. Где взять такие деньги? Клиенты мамы Розы — совсем даже не «новые русские» и даже не представители так называемого среднего класса, которого, впрочем, в нашей стране пока нет. Так где же можно взять такие деньги? У мамы с папой? У дедушки с бабушкой?

На улице.

Специалисты подмечают закономерную тенденцию: в районе, где распространяются наркотики, неизбежно намного возрастает уровень преступности. Тогда, в 1994—1995 гг., отмечают оперативники, там, на Пехорке, творилось невероятное, что-то страшное. Наркоманы в прямом смысле слова бросались под колеса проезжающих мимо машин!

В те годы на Пехорке процветали многие виды тяжких преступлений: грабежи, убийства, кражи, разбой. Чуть ли не каждый день. Сводка, можно сказать, стонала от количества и разнообразия преступлений. Жить в этом месте добропорядочным гражданам стало невыносимо. Ты идешь с работы, с сумками, и тебя останавливают молодчики совершенно определенного, характерного типа и избивают, отнимают сумки, да ладно там сумки! — здоровье отбивают напрочь — и только для того, чтобы добыть деньги на дозу.

После того как «лавочку» мамы Розы прикрыли, на Пехорке стало тихо. Ведь речь идет не только о здоровье несознательных граждан, губящих себя отравой, но и о вполне сознательных членах общества, которые страдают из-за того, что кто-то испытывает ломку и считает, что ему деньги сейчас нужнее, чем тому, кто их честно зарабатывает и кормит семью.

Так что мама Роза — безусловный враг общества.

Повторимся: там, где сконцентрирована продажа наркотиков, процветают тяжкие преступления, что логично. А где их, наркопритонов, нет, или там, где они в процессе работы правоохранительных органов ликвидируются, грабежи практически прекращаются.

Самое страшное, что количество наркоманов, несмотря на все усилия милиции, не уменьшается. Более того — оно стремительно растет.

Наркоторговля привлекает цыган все больше. Появляются целые зажиточные цыганские семьи, которые промышляют этим. Быстро расширяют сферу своей деятельности цыганские наркодельцы в Раменском, Люберецком районах.

Что еще интересно: практически всегда мужчины таких цыганских кланов-семей выходят сухими из воды. Непосредственно самим этим грязным делом занимаются в основном женщины, и, если они попадают в руки милиции, мужчины их как бы тут ни при чем. «Мол, ты виновата, ты сама и вылезай из этой грязи. Делай, что хочешь, а деньги ты мне принести должна». Короче, я, мол, ничего не знаю, моя хата, мол, с краю. Очень удобно, наверное. Но женщины это терпят, подобное у цыган было всегда, на протяжении веков.

Милиции с цыганами бороться трудно. Особенно это касается института, например, понятых. Те, кто живет по соседству с торговцами наркотиками, могут подвергнуться жесточайшему прессу, и люди, знающие цыган, знающие, на что они способны — вплоть до самой крайней жестокости, — в страхе не соглашаются сотрудничать с правоохранительными органами. И по-человечески их можно понять.

Так что ничего удивительного в том, что, например, в Раменском появилась очередная наркомама, наподобие мамы Розы, в отношении которой разработка идет в то самое время, когда пишется настоящая книга. Читатель, интересующийся проблемами наркомании, безусловно, услышит еще об этом деле.

Правда, в последнее время цыгане становятся умнее. Они уже не хотят продавать наркотик сами. Зачем, если всегда можно найти людей, которые за минимальную оплату готовы взять на себя это бремя? Причем такой оплатой не обязательно могут быть деньги. Это может быть обычная доза.

Как известно, за дозу опустившийся наркоман способен на все.

— Этих дураков, — говорят оперативники, — мы вылавливаем, а вот цыган достать не можем.

Тем временем цыган все больше и больше привлекает героин. Разумеется, не на предмет потребления — на предмет распространения. Героин приносит гораздо больше прибыли и, соответственно, больше горя. Но представителям когда-то вольного и гордого племени это безразлично. Времена романтики закончились.

Наступило время «золотого тельца». И здесь цыгане стараются не отставать.

АЗЕРБАЙДЖАНСКАЯ МАФИЯ

Для начала — один день из будней омоновского отряда. Если быть точнее — одна из операций, пожалуй вполне заурядных, каких на счету у этих ребят десятки, если не сотни. Но, как вы понимаете, автору этих строк не часто удается принимать участие в подобных мероприятиях, и потому для меня все, что в тот день происходило, было чем-то из ряда вон выходящим.

Бронежилеты, кобуры омоновцы надевают в автобусе. Делают они это как-то обыденно, вроде как не на возможную стычку с преступниками выезжают, а на самую обыкновенную работу.

ПРИХОДИ, НАРОД, В НАШ ОГОРОД!

Едем мы на лесополосу, где, как сообщил бойцам ОМОНа начальник отделения милиции, начался «торг».

— Пора прикрывать эту точку, — незамысловато добавил он и повернулся ко мне: — Ну что, журналист, будет тебе зарисовка с натуры, обещаю.

Чуть ли не «я сказал!». Я ему верю, кстати. Раз сказал — значит, что-то такое меня ждет. Нельзя сказать, что я так уж люблю приключения, но в последнее время, надо признаться, я, кажется, намеренно на них напрашиваюсь. В конце концов начальник снизошел до моей просьбы и разрешил участвовать в операции.

Итак, все, кажется, готовы. Оружие приготовлено: и у бойцов, и у меня. Правда, у меня оно в виде ручки и репортерского диктофона. Но это мелочи, с такими ребятами мне ничего не страшно. Как бы там ни было, отделение по незаконному обороту наркотических средств УВД Северо-Восточного округа Москвы к делу приступило. И я вместе с ними, извините за назойливость.

Московские пробки на дорогах — это отдельная песня. Когда времени в обрез, хочется взлететь над всеми этими автомобилями, но... Не дано.

Вижу, что ребята нервничают. Велик соблазн написать что-нибудь о каменно-серьезных лицах бесстрашных бойцов. Мол, «наша служба и опасна и трудна», но мы, мол, знаем себе цену. Но нервы есть нервы. К такой работе невозможно привыкнуть. Время идет, стремительно летят минуты, есть опасность не успеть, попасть к шапочному разбору, и тогда может пойти насмарку долгая работа отделения. К тому же расклад может быть самый разнообразный, самый, так сказать, крутой. Проходила информация, что женщина, которая торгует на этой точке наркотой, может выставиться с вооруженной охраной. Ко всему прочему, там наверняка тусуются наркоманы, а это такая публика, от которой можно ждать все, что угодно.

Все, добрались. Недалеко отсюда — поляна лесополосы, где и должен происходить тот самый торг, где в одни руки идут бабки, а в другие — дозы.

Здесь мы делимся на две группы. Одна гонит, другая — хватает и раскладывает.

Ну, с Богом!

— Стоять, милиция! — выскакиваем на поляну, где торг в самом разгаре.

Народ — врассыпную. В центре поляны остается стоять тетка лет сорока с пакетом: в нем совсем скоро обнаружится расфасованный и готовый к продаже опий. Стоит, растерянно хлопает глазами и не шевелится, только смотрит вокруг себя широко раскрытыми глазами.

А посмотреть есть на что. С поляны кто куда убегают мужчины — русские, кавказцы, черные, белые — разные, но всех объединяют болезненная худоба и почти зеленый цвет лица. Волосы разного цвета, а лица — одного. «Черняшка» еще никого до добра не доводила.

Я вздрагиваю от предупредительного выстрела в воздух.

— Стоять!!!

«Козлы», — добавляю я про себя почему-то.

Довольно быстро всех присутствующих удается положить на землю. Продавщица тоже особых хлопот не доставила. Теперь — всех «упаковать» в машины и — в отделение.

Самое интересное начинается потом. Спрашиваем мы эту тетку:

— Чем торгуешь?

— Как, этими... — удивляется она. — Наркотиками же!

— Как здесь оказалась?

— Из Молдавии приехала. Яблоками торговала. Кончились. Мужчина подошел, интересный такой, спрашивает, хочешь наркотиками торговать? А я что? Мне все равно, чем торговать. Могу и наркотиками, делов-то.

Я смотрю на нее и вижу: тетка совершенно не отдает себе отчет в том, чем занимается, какой отравой снабжает население Москвы. Тупое недоумение — чего, мол, это вы ко мне привязались?! Зарабатывала хорошо: по три-четыре сотни в день.

И я вспомнил: когда на костре сжигали Яна Гуса, старушка, желавшая Гусу добра, подбросила в костер вязанку сухих дров.

— О санта симплицитас! — воскликнул умирающий на костре Ян Гус. — О святая простота!

Эта тоже не ведает, что творит. Святая простота? Но простота, пусть даже и святая, говорят, хуже воровства. В этом случае — особенно.

Гражданку эту спокойно можно назвать наркодилером азербайджанских наркоторговцев. Они всего лишь использовали глупую гражданку из Молдавии, как используют многих. Разумеется, сливки они оставляют себе.

ПЛАТОН МНЕ ДРУГ, НО ОПИЙ ДОРОЖЕ

Вообще, нужно сказать, что азербайджанская мафия отличается от остальных наркомафий. Решение возникших проблем силовыми методами — до такого они никогда не дойдут. Это, мягко говоря, не их дело. Всякие «стрелки», «терки», стрельба там всякая — все это не для них. Все вопросы они решают деньгами, или, если этого мало, можно добиться хитростью. А разборки — это для других.

Свою деятельность азербайджанские наркодельцы стараются строить практически на легальных отношениях. Нет, они не торгуют наркотиками в открытую. Но у них есть места, где они могут развернуть свою деятельность максимально эффективно.

Не секрет, что московские рынки буквально наводнены выходцами из Азербайджана. В основном они занимаются реализацией фруктов.

— Чем занимаешься? — спросят такого торговца.

— Фруктами торгую, — последует ответ, и это, кстати, не будет полной ложью. Фруктами-то он торгует, но десять против одного, что одновременно с этим он принимает участие в хорошо отлаженной торговле наркотиками, только вот доказать это будет сложно.

Продажа наркотиков сейчас строится следующим образом. Наученные горьким опытом, торговцы не хранят при себе товар. Держат его в укромном уголке и выдают, улучив удобный момент. Для оперативников важно уловить как раз этот самый миг обмена зелья на деньги, что не так-то легко.

Наркотиками торгуют сегодня практически на всех рынках Москвы, которые контролируются, в той или иной степени, азербайджанцами. Причем обычно они образуют устойчивую группировку, в которой очень широки родственные связи и куда обычно входят жители из одной местности, из одного населенного пункта в Азербайджане. Черемушкинский рынок, например, «держат» выходцы из города Ленкорань, Царицынский рынок — бакинцы, Северный рынок — жители города Мингечаур.

Что интересно, ленкоранец никогда не вступится за бакинца и наоборот. Если ты из другого клана, из другого города, помощи тебе не будет — пусть свои позаботятся. В этом смысле особым патриотизмом азербайджанцы не отличаются.

Все или почти все рынки Москвы торгуют наркотиками, важно только знать, к кому подходить, к кому обращаться. Но самый известный московский, так сказать, наркорынок — это Северный, расположенный на улице Бабушкина, 30. Кстати, его директор был избран в Государственную Думу Российской Федерации. Но это так, к слову.

«Я НЕ ЗАПЛАЧУ, Я ЗАПЛАЧУ!»

Торгуют азербайджанцы в основном опием и героином. Завозят они наркотики в фруктах, в кроссовках, как угодно. Едет огромная фура, скажем, с апельсинами в Москву. По пути, как полагается, определенное количество денег «отстегивается», кому нужно. Никто не обыскивает фуры сверху донизу. Или в те же кроссовки можно забить полкило наркотиков — в одну пару! А там их тысячи, этих пар, поди проверь все! Сколько же можно провезти героина?! Подумать страшно.

С опием бывает потяжелей, перевозить его проблематичней, много места занимает, поэтому с ним бывают перебои. А вот с героином — нет. Торгуют в любой день, при любой погоде. Разумеется, на рынках. Оперативники полагают, что на любом московском рынке всегда есть несколько человек, которые обычно занимаются непосредственно торговлей наркотиками.

Такого количества героина, как в 1997 году, не было никогда. Произошел перекос в сторону дорогих наркотиков. Героин пошел валом. И тут необходимо отметить, что героиновый рынок — самый организованный и в то же время самый жестокий и безжалостный. Мафия давно и уверенно положила руку на торговлю дорогими наркотиками. Если марихуаной можно еще торговать более-менее самостоятельно, спокойно, то торговля тем же героином без санкции соответствующей «крыши» — верная смерть. Могут спокойно прийти на дом (такой случай был на улице Королева) и пристрелить. Как говорится, без базара.

Поэтому азербайджанцы исправно платят. Такие проблемы им ни к чему. На героине можно столько заработать, что лучше заплатить, чем расплатиться жизнью. И платят, причем не только бандитам. «Отстегивают» они и так называемой «ментовской крыше».

И неплохо, говорят, живут.

А такса в Москве сложилась. Ловят такого азербайджанца, а он говорит: я, мол, штраф заплачу, полмиллиона рублей. И платит, и отпускают. Правда, в зависимости от количества найденного при нем порошка такса возрастает в геометрической прогрессии. Нет, нельзя сказать, что это везде и повсеместно, иногда и ловят, и судят, и даже сажают.

Но очень, очень редко наступает возмездие.

ЧЕК, ПОЖАЛУЙСТА

В Северо-Восточном округе столицы много гостиниц, в которых на законных основаниях азербайджанцы и проживают. «Космос», «Ярославская», «Глобус», «Золотой колос», другие, тут же ВДНХ, то есть нынешний ВВЦ, где очень много разных фирм. В общем, есть где разгуляться. Но, конечно, самое известное место — Северный рынок. И здесь азербайджанские наркоторговцы чувствуют себя едва ли не как у себя дома.

Грамм опия у них стоит около пятидесяти тысяч. Героин, конечно, намного дороже, и продается он здесь не граммами, а в основном чеками.

Чек — это доза. Грамм героинового порошка делится на десять дорожек. В принципе, если такую дорожку завернуть, можно уже считать это чеком. Но чек имеет разный вес. И соответственно — разные цены. На некоторых рынках он стоит сто пятьдесят тысяч рублей старыми деньгами, а всего в одном таком чеке — от трех тысячных до восьми тысячных грамма. Серьезный покупатель не станет покупать чеки. Если связи налажены, можно приобрести хороший грамм, зачем ему покупать неизвестно что?

Тем более, что азербайджанский героин — совсем не то, что, скажем, героин нигерийцев: в среднем 150 долларов за грамм. Но у тех и героин чище, и цены на уровне мировых стандартов. Правда, нигерийцы, как правило, покупателя не обманывают, продают обычно наркотик чистейшей пробы, потому что заинтересованы в покупателе, азербайджанцы же подобной щепетильностью не отличаются. Могут и обмануть, подсунуть, что называется, размешанный порошок. Кстати, если уж сравнивать нигерийцев и азербайджанцев, то если африканские наркодельцы практически не колются своим же товаром (в редких случаях — нюхают сожженный и пропущенный через фольгу героин), то азербайджанцы нередко балуются этим. Колются. К тому же и марихуаной не брезгуют.

Простые люди в наше трудное время в рестораны не ходят. Тем более в такой, который находится около Северного рынка. Как только темнеет, к зданию подъезжает иномарка, из которой выходят двое. Несколько бойцов из ОМОНа подходят к ним, просят показать документы. В ответ — отборная брань с ярко выраженным кавказским акцентом. Обитатели иномарки явно под воздействием наркотических средств. И водителя и пассажира приходится «захватывать» по полной программе. Они активно сопротивляются, пробуют отбиваться, но, как говорит улыбчивый омоновец Саша К., с нами не забалуешь. Сопротивление было подавлено.

Почти тут же к иномарке подъезжает «шестерка». Старший наряда кивает в сторону вновь прибывших:

— Проверьте.

Омоновец подходит к машине, но в это время она дает «полный назад!». Омоновец, успевший только распахнуть дверцу, повисает на ней. «Шестерка» разгоняется задним ходом, а омоновец висит на дверце, и его волочит по земле, разрывая в клочья одежду. Все-таки, по-видимому, водитель наконец понимает, что долго так продолжаться не может, да и кончиться может для него плохо. Поэтому он останавливается, но сдаваться не спешит. Как не спешат этого делать и его пассажиры. Из «шестерки» врассыпную бросаются несколько человек. Но... Ловят их быстро. И уже потом, визжащих, брыкающихся, выкрикивающих слова ненависти и угроз, заталкивают в автобус. Везут в отделение. Может, на этот раз повезет и удастся обнаружить то, что впоследствии можно будет инкриминировать. И разумеется, нужно будет проверить, нет ли за всеми ними уже совершенных преступлений?

Азербайджанцы в Москве чувствуют себя вольготно, свободно. Конечно, всем сейчас тяжело. Но уж если ты приехал торговать в Москву, торгуй на здоровье — фруктами, а не наркотой.

Меньше всего хочется бросать тень на всех приезжих азербайджанцев, среди которых и много достойных, законопослушных граждан.

Но оперативники с тревогой отмечают тот факт, что после нигерийской наркомафии наркодельцы из солнечного Азербайджана представляют собой наиболее серьезную угрозу.

КИТАЙСКО-КОРЕЙСКИЙ КАНАЛ

Весной 1997 года в столицу КНР Пекин прибыл с визитом Генеральный прокурор России Юрий Скуратов.

Среди прочих важных вопросов, которые рассматривались в ходе этого визита, был и такой: необходимо было в экстренном порядке пресечь контрабанду наркотиков в Россию со стороны Китая. После отъезда главного российского прокурора китайские спецслужбы начали операцию под кодовым названием «Эфедра». И провели ее с блеском.

СОТРУДНИЧЕСТВО

Дело в том, что к тому времени наши доморощенные наркодельцы наладили очень тесное сотрудничество с китайскими производителями эфедрина, открыв тем самым настоящую золотую жилу для себя.

Эфедрин наши наркодельцы переправляют по своим каналам в Россию и изготавливают из него сильнейший препарат, который известен под названием «лед». Российские эксперты не без оснований опасаются, что в самом скором будущем этот «лед» может в буквальном смысле затопить российский наркотический рынок. В прошлом году дальневосточные таможенники задержали на границе приблизительно 90 килограммов наркотика. Если принимать во внимание, что наркотики вообще обнаруживаются в процентном исчислении как один к десяти (из десяти килограммов наркотика обнаруживается всего один килограмм), то можно смело говорить о том, что в течение прошлого года через дальневосточные наркоканалы в Россию проникло около тонны опаснейшего наркотика.

А ведь эфедрин переправляется не только через Дальний Восток, но и через Монголию и Казахстан.

Из каждой тонны изготовленного в Китае зелья можно приготовить около трехсот килограммов «льда». Что же это такое — «лед»?

Это — метамфетамин, обладающий сильными галлюциногенными свойствами. Одной дозы этого наркотика достаточно, чтобы навсегда сломить волю потребителя и пожизненно привязать его к зелью. А жизнь у наркомана, как правило, короткая.

Благодаря коварному качеству «льда» наркодельцам удается очень быстро завоевать и расширять рынок сбыта и постоянно, ежедневно и ежечасно наращивать свои обороты. Судите сами: доза стоит от 5 до 20 долларов. Вес ее составляет пять сотых грамма. Получается, что оборот за один только год — около 120 миллионов долларов. Как говорят студенты, есть за что корячиться.

Китайцам достается меньший навар по сравнению с их российскими коллегами-наркодельцами. Сотрудничество между россиянами и китайцами выглядит следующим образом.

Предложение, как уже не раз говорилось, рождает спрос и наоборот. Так вот, по данным Министерства общественной безопасности КНР, растения, которые содержат в себе эфедру, выращиваются в автономных районах: во Внутренней Монголии, Синьцзян-Уйгурском и, извините за выражение, Нинся-Хуэйском. Фармацевтические предприятия покупают у крестьян сырец, действуя при этом без особого контроля со стороны правительства. Возросший спрос на эфедрин в России стимулировал появление таких фабрик фармацевтического характера на северо-востоке страны. Вообще-то эфедрин широко применяется в китайской традиционной медицине, но в данном случае он предназначен для дальнейшей продажи российским наркодельцам. Получилось так, что криминальные группировки России и Китая, до того времени державшиеся в значительном отдалении друг от друга, поняли, что их интересы соприкасаются и что они могут в каком-то смысле объединиться.

В конце 1996 года между правоохранительными органами было подписано соответствующее соглашение о сотрудничестве, но в последние месяцы обстановка продолжала нагнетаться и стала просто угрожающей. Именно поэтому и приехал в Пекин Генеральный прокурор России Ю.Скуратов.

Китайские коллеги заявили, что российские власти относятся к проблеме наркобизнеса слишком, по их мнению, либерально, что во многом справедливо. Наживающаяся на наркобизнесе мафия действует, можно сказать, при полном попустительстве властей. А в Китае в это же самое время проводятся показательные казни, расстрелы уличных преступников-наркоторговцев. Начальник управления Министерства общественной безопасности КНР Ян Фэнжуй заявил, что китайские спецслужбы весьма внимательно наблюдают за попытками российских криминальных группировок проникнуть в их страну, не давая им развернуться здесь. Но обстановка остается напряженной.

В то же время российские сотрудники достаточно мрачно оценивают работу китайских спецслужб, когда это касается проникновения китайской мафии в пределы нашей страны. Китайские наркоторговцы, уверены они, опасающиеся за себя в своей стране и привлеченные относительной безнаказанностью за то же самое в России, развертывают у нас довольно активную деятельность.

Работать же с ними работникам российских правоохранительных органов очень сложно: мешают языковый барьер и практически нулевое знание национальных особенностей организованной преступности в Китае. Генеральный прокурор России предложил своим китайским коллегам принять чрезвычайные меры.

Сразу после визита главного российского прокурора китайские спецслужбы арестовали одиннадцать наркодельцов в Синьцзян-Уйгурском автономном округе. Банда специализировалась на контрабанде из Китая крупных партий эфедрина. Было изъято более 300 тысяч долларов, заработанных на эфедрине. Этот случай является пока самым крупным за всю историю Китайской Народной Республики.

Межправительственное соглашение по борьбе с преступностью Россия пока имеет только со странами СНГ. Сейчас Министерство общественной безопасности КНР изучает предложение российской Генпрокуратуры подписать точно такой же документ.

Он, безусловно, нужен обеим странам.

НАРКОДИПКУРЬЕР

Если работники правоохранительных органов Китая и России в последнее время довольно тесно сотрудничают между собой, то о спецслужбах

КНДР нельзя сказать, что они стремятся к деловым контактам.

Можно даже сказать, что наоборот.

В Хабаровске, недалеко от Северокорейского представительства по экономическим вопросам, была создана некая конспиративная квартира. Жили в ней алкаши и бомжи, что не мешало, а даже, скорее, помогало северным корейцам развернуть в ней свою преступную деятельность. В частности, они договаривались о поставке крупных партий наркотических веществ с представителями криминального мира Хабаровска и других регионов.

Сотрудники Регионального управления по борьбе с организованной преступностью выследили и установили наблюдение за квартирой.

В результате четко проведенной операции сыщикам удалось вывести на контакт с наркоторговцами своего агента, «покупателя». На контакт с агентом вышел работник северокорейского представительства Хен Иль. Наши оперативники располагали сведениями о том, что этот человек был сотрудником северокорейской службы безопасности. Хен Иль весьма заинтересовался новым «покупателем», который повел себя очень «круто» и заказал очень крупную партию наркотиков. На встрече с Хен Илем агент показал толстую пачку долларов и потребовал опий на «пробу». Попробовав наркотик, он остался весьма удовлетворенным. Заказ его был принят.

Когда Хен Иль, бесконечно проверяясь, подошел к месту встречи с «покупателем», рядом с ним остановились две машины и моментально отрезали ему пути к побегу. А еще через мгновение работник представительства был брошен на капот машины. Его тут же обыскали и нашли при нем товара на сумму, превышающую семьдесят тысяч долларов, — более пяти килограммов наркотика.

Таким образом Хен Иль стал четырнадцатым сотрудником северокорейского представительства в Хабаровске, которого наши правоохранительные органы изобличили в торговле наркотиками. Свыше сорока килограммов опия и героина было изъято у этих дельцов.

ТЫ МНЕ — Я ТЕБЕ

Досматривая поезд «Пхеньян — Москва», пограничники России задержали еще двух сотрудников северокорейского представительства в Хабаровске — Ким Ен Сика и Син Те Хона. За спинкой сиденья купе они спрятали 23 килограмма опия. После этого произошел чрезвычайно характерный случай, который красноречиво говорит о нравах северокорейских спецслужб: через день после своего ареста Ким Ен Сик повесился в одиночной камере следственного изолятора. Изготовив тонкую веревку из полотенца и с головой накрывшись одеялом, он удавился, привязав импровизированную удавку к кровати. Разумеется, он хорошо знал, что ждет его на родине после такого «провала». Северокорейские спецслужбы подобного не прощают.

Уровень и масштаб наркобизнеса в Северной Корее растут постоянно.

В совместное предприятие «Монолит» на Дальнем Востоке приехали работать специалисты из КНДР: Ким Ин Сол и Цой Чен Су. Очень скоро их поведение привлекло внимание российских спецслужб. Выяснилось, что северокорейские граждане активно ищут выходы на представителей местного криминального мира. Им был «любезно» подсунут сотрудник нашей контрразведки, который умело сыграл роль «мафиози» российского розлива. На очередном свидании Цой предложил «пахану» ни много ни мало восемь с половиной килограммов героина. «Покупатель» согласился.

Передача наркотика из рук в руки должна была состояться, что примечательно, в центре российско-северокорейской дружбы! Наш «покупатель» заявил, что российская погранзастава находится у него в кармане и затруднений с передачей товара не предвидится. В свою очередь, северокорейский «чекист» Ким Ин Сол заверил, что и со стороны северокорейских пограничников никаких неприятностей не должно ожидаться.

Затем он сходил на свою территорию и беспрепятственно пронес наркотик. Да какие там препятствия: наши телекамеры точно зафиксировали, как на той стороне к Киму в роскошном «мерседесе» привезли кейс, набитый наркотиками, высокопоставленные военные с той стороны. После чего кейс был незамедлительно доставлен в Дом дружбы.

Цой и Ким сообщили, что эти восемь с половиной килограммов героина — только начало их сотрудничества с российскими криминальными авторитетами. Но, к их сожалению, сотрудничеству этому развиться было не суждено. Обоих контрабандистов арестовали — прямо на границе.

ВИДИТ ОКО, ДА ЗУБ НЕЙМЕТ

В октябре 1996 года был задержан некий гражданин Китая, у которого было обнаружено два килограмма шестьсот граммов опия. Соглашения соглашениями, но отдельные граждане плевали на такие международные договоры. Тем не менее китаец заявил, что приобрел наркотики — у кого бы вы думали? — у сотрудника северокорейского представительства в Хабаровске! Что в общем-то совпадало с оперативными данными. У этого Сек Хен Тхэ, о котором идет речь, хранилась большая партия наркотиков. Но хранилась она на территории представительства.

Под предлогом «нежелательных межгосударственных осложнений», которые в случае обыска неминуемо бы возникли, прокуратура отказала руоповцам в санкции на обыск. Они даже не смогли допросить Сек Хен Тхэ: руководители представительства заявили, что их человек неожиданно исчез, и от всяких комментариев по этому поводу отказались. Исчез — и все. Пожалуй, не удивлюсь, если этого человека уже давно нет в живых. В Северной Корее за провал платят собственной жизнью.

«Великому учителю» Ким Чен Иру, наследнику покойного Ким Ир Сена, все сложнее и сложнее становится кормить свой обезумевший от голода и социалистических экспериментов народ. Как выясняется, деньги можно заработать на соседней территории, у богатого северного соседа. Северные корейцы продолжают наращивать свое наркотическое присутствие в России. История повторяется, тоталитарные режимы легко справляются с контрабандой наркотиков в своей стране, но не в состоянии удержать своих соотечественников в других государствах.

Глава 6
СМЕРТЬ В БЕЛЫХ ХАЛАТАХ

ПОДСТАНЦИЯ № 5

Вам наверняка приходилось слышать о нападении страждущих наркоманов на аптеку, с целью раздобыть себе дозу, без которой им не прожить. Да и на больницу, госпиталь тоже — не слишком большая тайна.

Логично предположить, что и подстанции «Скорой помощи» могут подвергнуться нападению. Представьте себе наркомана, у которого возникли известные проблемы. Ломка. Ночь. Фонарь. Аптека, пардон, подстанция «Скорой помощи». Что делает наш наркоман? Берет в руки оружие и нападает на доблестных врачей и санитаров? Перебивает охрану, чтобы раздобыть вожделенный наркотик? Ничуть не бывало.

КИСЛОТА ЕСТЬ?

Он всего-навсего готовит деньги. Подходит к охраннику и спрашивает:

— Кислота есть?

— Есть, — слышит он обычно в ответ.

Обычно куб означенной «кислоты» стоит около пятнадцати тысяч рублей — неденоминированных, естественно. Плати деньги, бери купленное, иди домой, выпаривай, вытягивай опий, колись и — счастливого плавания в ласковых волнах наркотического опьянения!

Да, все течет, все изменяется. Да и что говорить, если сейчас такой сильнодействующий наркотик, как героин, в Москве можно достать прямо на улице. Все-таки улица остается улицей, там свои законы. Но чтобы прямо в медицинском учреждении, не таясь и не опасаясь ничего, можно было вот так спокойно раздобыть дозу!

Нарождается новый термин: «ангидридная мафия». Ангидрид — и есть та самая кислота, с которой мы начали. Используется он в медицинских целях для приготовления различных лекарственных препаратов. Но самостоятельно для оказания помощи он не применяется, и его с собой, соответственно, по вызовам не возят. Хранится в основном в классических медицинских учреждениях.

На московских подстанциях «Скорой помощи» кислота хранится тоже.

Весной 1997 года Региональное управление по организованной преступности Северо-Восточного округа Москвы провело операцию по выявлению фактов незаконного распространения наркотических веществ на московской подстанции «Скорой помощи» № 5. И разразился скандал.

Охранники продавали ангидрид — оперативники купили его у них без особых проблем. Разумеется, их задержали. При выяснении всех обстоятельств было установлено, что медсестра по кличке Чума и фельдшер Евгений А. достаточно тесно взаимодействовали с этими охранниками, вступив с ними в преступный сговор для распространения наркотика с целью, естественно, наживы.

Дело такого рода было первое в городе, да и в целом по стране. В Министерстве здравоохранения разразился скандал, который, впрочем, не получил дальнейшего продолжения, хотя сам факт имел солидный резонанс, о нем писали в средствах массовой информации, рассказывали на телевидении, в частности на канале НТВ.

Но честь мундира — всего дороже. Это касается и врачей и охранников.

С охранниками ясно — их охранную фирму могут лишить лицензии. Но в том-то и беда, что вместо ушедших придут другие и, как поется в старой советской песне, «все опять повторится сначала». Проблема-то ведь не в охранниках, повторимся. А в спросе, который рождает предложение.

Министр здравоохранения прислал руоповцам бумагу, в которой говорилось, что вверенная ему организация во всем разобралась, что вопросы все решены, наличие ангидрида на подстанциях не противоречит закону, все разрешено, а что касается незаконной торговли, то виновные наказаны, больше подобного не повторится.

Самое интересное в том, что дело так и не превратилось в уголовное, несмотря на специальные запросы в ВКЦ, в Комитет по контролю за наркотиками.

Реализация ангидрида раньше не являлась преступлением. А раз так — значит, не было и преступления. Сейчас это положение исправлено, и с 1 января 1997 года ангидрид отнесен к разделу сильнодействующих веществ.

Правильное название вещества, о котором идет речь, — ангидрид уксусной кислоты. Знающие люди без проблем могут выпарить, «вытянуть» из него опий и некоторые другие наркотические снадобья — если таковое слово сюда подходит. Несмотря на весьма специфический процесс приготовления, особых проблем, повторимся, он не представляет.

При всей относительной доступности наркотиков в Москве они сбываются в четко определенных точках. Чтобы достать героин, кокаин, нужно иметь определенный ход, связи, в отчаянном положении — храбрость или наглость, — есть большая вероятность того, что тебе повезет, но тем не менее здесь нужно проделывать какие-то не очень стандартные шаги, предпринимать не очень стандартные действия.

В ситуации с ангидридом все удручающе просто и до тошноты банально. Нужно просто подойти к охране подстанции и сказать:

— Кислота есть?

И со стопроцентной уверенностью можно предположить, что в ответ прозвучит:

— Есть.

Наверное, чисто по-человечески это понятно. Сколько получает обычный врач? Хирург с шестью дежурствами в месяц получает зарплату шестьсот — семьсот тысяч рублей. Если к тому же получает ее вовремя.

Охранник получает приблизительно столько же. Соблазн подзаработать велик. К тому же имеется спрос. К тому же можно без особого напряжения за смену заработать полмиллиона рублей на продаже этой наркоты. К тому же они сами просят, никто их не заставляет! Так почему же и не подзаработать?!

Охранника еще можно понять. Не ведает, что творит. То есть он, конечно, знает, что это преступно, незаконно, но с точки зрения Гиппократа не ведает охранник, что творит. И если простить его нельзя, то понять — можно.

Но врач прекрасно понимает, что нарушает данную в начале своей карьеры клятву Гиппократа. Врач собственными руками, может быть даже талантливыми руками, продает смертоносное зелье и знает, что вредит здоровью «страждущего». Разумеется, он преступник.

А Министерство здравоохранения печется о чести мундира. Хотя любому здравомыслящему человеку ясно, что сохранить честь мундира можно только в том случае, если запретить таким эскулапам заниматься врачебной деятельностью. Но у нас врачам не выдаются лицензии. Охранникам выдаются, а врачам — нет. Значит, лишить их этой лицензии — нельзя.

У ангидридной мафии еще одна ипостась, и в ней тоже врачи выглядят непристойно, если не сказать — омерзительно.

Не секрет, что некоторые врачи «Скорой помощи», то есть определенные бригады, имеют тесные контакты с околопреступными группировками и элементами. Конкретно в преступных группировках наркоманов не держат и особо с ними не церемонятся. Наркоману нельзя ни верить, ни относиться к нему серьезно. Он обязательно подведет, не задумываясь, предаст своих «товарищей», если, скажем, устроить ему ломку, лишив смысла жизни — сиречь наркотика. Поэтому будем говорить о связях врачей не с преступными группировками — а с околопреступными, приблатненными, так сказать.

Да, все течет, все изменяется.

«СУПЕРСЕРВИС»

Подстанция — это что! Если у вас есть деньги, то своих наркоблагодетелей вы можете вызвать к себе на дом. Не нужно одеваться, выходить в ночь на улицу. Останьтесь дома, наденьте теплые домашние мягкие тапочки, прилягте на диван, снимите трубку телефонного аппарата, наберите определенный номер. И произнесите определенную фразу. Или череду условных словосочетаний. После этого к вам домой приедут наркоблагодетели в белых халатах и сделают столь необходимый, столь желанный укольчик. Разумеется, за деньги. Но такой сервис их стоит.

Телефоны эти, конечно, не публикуются в газетах в разделе «Объявления», но похоже, что все к этому идет. Пока номера передаются устно, из уст в уста, но процесс тут идет все быстрее и быстрее, и страшно подумать, что недалек тот день, когда первое подобное объявление может оказаться на страницах газет. Чему удивляться? Разве мы могли представить несколько лет назад, что проститутки, не таясь, будут публиковать свои номера в каком-нибудь «Московском комсомольце»? Да что там проститутки — целые фирмы по обеспечению населения сексуальными услугами! Целые притоны!

Итак, врачу звонит самый настоящий наркоман, заказывает ему укол, и тот оформляет это как обычный вызов к больному, выезжает на государственной машине и вкатывает дозу. А в это же самое время, наверное, его помощь была необходима действительно больному человеку.

Таким образом, можно говорить о зарождающейся мафии принципиально нового типа — не ангидридной, а, как ни прискорбно это констатировать, врачебной мафии — наверное, самой мерзкой из всех существующих.

Конечно, нельзя одним чохом обвинить всех врачей подряд. Подонков, облаченных в белые халаты, неизмеримо меньше честных, принципиальных врачей. Но опасность остается. Остается угроза.

И к сожалению, она не идет на убыль.

Растет.

МЕДСАНЧАСТЬ № 47

Когда выяснилось, что главврач медсанчасти № 47 Мосстройкомитета Роберт Шалвович Хунтуа страдает полинаркоманией, то тех, кто хорошо его знал, едва не хватил самый настоящий шок. Как?! Роберт Хунтуа принадлежал к той породе мужчин, о которой говорят — красавец мужчина! Высокий, с мягким прищуром улыбчивых глаз, с благородной сединой, тронувшей его иссиня-черные волосы, он производил неизгладимое впечатление на всех, с кем имел дело, — даже на следователей, которые осуществляли следствие в стенах вверенной Роберту Шалвовичу больницы.

К тому же господин Хунтуа имел весьма высоких покровителей, связи его были настолько широки и высоки, насколько о них может мечтать работник такого уровня, какой был у главврача медсанчасти № 47. Роберт Хунтуа, как считали те, кто его окружал, находился в дружбе с многими высокопоставленными чиновниками в Министерстве здравоохранения, в московской мэрии, Моссовете, Белом доме. Не случайно, наверное, ему с завидным постоянством присылались различные приглашения: на съезды народных депутатов, например, на всевозможные сессии российского парламента. Соответствующее впечатление производила и фотография, запечатлевшая в свое время Роберта Хунтуа вместе с Борисом Николаевичем Ельциным. Правда, последний в то время, когда эта фотография снималась, не был еще президентом России. Тогда он еще был только председателем Госстройкомитета и просто навестил медсанчасть, свое подведомственное учреждение. Но ведь на фотографии нет поясняющего титра, как это бывает в кино. Так что по внешнему, поверхностному взгляду, все у Роберта Хунтуа было в порядке. Ну очень благополучный человек.

И поэтому неудивительно, что, как мы увидим ниже, участники этого дела очень долго будут покрывать главного в нем преступника: слишком впечатляющ был ореол благополучия, которым Роберт Хунтуа себя окружил. Кому захочется связываться со столь могущественным человеком, каковым казался главврач медсанчасти № 47?

СЛЕДСТВИЕ

Все началось с того, что в приемную ГУВД Москвы явилась посетительница и дала заявление, на основании которого было возбуждено уголовное дело по факту хищения наркотических лечебных средств в медсанчасти № 47 Мосстройкомитета. Слишком очевидны были «уходы на сторону» многих столь нужных тяжело больным людям лекарств.

Поначалу у следователей и в мыслях не было подозревать Роберта Шалвовича в этих хищениях. Красивый, атлетически сложенный главврач с мягкими обходительными манерами не вызывал ни малейшего подозрения.

Следствие было решено производить в стенах самой больницы. Во-первых, необходимые материалы, не все из которых можно было изъять в интересах следствия так, чтобы не пострадали интересы больных, находились здесь. Во-вторых, нельзя было исключить вероятность такого довольно распространенного явления, когда на суде обвиняемые заявляют, что признания у них были «выбиты под пытками», что следствие давило на них, в буквальном смысле выбивая из них нужные сведения, и, таким образом, им ничего не оставалось делать, как оговорить самих себя. Все это было слишком знакомо, и следователи решили заранее обезопасить себя от таких обвинений.

Но главной причиной присутствия следователей в больнице было то, что рабочие книги, журналы, книги учета позволяли прочнее определиться в сложившейся ситуации.

Поначалу следствие натолкнулось на стену молчания всего коллектива медсанчасти, несмотря на то что факты хищения были налицо. Но долго так продолжаться не могло. Слишком уж кричащими были факты.

Первой слова «да, было...» нехотя выдавила из себя старшая медсестра, не выдержавшая неоспоримости данных, предъявленных ей следователем. И хотя на допрос к нему она явилась с легко просматриваемым намерением молчать до конца, все же была вынуждена сделать признание, потому что следователь едва ли не на пальцах объяснил ей, насколько странно, когда то или иное средство применено к больному не было, но и обратно на склад не поступило. И старшая медсестра наконец поняла, что ее молчание не спасает, а наоборот — усугубляет ее вину.

Вслед за старшей медсестрой начал давать показания и остальной медперсонал, а затем и врачи.

В стенах больницы процветала порочная практика безалаберного учета расходования лекарственных препаратов, которые медики в самом вульгарном смысле просто крали у смертельно больных людей, не задумываясь даже над тем, что для них наркотики — единственное средство снять жесточайшие боли.

Но куда же девались все эти препараты? Продавались на сторону? Каким образом и кто конкретно в таком случае сбывал дорогие препараты, кому, за сколько? И тут дело снова застопорилось. Все подследственные, как один, словно сговорившись, заявляли, что отдавали наркотические средства таинственному человеку, имя которого категорически отказывались называть. Возникла загадочная фигура, чуть ли не мифическая. Но и это не могло долго продолжаться. Рано или поздно таинственный «Фантомас» засветился бы. Так оно и случилось.

(На протяжении следствия оперативники и без того понимали, что кто-то словно пытается руководить показаниями сотрудников, словно дышит им в затылок и, как может, вынуждает их давать ложные показания.)

Когда наконец имя Роберта Хунтуа было все-таки названо, следователи не спешили сразу же поверить этому. Но имя зазвучало и во второй, и в третий раз — свидетелей словно прорвало. Каждый из них называл имя своего главврача. Но следователи не спешили: слишком свежи были воспоминания о том, как работники медсанчасти в унисон давали показания, не соответствующие, мягко говоря, действительности.

Тем временем Роберт Шалвович любезно увещевал следователей.

— Послушайте, — говорил он,— как бы там ни было, мои девочки работали во имя высокой цели. Может быть, не стоит их так уж дергать?

Что же это за высокие цели? Дело в том, что медиками медсанчасти № 47 делались заявки на наркотические лечебные средства якобы для лечения больных, страдающих от невыносимых болей. Врачи, якобы пытаясь снять эти боли, шли на нарушения и подкармливали дефицитными лекарствами больных.

Он еще не знал, что следствие уже установило: львиная доля заказанных лекарств шла на сторону. Он, конечно, знал, что следствие работает в этом направлении, но понятия не имел, что свидетели уже практически «раскололись». Ему просто не от кого было это знать. Сами свидетели не торопились сообщать ему неприятные вести.

Более десяти медиков медсанчасти Мосстройкомитета оказались втянутыми в историю с хищением из нее наркотических лечебных средств. Следствие нашло неопровержимые доказательства их вины. Из-за расхищенных дефицитнейших препаратов пострадали многие больные, которые имели несчастье лечиться в этом учреждении.

Больной Т. находился в медсанчасти № 47 три месяца, в течение которых для больного было выписано 155 ампул сильного наркотического средства — омнопона и как минимум 10 ампул другого такого же сильнодействующего лекарства. Если верить карточкам больного Т., так называемой «истории болезни», он очень нуждался в наркотических лекарствах, и ему несли и несли сверх положенного. Трудно поверить, что практически все, кто связан с Т., действуют абсолютно бескорыстно.

В наше время, в наших условиях, когда медики и положенного-то зачастую не выдают, и вдруг такое чуть ли не альтруистское самопожертвование. Словно соревновались, кто больше принесет больному Т. сильнодействующих наркотических лекарств, призванных помочь ему перенести невыносимую боль. Хорошо, конечно, если все это *действительно* идет больному, хотя и ему ни к чему такое дикое количество наркотиков. Если ему и перепадает кое-что, то весьма в малом количестве. А так выходило, будто больной потреблял наркотики вместо хлеба.

Больная Г. пробыла в этом учреждении несколько месяцев, и, судя по документам, врачи превратили ее в законченную наркоманку. На ее имя было выписано огромное количество наркотических средств, которые тоже несли и несли «сердобольные» медики.

Больную С. только за три месяца лечения тоже напичкали лекарствами... А из некоторых показаний явствовало, что больным часто вводились только такие сравнительно слабые средства, как реланиум и максигам, тогда как наркотики бесстыдно и бессовестно присваивались.

Хищения в больнице стали нормой, а давно известно, что, когда бессовестные деяния становятся нормой, никто не мучается угрызениями совести. Чего мучиться, если ты этим каждодневно занимаешься?! Достоин особой примечательности и тот факт, что практически никто из так называемых медиков не смутился, когда следователи задавали им простой вопрос: а как же больные?

Больные воспринимались ими как обуза, как нечто, мешавшее им жить, дышать и вообще наслаждаться всеми прелестями жизни.

Медсестра М.:

— Я только в исключительных случаях давала больному по одной ампуле омнопона, а в остальных вводила транквилизаторы, снимающие боль. По рекомендации врачей я писала о якобы сделанных больному инъекциях. Так было списано 22 ампулы омнопона. Такими дозами больного можно было загнать в гроб.

Винить во всех грехах этих людей разваливающуюся экономику страны было бы крайней натяжкой. Нет, эти люди очень хорошо знали, что делают, на что, собственно, идут и к чему могут привести их действия.

Фиксируя порочную систему хищений, уголовное дело росло не по дням, а по часам, разбухало. Главный же виновник пока так и не был найден. Читатель уже, конечно, знает, что этим главным был не кто иной, как Роберт Шалвович Хунтуа, но следователи пока в этом уверены не были. Уж слишком трудно было поверить даже привычным ко всему оперативникам и следователям.

На вопрос, почему они так тщательно, чуть ли не десятки раз проверяли признательные показания Хунтуа, следователь ответил:

— Роберт Шалвович производил впечатление обаятельного человека (вот оно!). Его признания хороши, но нам предстояло учесть много различных аспектов — ломка характера, эмоциональность горца, наконец, могла сложиться ситуация, при которой группа расхитителей выставила его в качестве «амбала для отмазки», то есть человека, берущего чужую вину на себя. Вот и пришлось проводить очные ставки со всеми соучастниками, чтобы ни один из фактиков, играющих на пользу Хунтуа, не был отвергнут или не замечен.

Наконец, 3 апреля 1992 года на руках Роберта Шалвовича были защелкнуты наручники.

И выяснилось много такого, что повергло в шок даже следователей: человек, которого обвиняли в расхищении наркотических средств, был... законченным наркоманом!

Причем арестовывать его в тот день никто и не думал, но когда следователи вошли к нему в кабинет, главврач больницы мало напоминал человека. Выпученные глаза, звериный оскал и маловразумительные выкрики. Уже гораздо позже Хунтуа признался, что в тот день он самолично ввел себе морфин, что подтвердили и анализы.

Когда медики из 17-й горбольницы увидели, какой человек попал к ним для обследования, у них тоже на первых порах просто не было слов, чтобы прокомментировать это: впервые к ним попал человек, который звался главврачом.

Специалисты-медики подтвердили: их коллега, Роберт Хунтуа, давно и прочно дружит с наркотиками из группы опийных стимуляторов. И даже их мнение не устраивало следователя, слишком серьезным было обвинение. Он призвал на помощь сразу четырех светил медицины с одной целью: детальнее изучить личность Роберта Шалвовича. И те пришли к весьма неутешительному выводу: Хунтуа наркоман, причем не просто наркоман, он страдает полинаркоманией, и давным-давно страдает. Таких личностей нельзя вообще подпускать к руководящим должностям, а в этом случае преступник просто припал к самой настоящей кормушке.

Одновременно с этим выяснилось, что сотрудники Хунтуа, то есть те, кто работал под его началом, прекрасно видели, что творится с их шефом, прекрасно видели и знали, что он — самый настоящий наркоман, но... молчали.

Кому хочется терять работу из-за негодяя? А то, что этот человек наносит неисправимый вред больным, — что ж... На все воля Божья?!

Дома у Хунтуа нашли пистолет. Хунтуа заявил, что оружие ему подарил его друг... главнокомандующий тогда всех вооруженных сил Грузии Тенгиз Кетовани. Впоследствии выяснилось, что в квартире главврача оставил свое оружие охранник министра обороны Грузии некий Кареули.

Постепенно облик Роберта Хунтуа выявлялся отчетливее, и он разительно отличался от того, который был в начале следствия. Оказалось, что подчиненные называли его «маленький Берия». Как говорится, маленький — не маленький, а все-таки Берия.

Выяснилось, что господина Хунтуа знают не только в Белом доме, но и в других кругах, далеких от высокой политики, хотя очень часто тесно с ней связан. Некоторое время назад в 31-й больнице, которая тогда подчинялась Роберту Хунтуа, скончался Валериан Кучулория, знаменитый грузинский вор в законе по кличке Писсо. Не оставляли его без своего внимания и другие крестные отцы нарождавшейся тогда российской мафии. Хунтуа был частым гостем на юбилеях весьма сомнительных личностей, гулял в ночных кабаках с многими преступными авторитетами.

Вполне вероятно предположить, что какая-то часть наркотиков, похищавшаяся в медсанчасти № 47, уходила именно в эти круги. Еще какая-то часть, вполне возможно, направлялась в Грузию.

Жил Хунтуа весьма вольно. Ездил в Германию, Англию, а на обыске его квартиры среди многих паспортов на его имя был обнаружен и зеленый дипломатический. Огромное количество драгоценностей тоже не говорило о том, что он бедствует. Так же, как и огромный золотой крест, который Роберт Шалвович носил на шее.

Дело было передано в суд...

ДАВЛЕНИЕ

Надо сказать, что и во время следствия, и даже после передачи дела в суд на следствие давили жесточайшим образом. Связи Роберта Хунтуа заявляли о себе во весь голос.

Председатель комиссии, которой Хунтуа был признан наркоманом, был избит в собственном подъезде неизвестными лицами. Ему была сломана челюсть.

Одного из основных свидетелей дважды находили со вспоротым животом в камере Бутырской тюрьмы — и туда добрались «неизвестные лица».

Другим свидетелям, а также сотрудникам уголовного розыска, которые вели это дело, неоднократно угрожали. Ко всему прочему исчезла целая коллекция видеокассет, на которых был запечатлен Хунтуа во время своих многочисленных застолий со многими «уважаемыми» людьми.

Несмотря на вышеизложенное, следователь следственного управления ГУВД Москвы Алексей Никулин все-таки довел дело до конца и передал его в суд.

НЕОЖИДАННАЯ РАЗВЯЗКА

Когда приговор, оглашенный народным судьей Борисом Комягиным, наконец прозвучал, обвиняемый Роберт Шалвович Хунтуа провозгласил:

— Наконец-то!

Нет, приговор не был мягким по отношению к нему. Многие потом объясняли этот возглас подсудимого как облегчение при мысли, что все наконец-то закончилось. Но это было не совсем так.

Точнее — совсем не так.

Роберт Хунтуа по приговору суда получил девять лет лишения свободы с конфискацией имущества — за хищение наркотических веществ в крупных размерах и незаконное хранение огнестрельного оружия.

Казалось бы, не так уж мало. С чего бы это подсудимому испытывать чувство облегчения.

Всякий конец — начало чего-то другого. Для Хунтуа все только начиналось, но об этом не знали тогда ни судьи, ни следователи.

Как только приговор вступил в законную силу, Роберт Шалвович Хунтуа моментально стал гражданином Грузии и отбыл на родину. Точнее — был отправлен на родину для отбывания наказания.

Все это выглядит в достаточной степени бредово. Хунтуа нарушал закон на территории России и по всем международным нормам должен был отбывать срок там, где это делал, то есть, опять же, в России. К тому же Роберт Шалвович имел-таки российское гражданство и даже постоянно выдвигал свою кандидатуру в депутаты различного уровня. Но это, как оказалось, ни для кого не имело значения. Закон, говорят, что дышло: куда повернешь, туда и вышло.

Итак, 8 июля 1994 года Роберт Шалвович Хунтуа, совершивший преступление на территории России, был под конвоем отправлен на свою историческую родину — Грузию.

Что произошло там — тайна сия велика есть. Но уже в ноябре наркоман и преступник снова появляется в Москве.

Такие люди — и без конвоя, как говорится.

Журналист Вадим Белых, вплотную занимавшийся когда-то этим делом, пишет, что в своем новом пришествии в Москву Роберт Хунтуа навестил многих своих знакомых. Тех, кто когда-то дал против него свидетельские показания, ждал разговор весьма неприятный. Навещал он и друзей своих, наведывался, в частности, в мэрию. Хотел даже посетить юбилей своей родной медсанчасти № 47, но в последний момент передумал. Можно себе представить реакцию тамошнего медперсонала, заявись он там в разгар заздравных речей.

До января он проживал в Москве и сильно рисковал, блефовал, и все сходило ему с рук. Наконец работники правоохранительных органов взялись за него серьезней. И это немедленно стало известно Хунтуа.

Роберт Шалвович исчез из Москвы так же внезапно, как и появился. Сейчас его нет ни на территории России, ни на территории Грузии, ни вообще в СНГ.

КАК ЖЕ ТАК...

История эта гнусна в особенности тем, что лекарства, которые нужны были больным людям, расхищались не просто наркоманом, а людьми в белых халатах, теми, кому и была вручена забота об этих самых больных людях.

Врач, одновременно отнимающий у больного нужное ему лекарство, обрекая его тем самым на мучения и даже на гибель, и продающий это лекарство за деньги тому, кому оно тоже в конечном итоге принесет страдание, — наркоману.

Гнусно.

Отнимает у одного — и вредит ему.

Отдает другому — и вредит ему.

Клятва Гиппократа, важнейшая заповедь которой — «Не навреди!» — забыта и отдана на поругание.

Ничто не свято.

Надеюсь, Бог воздаст им должное.

АПТЕКА № 1

Начальник ОВД «Китай-город» г. Москвы полковник Стрельцов Василий Федорович умеет произвести впечатление. Во всяком случае, когда он высыпал на стол содержимое серо-коричневого мешка средних размеров, я, что называется, опешил.

В глазах у меня зарябило от разноцветья таблеток, на вид совершенно безобидных, можно даже сказать, симпатичных таких небольших кругляшек, наглядно демонстрирующих не только эффективность отечественной и западной фармацевтики, но и их безусловную эстетичность. Так и хочется, так и тянется рука взять и положить таблетки в рот. Но я знал, что как раз этого мне, человеку достаточно здоровому, делать нельзя ни в коем случае.

— Это ж сколько здесь? — растерянно спросил я.

Полковник меня не понял. Я, сам не знаю почему, спрашивал его про количество высыпанных кучей таблеток, но Василий Федорович понял меня по-своему.

— Миллионов на десять, — ответил он и, встретив мой недоумевающий взгляд, добавил: — Старыми, конечно.

Но до меня уже дошло, что он имеет в виду деньги.

ВДОЛЬ ПО НИКОЛЬСКОЙ

К полковнику со своими вопросами я пришел уже потом. Пока же ваш покорный слуга, движимый жаждой познания, явился на улицу Никольскую, желая ознакомиться с нравами и обычаями местной публики, которая часто и подолгу коротает здесь время. На большой просторной территории около аптеки № 1 одни могут «поправиться», «догнаться», то есть прикупить наркотических веществ для внутреннего употребления, другие — продать то же самое, а третьи просто видят в этом месте смысл жизни. Постараюсь пояснить.

Никольская улица жила своей особенной жизнью, пульсировала в своем оригинальном ритме. Беспристрастный взгляд отметил бы в мельтешении довольно разношерстной местной «тусовки» некую закономерность. Стоило появиться здесь новичку, явно не завсегдатаю, как к незнакомцу исподволь, осторожно зарождался интерес. Пока я просто прохаживался, мне в основном предлагали вполне безобидные лекарственные препараты, как в былые времена советского дефицита, будто я не мог догадаться войти в искомую аптеку № 1 и купить все это там.

Но я только отрицательно качал головой. Мне хотелось услышать предложения о чем-то более волнующем и менее законном. Неожиданно я понял, что нужно для этого сделать.

Я просто остановился, отошел в сторонку и начал ждать.

И прождал не долго. От силы минуты три, не больше. Внешность подошедшего ко мне парня напоминала выжатый лимон.

— Колеса есть? — с вымученной улыбкой хрипло спросил он.

— Сам ищу, — отреагировал я.

Вокруг, как водится, было полно милиции. Люди в форме и с оружием фланировали мимо гражданских, которые представляли собой, мягко говоря, не самую лучшую часть общества. Но последние их почему-то не боялись и особенно не скрывались. Позже я понял почему.

Местные обитатели — и покупатели, и продавцы наркотовара — достаточно опытны, чтобы отличить друг друга. Они подходили, договаривались между собой и... вместе уходили. То есть процесс обмена товара на деньги происходил не здесь, не на улице Никольской, но, безусловно, где-то поблизости. Проследить за ними практически не представляется возможным, поэтому купля-продажа происходит более-менее спокойно. Отоварившись в соседних переулках или на хате у барыги, граждане, довольные друг другом, расходятся.

За короткое время, проведенное мной около аптеки № 1, я мог бы купить столько таблеток, или, как их называют, «колес», что мог бы месяц не выходить из дома, причем вполне вероятно, что спустя месяц меня бы вынесли из родного дома вперед ногами. Тот самый случай, когда не только спрос рождает предложение, но и наоборот.

Здесь же, на Никольской, очень свободно можно приобрести не только таблетки, но и наркотики гораздо более сильнодействующие. Морфий, опий, героин — не проблема. Были бы только деньги.

Но с такими предложениями ко мне обратились уже ночью, когда я решил еще раз посетить Никольскую. Дабы убедиться, что милиция не в состоянии помешать «страждующим» людям найти и помочь друг другу.

— Ну что, командир, «геру» будешь? Одна по сто пятьдесят.

Для непосвященных объясняю: «гера» — это героин. «Одна» — это одна доза, которая иначе называется чек.

— Денег нет, — качаю я головой.

— Ну, возьми полдозы, — советует «сердобольный» продавец. — К другим не ходи, кинуть могут, понимаешь?

Я понимаю: обычная конкуренция, рынок, понимаешь... Один чек героина стоит до ста тысяч рублей старыми. Грамм — до ста пятидесяти долларов США. В одном грамме — около шести чеков, то есть доз.

Простояв еще немного, мне удалось познакомиться с одним из здешних завсегдатаев. Родиону 22 года, этим маршрутом ходит последние несколько месяцев в одно и то же время. Как сам признается — часы проверять можно. Всегда покупает одно и то же: дозу героина. Продавец — барыга просит подождать. Родион терпеливо ждет. Получив дозу, собирается уходить.

— Сколько денег у тебя уходит на это? — спрашиваю его я.

— Сто тысяч в день — минимум.

— Ты работаешь?

— Учусь. Ну, так где-то украсть можно. — Его простоватая искренность меня удивляет и не удивляет одновременно. — У меня подруга из хорошей семьи. Честно говоря, я не понимаю, как ее родители ничего не видят. Или глаза закрывают, или по фигу им все. Бабки как давали, так и дают.

Родион считается наркоманом со стажем. Начинал, как все: марихуана, таблетки, попробовал ЛСД. Теперь для него Бог — это героин.

Самый обычный путь... И я знаю, к чему он приводит.

Здесь, у Кремлевской стены в Александровском саду, год назад от передозировки наркотиков умер молодой парень, ему было всего 20 лет. Каждый день только в Москве отправляется на тот свет несколько десятков человек, причина смерти одна — наркотики.

НА ОДНО ЛИЦО...

Полковник Стрельцов читает мне выдержки из объяснительной. Задержанная — обладательница того самого мешка с разноцветными таблетками, запрещенными к употреблению здоровыми гражданами.

— «Куссианна С. 1921 года рождения, уроженка Подольской области, проживает по адресу: Москва, Гурьяновский проезд... Пенсионерка. Пенсия — триста пятьдесят тысяч рублей.

Четвертого января 1998 года в 15.00 я была задержана в Черкасском переулке. У меня забрали лекарство, которым я и мой муж лечимся от болезни Паркинсона для обезболивания после перелома шейки левого бедра (у обоих, что ли, перелом? — *М.Ш.*). Наша болезнь требует постоянного непрерывного лечения. Прошу вернуть мне изъятое лекарство».

Задержанная, добавляет от себя Стрельцов, фронтовичка, участница обороны города Москвы, награждена орденом Красной Звезды. Еле передвигается, чему я не особо удивился: помимо возраста, еще и перелом шейки бедра.

— Она не понимает, — продолжает полковник, — сколько людей можно отравить этими таблетками. Одна таблетка — нормальное явление, но ведь молодежь, подростки глотают эти «колеса» целыми упаковками. До потери сознания жрут эту гадость.

— Какие меры наказания предусмотрены для таких, как эта старушка?

— Минимальный штраф — триста пятьдесят две тысячи рублей. Максимальный — сто минимальных окладов. Больше всего они боятся штрафов, потому что размер штрафа определяется решением суда и судебный исполнитель может запросто описать имущество, квартиру, лишить квартиры. Кроме того, суд постановляет все конфискованные лекарства уничтожить.

— А разве нельзя их сдать в ту же аптеку? — интересуюсь я у полковника.

— Не принимают, — лаконично отвечает он.

Есть категории граждан, которым подобные лекарства выписываются по рецепту. В основном это пенсионеры. Препараты, пользующиеся у наркоманов бешеным спросом, выписываются им бесплатно, и старые люди, страдающие не только недугом, но и хроническим безденежьем, пытаются заработать перепродавая то, что им положено. Через каждые три дня им выписываются новые рецепты, и все идет по кругу. Разумеется, продают не только пенсионеры. Есть и такие, кто немыслимыми путями достает товар прямо со складов. Но кто бы эти таблетки ни распространял, от них прямая дорога к наркотикам. И если от привыкания к таблеткам худо-бедно можно избавиться, то от героина и других сопутствующих ему наркотиков — нет.

Период с июля по август 1997 года оказался особенно горячим в борьбе с незаконным распространением наркотических веществ около аптеки № 1. В частности, Валентина Д., 1956 года рождения, была задержана при попытке незаконной продажи лекарственных средств: шесть упаковок трамала. Такое количество вполне достаточно для административной ответственности.

На улице Никольской очень просто получить отраву. Это место называют еще «реанимацией» — в случае чего можно уколоться здесь же, порой не стесняясь присутствия посторонних. Главное — деньги, деньги, деньги...

И зелье это поставляется бесперебойно и без проблем. Вся Москва сейчас покрыта плотной сетью уличных торговцев, барыг на дому. Каждый день милиция накрывает по нескольку наркопритонов, но они возникают снова и снова, подобно стоглавому дракону, которому сколько голов ни отрубай — новых все равно появится больше.

Нередко наркопритоны содержат семьи. Оперативников уже не удивляет (хотя привыкнуть к этому им все-таки не удается), когда родителей-наркоманов совсем не смущает присутствие их собственных детей. Они продолжают и сами колоться, и распространять отраву.

Молодая мать, она же хозяйка притона, она же наркоманка с приличным стажем, ко всему относится спокойно и знает, что жить ей осталось не много, а потому прожить отведенное ей время нужно «так, чтобы не было мучительно больно за бесцельно прожитые годы»... Иными словами, получить от жизни все, что можно, уже сейчас. И шестилетний сын ей в этом стремлении не помеха.

Другая семья. Трехлетняя Ирочка искренне недоумевает, что плохого она сделала. У нее брали пакетики, взамен ей давали денежку, которую она приносила маме. Где ей, малышке, понять, что таким образом ее родная мамаша приучала к наркобизнесу — невзирая на малый возраст. Главное — прибыль.

Тут же — продавец с полугодовалым ребенком на руках.

Прибыль оправдывает все?! Это страшно.

Глава 7
ПОД «КРЫШЕЙ» ПОГОН

БЫТЬ У РУЧЬЯ — И НЕ НАПИТЬСЯ?

Невозможно простить, но можно еще понять, когда за распространение наркотических средств берутся люди, которых и людьми-то назвать трудно, — отребье, отбросы общества, они давно махнули рукой не только на это самое общество, но и на самих себя. Нет, они могут ублажать свои амбиции и притязания, свои низменные желания, но по большому счету они давно перешли ту грань, которая разделяет Добро от Зла. Они переступили эту черту и оказались, как говорят, «за гранью».

Повторяю, простить их нельзя, но хотя бы понять, что стоит за их поступками, можно. Но совершенно невозможно понять те ситуации, когда распространителем наркотиков вдруг оказывается человек, который по определению должен бороться с этим страшным социальным злом.

Что может быть более нелогичным, чем человек в форме, продающий наркотики? И что может быть омерзительнее? Тем не менее это не выдумка автора. Корыстолюбивой сволочи хватает во всех сферах жизни — к великому сожалению.

Тот, кто стоит и торгует наркотиками на улице, зарабатывает таким образом себе на хлеб, на дозу, на бутылку — он на самом дне, это ужасно, конечно, но... Но есть и такие, которые не «парятся» на улице: они живут в роскошных квартирах, отдыхают на Канарах, обедают в дорогих ресторанах и вообще ведут добропорядочный образ жизни. Вину их доказать чрезвычайно трудно, и если кто-либо из подобных наркодеятелей попадает в «разборку», то редко удается довести такое дело до суда. Всегда что-то мешает. К несчастью, одним из «главнейших» завоеваний нынешней демократии является приобретенное умение разваливать дела еще до того, как они попадают в судебные инстанции. Слышали ли вы, чтобы за наркодеятельность судили кого-нибудь из властей предержащих этой многострадальной страны?

Попадаются только мелкие сошки. Рано или поздно люди в форме (разумеется, не все, а только незначительная их часть), рано или поздно они неизбежно включаются в это грязное дело.

Еще бы: быть у ручья — и не напиться? Трудно устоять, когда мимо тебя потоками идут эти пресловутые наркотики, которые, если быть осторожным — по логике этих оборотней в форме, — могут принести немалые барыши, да что там — огромные дивиденды. Поэтому и превращаются в оборотней те, кому по должности положено противостоять наркомании. Точнее — незаконному обороту наркотических веществ.

Не будет преувеличением сказать, что люди, о которых пойдет речь ниже, запятнали честь мундира. Причем форма этих людей самая разнообразная: и полковник Министерства обороны, и работники милиции, и даже люди с горячим сердцем, холодной головой и «чистыми» руками — то есть чекисты.

ВОЕННЫЙ

Тридцать первого октября 1995 года сотрудниками Управления по незаконному обороту наркотиков МВД России был арестован торговец наркотиками.

О том, что арестованный был распространителем наркотических веществ, красноречиво говорил и тот факт, что при задержании при нем нашли целлофановый пакет с белым порошком, в котором экспертиза впоследствии установила весьма сильнодействующий наркотик фенциклидин. К этому обстоятельству приплюсовывались попытки торговца выбросить еще несколько подобных пакетиков. Всего у этого человека было изъято 95 граммов. Такого количества этого препарата хватило бы на шестьсот тысяч доз. Дело в том, что для того, чтобы употребить такой порошок «по назначению», достаточно одну сотую грамма развести в литре воды. Одну сотую грамма!!!

Эти 95 граммов стоили на черном рынке триста тысяч долларов США.

А теперь пришла пора раскрыть инкогнито этого таинственного торговца: полковник Министерства обороны Виктор Шпаковский. Как же он докатился до жизни такой?

Чтобы ответить на этот вопрос, нужно немного вернуться в прошлое.

Военный представитель Минобороны Виктор Шпаковский начал служить в вооруженных силах в 1969 году. Карьеру, как можно видеть, он сделал приличную. В Министерстве обороны России он отвечал за приемку оборудования и военной техники, которые изготовлялись на одном из оборонных заводов города Коврово, что во Владимирской области. Работа его была связана с довольно частыми командировками, и, видимо, именно по этой причине, как считают работники правоохранительных органов, его и привлекли к торговле наркотиками.

Компаньоном Шпаковского оказался некий Лысак. Именно на него и указал полковник на допросе, заявив, кстати, что понятия не имел, что в пакетиках находится накротик. Он якобы полагал, что там содержится витаминный препарат «Пи-пи-си». Когда арестовали Лысака, тот заявил, что взял наркотик у работников лаборатории СИФИ — Сосковского инженерно-физического института. Оперативники тут же нанесли визит по указанному Лысаком адресу. В результате были задержаны двое: сам начальник лаборатории и один из его помощников.

Производство наркотиков начальник лаборатории начал практически с нуля. С его образованием это было, видимо, несложно, хотя, разумеется, не все физики являются наркопроизводителями. Но у начальника лаборатории дома были обнаружены книги, учебники, то есть специальная литература по химии и, натурально, тетради с расчетами, по которым и изготовлялся фенциклидин. Богата российская земля на самородков! Прочитал, понимаешь, о наркотиках в специальной литературе, купил реактивы, осуществил нужные реакции — пожалуйста. Наркорынок пополнился еще порядочным количеством гадости. Около килограмма фенциклидина выпустила эта нарколаборатория за время своего существования. Представляете, сколько это доз?! Дело этих «лаборантов» было выделено в отдельное производство.

А полковник Шпаковский и его компаньон Лысак предстали перед военным судом.

На суде полковник Шпаковский стал давать совсем другие показания. Страх за собственную судьбу вынуждал его изворачиваться, лгать, но ложь была такой несусветной, такой беспомощной, что поверить ему могли только дети, играющие в разведчиков.

Шпаковский заявил, что продавать наркотик его заставили... чеченцы. По-видимому, он надеялся таким образом вызвать сочувствие у судей — ведь в то время в Чечне армия вела войну, а суд, напомню, был военным. Все уже знали, на что способны коварные чеченцы, и будто бы не вина, а беда полковника в том, что он испугался угроз «вайнахов». Но, заявлял полковник Шпаковский, согласиться-то он согласился, но как офицер, дороживший своей честью, он задумал некую хитроумную комбинацию, в результате которой он должен был выявить тот круг лиц, который употреблял и торговал наркотиками, дабы впоследствии передать этих самых лиц в соответствующие правоохранительные органы. Тем более, продолжал полковник Шпаковский, под видом наркотика он продавал безобидный витаминный препарат.

Лысак вторил ему во весь голос.

Разумеется, суд не поверил. Работники Федеральной службы безопасности предоставили суду документы, в которых черным по белому утверждалось, что полковник Шпаковский *не* являлся их тайным агентом, *не* являлся их осведомителем и, соответственно, *не* выполнял никаких оперативных заданий по выявлению торговцев наркотиками.

К тому же на предварительном следствии не кто иной, как Лысак утверждал, что в лаборатории он приобрел именно наркотики, а вовсе не витаминный препарат. Два грамма он взял в мае 1995-го. А уже в июне взял на реализацию партию побольше — те самые девяносто пять граммов. Но продать наркотики самостоятельно он не сумел и поэтому привлек для этой цели полковника Шпаковского. Все это он изложил на предварительном следствии, в обращении к прокурору и подтвердил на очной ставке с самим Шпаковским.

Исходя из этого, суд признал виновными Шпаковского и Лысака в хранении и незаконном распространении наркотиков в особо крупных размерах.

При вынесении решения суд учел, что на иждивении Шпаковского находятся малолетние дети, а также тот факт, что полковник имеет правительственные награды, в частности медали «За безупречную службу» трех степеней.

Полковник Шпаковский был приговорен к трем годам лишения свободы. Лысак — к четырем.

Кстати, о правительственных наградах. Решением военного суда полковник Шпаковский был их лишен.

И разжалован.

P.S. Фенциклидин («фен» — «кислота») — наркотик, обладающий резко выраженными галлюциногенными свойствами. В зависимости от дозы может вызывать отчужденность и отрешенность или ощущение прилива сил и неуязвимости, агрессивность, крайнее возбуждение. Был разработан в середине шестидесятых годов и долгое время использовался для лечения нервных заболеваний. Со временем было установлено, что употребление фенциклидина приводит к разрушению центральной нервной системы.

Запрещен к употреблению Организацией Объединенных Наций.

МИЛИЦИОНЕР

Гражданин К., бывший сотрудник ГУВД Санкт-Петербурга, был уволен из органов, но печали предавался довольно непродолжительное время. Он решил заняться бизнесом.

К. занял деньги и активно взялся за дело. Но... не получилось. И незадачливого бизнесмена со временем стали одолевать кредиторы. Нужно было отдавать деньги, а как это сделать — бывший милиционер не знал. Денег не было. И в его голову приходит «гениальная» идея: наркотики!

Но... как это сделать? Поставщиков у него не было. Чтобы войти в этот суровый наркобизнес, нужны соответствующие связи. Связей среди наркопоставщиков у бывшего сотрудника ГУВД не было. Но наркотики, К. знал это очень хорошо, могли приносить хорошие доходы. И раз их нельзя достать, значит, их нужно производить самому.

К тому же один из знакомых жены К. в свое время закончил химический факультет Санкт-Петербургского государственного университета. И как водится в наше время, остался без работы. Хотя специалистом был высокого класса — нижеизложенное подтвердит это. И бывший милиционер сделал высококлассному химику предложение, от которого тот не смог отказаться. Доводы К. были очень и очень убедительны.

Так в Санкт-Петербурге возникла нарколаборатория.

Один из знакомых неудавшегося бизнесмена имел собственную мастерскую по производству лепнины. Художники нынче тоже живут не очень хорошо, и поэтому он решил сдать свою мастерскую бывшему милиционеру в аренду. Между ними был заключен договор, согласно которому в мастерской должна была разместиться лаборатория, занимающаяся «проведением научно-исследовательских работ, связанных с химическим производством и для производства парфюмерии».

И лаборатория действительно была создана. Только совершенно с другой целью, которая, естественно, не упоминалась в договоре. Итак, помещение есть, реактивы и необходимое оборудование приобретены на химических предприятиях города, там же были куплены полуфабрикаты для производства лекарств и наркотиков — так называемые прекурсоры. Кстати, несмотря на то, что продажа реактивов должна строго контролироваться, есть сведения, что они были приобретены на самом крупном фармакологическом заводе Санкт-Петербурга АО «Фармакон».

В сентябре 1995 года лаборатория начала действовать. Со временем бывший милиционер и технолог привлекли к работе и хозяина подвала. Всего здесь было изготовлено около семисот граммов фенциклидина на общую сумму сто сорок тысяч долларов США.

Распространением наркотиков занимался непосредственно милиционер. Очень скоро он нашел оптовых покупателей и продавал им по нескольку тысяч доз за раз. Основной упор новоявленные наркодельцы делали на дешевизну товара. И не прогадали. Очень быстро ими был завоеван практически весь наркорынок Санкт-Петербурга. Их клиентами стали некоторые преступные кланы города.

По прошествии года бывший милиционер почувствовал, что дальнейшее производство наркотика становится опасным. Он догадывался, что оперативники выходят на лабораторию. Но как раз в это время поступил крупный заказ — сто граммов, и жадность сделала свое дело. Лаборанты приступили к выполнению заказа. Когда сотрудники Управления по незаконному обороту наркотиков ГУВД Санкт-Петербурга ворвались в лабораторию, изготовление было в самом разгаре. Здесь же, произведя обыск, оперативники нашли 90 граммов фенциклидина. Это равносильно шестистам тысячам доз. Все участники были арестованы, но хозяин подвала, художник, впоследствии был отпущен под подписку о невыезде.

Эта лаборатория оказалась одной из крупнейших в Санкт-Петербурге.

ЧЕКИСТЫ

И пример самый короткий. Существо дела всячески скрывается сотрудниками Федеральной службы безопасности, и это неудивительно: на этот раз обвиняются их коллеги.

Оперативники Московского уголовного розыска в результате тщательно спланированной и четко проведенной операции задержали шестерых (!) работников ФСБ, которые, используя цепочку посредников, торговали кокаином. И это были не рядовые сотрудники! Среди них следователь, оперативники и начальник отдела!

Подробности, повторяю, тщательно скрываются. Но важен сам факт. И пусть говорят, что муровцы и гебисты вечно воюют друг с другом, соперничают. Что якобы с приходом Куликова в вице-премьерство с полномочиями главного «силовика» страны муровцы осмелели и провели такую операцию, в результате которой были арестованы чекисты. Факт есть факт, и от него никуда не деться. Среди неславной когорты наркоторговцев имеются и представители славной когорты доблестных чекистов.

Все это наводит на грустные размышления.

НА ТАМОЖНЕ

Что примечательно, Россия является не только конечным пунктом назначения наркопутей, но и весьма заманчивым транзитным путем для тех, кто пытается обойти таможенные досмотры и, соответственно, разоблачения. Подозрительные грузы, в которых вполне может обнаружиться героин или другой вид наркотика, не проходят иногда тщательнейшего досмотра лишь на том основании, что в случае, если ничего не обнаружится, то таможенная служба должна будет возмещать убытки. Подобное несовершенство законов поощряет и стимулирует с каждым днем всевозрастающие контрабандные перевозки. Таможня, ищущая наркотики, себя не окупает. Не станет же она продавать на сторону найденный у других наркотик, пусть даже последний и стоит бешеных денег.

Сотрудники отдела по борьбе с незаконным оборотом наркотических веществ Государственной таможни Российской Федерации обратили внимание, что в закрытом военном аэропорту Чкаловска происходят нарушения перевозок самолетами военнослужащих. В списке по прилету указаны 120 человек, а фактически прилетело — 150. Тридцать человек, как говорится, — неучтенные. Кто такие, откуда? В ходе оперативных мероприятий было установлено, что пассажиры эти платят за «проезд» по 500 тысяч рублей (старыми). Среди них — и гражданские лица, и военнослужащие, и члены семей военнослужащих. Понятно, что в армии деньги сегодня выплачиваются крайне нерегулярно, понятно, что военно-транспортная авиация встала на хозрасчет, но тем не менее глаза на эти нарушения оперативники закрывать не стали. Аэропорт в Чкаловске был взят под жесткий контроль. И не напрасно.

Вдруг выяснилось, что время от времени аэропортом в Чкаловске пользовались для транспортировки наркотиков и в роли наркокурьеров выступала самая разношерстная публика: и военнослужащие и гражданские. Особенно «урожайным» выдался период с середины ноября по конец декабря 1997 года. По словам начальника отдела по борьбе с незаконным оборотом наркотических веществ Николая Блинова, в этот период хлынул целый поток наркотиков.

— Я не думаю, — говорит Николай Блинов, — что рядовой контрактник, закончивший службу в 201-й дивизии (ее части расположились в Таджикистане, эта российская дивизия — едва ли не единственная надежда местных жителей на стабильность в этом регионе. — *М.Ш.)* везет для личного пользования от четырехсот граммов до килограмма героина. Самым крупным было задержание с изъятием килограмма с чем-то. По этим фактам мы дали официальное уведомление-письмо за подписью председателя Государственного таможенного комитета Анатолия Сергеевича Круглова, в котором сообщали министру обороны о положении дел в Чкаловском аэропорту и предлагали ужесточить и усилить контроль со стороны военных структур именно за военнослужащими, которые выезжают из 201-й дивизии, особенно за теми, кто выезжает в Москву. И мы получили информацию об адекватной реакции министра обороны. Во всяком случае, уже с середины января задержаний нет. Тогда как в 1996 году у нас было десять таких задержаний, а уже в 1997-м — пятнадцать. На пять больше.

Был случай, когда на чкаловской таможне был задержан старший лейтенант, контрактник, из 210-й дивизии, который перевозил в шифровальной аппаратуре 25 килограммов опия. И хотя шифровальная аппаратура перевозится обычно в ящиках, которые таможня вскрывать не имеет права, в том случае таможенники тем не менее решились на это. Как утверждает тот же Блинов, у них работают такие специалисты, которым достаточно посмотреть, как человек выходит из самолета, чтобы на 90 процентов определить: провозит человек наркотики или нет. В том случае профессионализм таможенников сработал стопроцентно.

Как только таможенные службы усиливают бдительность, ужесточают контроль, то немедленно появляются и соответствующие результаты. Наркодельцы вынуждены искать другие пути для реализации своих планов. Например, нарушения в закрытом военном аэропорту в Чкаловске стали явно заметны после того, как таможня ужесточила свои усилия в аэропорту Домодедово. Душанбинские рейсы подвергали тщательнейшему досмотру, изымали наркотики, изобличали наркокурьеров. Тогда таджикские наркодельцы в поисках других путей обратили свои взоры на аэропорт в Чкаловске.

Задержанные наркокурьеры, кстати, показывали, что здесь, в Москве, их должны были встречать представители таджикской диаспоры. Расплата за услуги по перевозке наркотиков могла быть самой разнообразной. Когда таможенники задержали женщину, кстати военнослужащую одного из войсковых подразделений МВД Таджикистана, выяснилось, что в качестве оплаты ей выдали отдельный пакетик с героином весом в пятьдесят граммов. Этот пакетик действительно был упакован отдельно от остального, основного груза. В целом за переброску партии героина весом в 300—400 граммов таджикская наркомафия платила от 4 до 5 тысяч долларов плюс бесплатный перелет в оба конца.

ПОЧЕМУ?

Надо признать, что поимка наркоторговцев среди военных, милиционеров и чекистов — случаи исключительные, но тем омерзительнее они выглядят.

Можно ссылаться на хроническую нехватку денег, на бедственное положение офицеров, на невыплату зарплаты. Но офицеры на то и офицеры, чтобы бороться с этим явлением, каким является наркобизнес. Иначе нет ни веры в справедливость, ни надежд на конечное его торжество.

В настоящее время в производстве военных прокуратур находится около десяти дел об участии офицеров в наркобизнесе.

Нужно что-то делать...

И можно только восхищаться самоотверженностью сотрудников таможни, МВД РФ, которые получают за свои победы в борьбе с незаконным оборотом наркотиков лишь небольшие материальные поощрения. Это — работа людей, которые отчетливо знают, что такое человеческий и служебный долг.

Пока они работают, остается *надежда*.

Глава 8
БРАТВА НА ИГЛЕ

КОНЕЦ ОДНОЙ ЭПОХИ

Двадцать первого января 1996 года в тюремной камере Лефортова закончилась целая эпоха российского преступного мира. Криминальная общественность понесла огромную потерю — после болезни скончался вор в законе, признанный авторитет Павел Захаров, по кличке Цируль.

В медицинском заключении о причинах смерти Цируля было сказано, что она, смерть, последовала в результате сердечной недостаточности. Но интересно, наверное, установить, из-за чего в действительности последовала эта самая острая сердечная недостаточность.

Павел Захаров прошел весь путь, характерный для человека, называющего себя вором: от начинающего карманника — до признанного всеми авторитета, держателя воровского общака — и, что не менее симптоматично, также и обратный путь — пусть и не такой длинный, как тот, который привел его к вершинам криминального мира России. Этот обратный путь оригинально отразился в его письме на имя прокурора города Москвы. Вот оно:

«Прокурору города Москвы. Прошу больше не считать меня вором в законе. Поскольку в 1958 году был коронован неправильно. С нарушением воровских законов и традиций». И разумеется, подпись.

Смешно. По мнению Цируля, московский прокурор должен стоять на страже воровских законов и традиций. Интересно, как представлял себе Павел Захаров реакцию прокурора? Он что, должен был направить ноту прокурорского протеста в адрес следующего высшего воровского сходняка?! Мол, так и так, «в связи с обращением ко мне Цируля прошу высокое собрание рассмотреть возможность лишения вышеуказанного Цируля звания вора в законе в соответствии с воровским законом. К сему прилагается...» — т.д. и т.п.

Уж кому-кому, а Цирулю доподлинно известно, что звания вора в законе человек может лишиться не по протесту прокурора и даже не по постановлению народного суда.

Но в чем же дело? Ведь не мог Цируль не понимать, что точно так же будет размышлять и сам прокурор? Зачем был нужен ему такой идиотский, по общему мнению, шаг? Как он мог не знать, что о письме станет известно всему воровскому миру, и братва, даже если и не будет над ним потешаться, то сделает то, о чем он просил московского прокурора, — лишит «высокого звания» вора в законе. И все-таки он сделал это!

Почему? Ведь расстрел ему не грозил — максимум пятнадцать лет. Но вор должен сидеть в тюрьме — это не Глеб Жеглов придумал, так должен рассуждать настоящий вор в законе, у которого правильные понятия. Конечно, возраст — Цируль тогда приближался к шестидесяти — заставлял со страхом думать о такой перспективе, как пятнадцать лет лишения свободы, но, как нам кажется, не это стало определяющей причиной такого поведения Цируля. Чтобы понять это, нужно проследить за поведением нашего подопечного в тюрьме в последние месяцы его жизни. Оно очень характерно.

Главная причина появления беспрецедентного письма — наркотики. Только наркоман не отвечает за свои поступки. Не случайно братва не слишком уважает потребителей наркотиков. Но соблазн велик.

И его трудно избежать.

ЦИРУЛЬ РАБОТАЕТ В ЭПИСТОЛЯРНОМ ЖАНРЕ

За время своего заключения в период с декабря 1994 года по январь 1996-го Павел Захаров написал немало посланий: своим сообщникам, родственникам, женщинам. Интересно наблюдать по этим малявам развитие отношения Цируля к своему положению: от полной уверенности в себе, в своей судьбе и своих деньгах до такого же полного отчаяния, когда человек готов использовать любой шанс — только бы вырваться на свободу.

К январю 1996 года Цируль действительно был готов на все — вплоть до самоотречения, причем, как мы видели из его письма к прокурору, — в буквальном смысле этого слова. Вплоть до полного самоотречения.

Что же произошло?

Все нижеследующие малявы Цируля — подлинны, написаны его собственной рукой. Вопреки всем его наказам, они по разным причинам не были уничтожены и позволяют нам теперь проследить за тем, как менялись желания и убеждения преступника под воздействием обстоятельств, в числе которых немалую роль сыграли и наркотики. Стиль автора сохранен. Матерные выражения опущены.

«Я тебе говорю последний раз мне такая свобода за 500 (тысяч долларов. — *М.Ш.*) не нужна, поняла? За эти деньги можно Ельцина убить и всех мусоров... и отпустят, ясно? Пойми за сто на суде можно свалить... А если увезут на зону, то через три м-ца за 50 будешь (свободен. — *М.Ш.*)».

Пятьсот тысяч долларов за собственное освобождение из-под стражи — даже мысль о такой немыслимой сумме выводила Цируля из себя. Деньги он считать, безусловно, умел, не случайно он был держателем общака, ворочая миллионами долларов. Поэтому эту цифру он считал несуразной. В то время ему инкриминировали лишь хранение оружия, и это не стоило тех денег.

Мозги его пока работают в привычном для вора направлении, и вот он уже передает на волю распоряжения, как вести себя его сообщникам, чтобы вытащить его на волю: «...Срочно послать Игорька, в прокуратуру, но обязательно с адвокатом и пусть грузится...»

«Грузится» — в данном случае означает «берет вину на себя». На протяжении нескольких страниц следуют подробнейшие инструкции, как нужно себя вести, что говорить, как правильно должен брать на себя вину его телохранитель, Игорь Кутьин. Пистолет «ТТ», который обнаружили при Цируле, Игорь Кутьин якобы купил на Дмитровском шоссе у каких-то пацанов за 500 долларов — перечислялись люди, которые могли бы подтвердить этот факт. Инструкции подробно сообщали о том, как нужно себя вести, что говорить, какие могут быть вопросы и как на них следует отвечать.

Вообще из тюремной камеры Цируль руководил своими людьми, как Ульянов-Ленин руководил своими товарищами по партии. Иногда он решал организационные вопросы партии, иногда — финансовые. Кого-то он хвалил, кому-то выносил выговор.

«Ну, что, Кабан, считаешь что все правильно? Вот за то что взяли филки (деньги. — *М.Ш.)* и сказывали 28 после 5 вечера твой друг будет дома. Вот с них и возьми с козлов две цены сколько они брали и не откинули, ясно?»

«Алик... тебе же Роза говорила насчет Пузы это видно идет от Японца, мусора базарят что дали 2 лимона, и вот не может сорваться... В конечном итоге они х... что сделают, но сколько мучений».

Под Японцем имеется в виду старый товарищ Цируля Вячеслав Иваньков, по кличке Япончик, которого Захаров подозревал в том, что именно он сдал его «мусорам».

«Хоть рубль дашь без меня, я отрублю тебе руки. Я... твою свободу. Мама, я заклинаю тебя и твое здоровье, скажи, непослушают, убью всех. Твой П.».

«Роза милая этим козлам не давай больше никаких лаве (денег. — *М.Ш.*), а за что взяли десятку, я спрошу».

«Скажи ему, что дай сперва 150 тысяч, а потом обещай...»

«Если стоит у дома поджера («Паджеро» — разновидность «джипа». — *М.Ш.*): прямо подъехать к дому и вытащить его, дадите прочитать ксиву и сразу все отнуть и зах...рить (в смысле — уничтожить. — *М.Ш.*)».

Все это время Цируль еще находился в Бутырке. Но его стали справедливо подозревать в том, что он пользуется услугами тамошних тюремщиков. Логичнее было бы, наоборот, подозревать тюремщиков в связях с Цирулем, но это ведь нужно было еще доказать, а доказательств, как водится, не было. Поэтому было принято решение перевести Захарова в «Матросскую тишину».

Еще в Бутырке у Цируля в огромных количествах стали находить наркотики: их было так много, что он мог снабжать ими не только себя, но и других авторитетов, сидевших по соседству. Например, удалось провести задержание одного из осужденных, который по приказу Цируля собирался пронести в другую камеру 200 (!) доз ацетилованного опия. Чтобы ввести в заблуждение подкупленных Цирулем охранников, уголовное дело по этому факту не возбуждали в течение двух недель.

Когда под предлогом перевода в другую камеру в личных вещах Цируля произвели тщательнейший обыск, обнаружили самые разнообразные наркотики: и метадон, и морфин, и даже героин. Вор в законе Павел Захаров по кличке Цируль был самым настоящим наркоманом.

После этого Цируля переводят в Лефортово. С ним уже церемонятся все меньше и меньше, и он чувствует это. Груз обвинений становится все тяжелее и тяжелее. Он понимает, что оперативникам и следователям становится известно то, что может упрятать его в тюрьму надолго. И хотя он самый настоящий вор, такая перспектива его не устраивает. Что такого конкретно удалось раскопать в биографии Цируля — об этом мы поговорим чуть позже. Сейчас нам интересно другое — как менялся тон писем «на волю» Павла Захарова.

«К 20-му числу они мне могут и планируют какую-то мокруху (убийство. — *М.Ш.*), ясно?» В этих строчках чувствуется, что Цируль на грани истерики.

Летом 1994 года в Ялте был убит вор в законе Очко. Убийству этому сопутствовали довольно загадочные обстоятельства. Очко и Цируль давно враждовали между собой, и неудивительно, что в уголовном мире посчитали, что смерть Очка —

дело рук именно Цируля. К тому же в день убийства Цируль находился в Крыму. Сопоставить два и два было несложно.

«Я знаю, — пишет Захаров из Лефортова, — они хотят мне впихнуть Очко».

Будь он умней в тот момент, когда пишет это послание, он никогда бы не построил эту фразу именно так. «Впихнуть Очко» — звучит практически так же, как «впихнуть в очко», а это для вора в законе равносильно самоубийству.

Но Захаров уже очень плохо контролирует свои поступки. Статьи Уголовного кодекса, по которым ему предъявляются обвинения, становятся все тяжелее и тяжелее. Пытаясь избавиться от страха перед неотвратимым наказанием, Цируль все больше и больше потребляет наркотики. И — на волю, на волю! Ведь он уже почувствовал вкус воли, познал радости богатой, сытой жизни развитого капитализма, и ему не хочется на нары, когда совсем рядом, буквально за забором, существует совершенно другая жизнь, с морем денег, девочек и... разумеется, наркотиков.

Он знает, что в следственных изоляторах умирали «правильные» люди: например, вор в законе Рафик Багдасарян по кличке Сво тяжело заболел в Лефортовском следственном изоляторе и впоследствии умер, царство ему небесное, в 20-й спецбольнице. Вор в законе Николай Саман по кличке Бархошка умер в Бутырском следственном изоляторе. И ему не хочется повторить их судьбу, не хочется умирать, ему очень хочется вырваться, он уже согласен и на 500 тысяч долларов за свое освобождение, но уже поздно, груз обвинений слишком тяжел, никто не станет освобождать его, и он чувствует скорое приближение своей гибели:

«Клянусь нехватает никаких нервов, вспомнил Рафика Сво, Бархошку, видно моя очередь настала...»

К этому времени Павел Захаров попадал под суд как минимум по трем статьям: за хранение и ношение огнестрельного оружия, подделку документов и — самое главное! — за торговлю наркотиками, что было доказано восемью эпизодами. «Пятнашка» (пятнадцать лет лишения свободы) ему грозила элементарно. И Цируль знал это.

СИЗО редко делает героев из своих обитателей. Цируль не был исключением. Перспектива была одна: снова лагеря, снова лесоповал и баланда.

И признанный всеми авторитет, вор в законе Павел Захаров пишет то самое знаменитое письмо прокурору города Москвы.

Наркотики могут подвести даже вора в законе.

ЦИРУЛЬ: БАРЫГА ИЛИ ВОР В ЗАКОНЕ?

Вопрос не случаен: барыга по определению не может стать вором в законе, и наоборот: вору в законе «западло» торговать наркотиками. Тот, кто торгует, всегда барыга.

Настоящий вор, по понятиям криминального мира, не только не должен работать, иметь жилье, жену и так далее — он не имеет права торговать. Ничем! Пусть даже это и может принести огромные бабки, торговать — тысячу раз «западло» для настоящего вора, который живет правильными воровскими понятиями.

Помните, даже в фильме «Джентльмены удачи» жулик, который попался на том, что «бензин ослиной мочой разбавлял», сокрушенно вздыхает по поводу героини Натальи Фатеевой:

— Такой хороший женщин... А отец — барыга!

Даже у него барыги вызывают чувство отвращения. Так было в российском криминальном мире всегда: барыгу можно было «кинуть», «подставить», игнорировать его точку зрения. Никто никогда не признает барыгу вором в законе. Даже если звание он себе купит. Все равно это быстро вычислят. Он, конечно, может числиться вором в законе где-то там у себя, может заявлять, что он, мол, настоящий вор, но заявлять-то он может сколько угодно, а на серьезных разборках никто ему слова не даст. Ему скажут: «Ты извини, но ты — барыга. О чем ты говорить собрался?! У тебя есть бабки, ты отстегиваешь в общак, ты содержишь зону, но ты — барыга! Ты не имеешь права решать судьбы людей. Ты можешь купить боевиков и прочее, но ты не вор в законе. Так что помалкивай».

Так, повторимся, было всегда.

Но не сейчас.

Времена меняются, претерпевают изменения и отношения между самыми различными представителями криминального мира. Сейчас приходит новая форма организованной преступности, и определяется она не в малой степени тем, что в Россию пришли наркотики. Даже нет, не пришли.

Валом хлынули!

Время пресловутой воровской романтики ушло в безвозвратное прошлое. Главное сейчас — бабки, деньги, а каким образом они добыты, дело десятое. Преступников это касается в первую очередь. Поэтому нет ничего удивительного в том, что Цируль в конце концов среди многих прочих избрал и этот вид преступной деятельности — наркобизнес.

По-разному снимают стрессы нынешние преступники. Потребление наркотиков стало повальным явлением в этой публике. Острая сердечная недостаточность Цируля — не что иное, как передозировка. Павел Захаров умер от очередной дозы героина. Несколько лет назад подобное было бы немыслимо. Сейчас это никого не удивляет.

Цируль торговал наркотиками. Было бы очень странно, если бы судьба Павла Захарова сложилась по-другому. А то, что он принимал самое активное участие в торговле наркотиками, доказанный факт.

Чтобы рассказать обо всех делишках Павла Захарова, впору начинать отдельную книгу. Поэтому на этих страницах мы ограничимся только тем, что имеет для нас наибольший интерес, — наркотики.

В конце марта 1996 года, то есть уже после смерти Цируля, Кунцевский межмуниципальный суд города Москвы вынес приговор очередной преступной группировке наркодельцов в составе: Таги Хуриев, Валерий Шишканов, Константин Магарцов, Роза Захарова и Руслан Мурзин.

Если быть кратким, то дело обстояло следующим образом.

Курьеры Цируля доставляли крупные партии синтетического наркотического вещества в разные регионы, в том числе и в Новосибирск, где его принимал Шишканов, который и руководил вопросами его дальнейшего сбыта.

По указанию Шишканова, в Москву были отправлены с грузом курьеры Магарцев и Мурзин, которые должны были сдать эту оптовую партию Таги Хуриеву.

В начале февраля 1996 года сотрудники ФСБ уже активно работали в операции, направленной на изобличение преступной группы.

Они были взяты с поличным при сбыте наркотиков: Мурзин, Магарцов и Хуриев. Месяц спустя при аналогичной сделке был задержан и сам Шишканов. В отношении взятых под стражу было возбуждено уголовное дело по статье 224 Уголовного кодекса Российской Федерации.

Последним «аккордом» в реализации этого оперативного дела был захват самого Цируля (тогда еще живого, конечно) и его сожительницы Розы Захаровой (кстати, по желанию Цируля она состояла в фиктивном браке с его братом). Оба они пытались передать крупную партию наркотиков в СИЗО «Матросская тишина».

Все факты по делу были доказаны, и это, кстати, сыграло не последнюю роль в конечной острой сердечной недостаточности Цируля.

Дальнейшая судьба наркодельцов была такой:
Таги Хуриев — шесть лет лишения свободы с конфискацией имущества;
Валерий Шишканов и Роза Захарова — по пять с половиной лет лишения свободы с конфискацией имущества;
Магарцов и Мурзин — по пять лет лишения свободы без конфискации имущества;
Павел Захаров по кличке Цируль умер, не дождавшись начала суда.

ЗАГУБЛЕННЫЕ «КАРЬЕРЫ»

Каждый человек, даже если он и преступник, мечтает о наиболее ярком самовыражении. Приоритеты у всех, конечно, разные. Но плох тот бык, который не мечтает стать авторитетом! Большинство этих быков, которыми являются боевики любой преступной группировки, никогда не доживут до исполнения своей мечты — или чужие пристрелят, или свои удавят. Но сделать «карьеру» —

почему бы и нет? Об этом думает любой преступник.

Нужно пройти весьма убедительный путь, чтобы взобраться на вершину криминального мира. Нужно жить жизнью, которая, с точки зрения остальных воров, была бы безупречна. Раньше так, в сущности, и было. Теперь многое меняется. И одна из главных причин тому — наркотики. Примером тому может послужить судьба не только Цируля, но и Тенгиза Гавашелишвили, по кличке Тенгиз Пицундский.

В мае 1994 года общественность Москвы была потрясена: воры устроили свою сходку не где-нибудь, а... в Бутырском СИЗО!

Дожили.

Двадцать первого мая 1994 года в Бутырку проникли лидеры нескольких преступных группировок. Кроме троих солнцевских авторитетов Геннадия Авилова, Геннадия Шаповалова и Михаила Леднева, среди проникших в СИЗО были и два вора в законе: Сергей Липчанский (Сибиряк) и 37-летний Тенгиз Гавашелишвили (Тенгиз Пицундский).

В то время в Бутырке сидели солнцевские авторитеты Мельников и Данилов, вор в законе Лордкипанидзе и некий заключенный по фамилии Цинцадзе. С ними-то и собирались встретиться прибывшие с воли.

По одной из версий, утечка информации произошла потому, что прослушивались телефонные переговоры авторитетов и сотрудники правоохранительных органов были хорошо подготовлены к встрече «гостей». К СИЗО даже были подогнаны бронетранспортеры.

Вместе с авторитетами были арестованы и подкупленные преступниками помощник начальника СИЗО Николай Заболоцкий, его заместитель Роман Бондарский и контролеры СИЗО Николай Ерохин и Игорь Савкин.

При аресте Липчанского, Шаповалова и Авилова были обнаружены пистолеты, у Леднева — наркотики, маковая соломка. На квартире же у Гавашелишвили были найдены следующие наркотики: 0,62 грамма опия, три ампулы пентазоцина, а также следы метадона в обнаруженных там же одноразовых шприцах и иглах. К тому же в его паспорте стояла поддельная печать 150-го отделения милиции о временной прописке в общежитии на улице Лескова. В результате Тенгизу Пицундскому инкриминировалось приобретение, перевозка и хранение наркотических веществ и использование подложных документов. Делом Гавашелишвили занялся Следственный комитет МВД России.

(Кстати, доказать причастность воров в законе к преступлениям чрезвычайно сложно. Как правило, они только руководят, отдают соответствующие приказы. По их вине гибнут люди, разоряются фирмы, но доказать эту вину не представляется возможности. Единственное, на чем «горят» задержанные авторитеты, — оружие, наркотики... В последнем им очень трудно себе отказать.)

Тенгиз Гавашелишвили был коронован грузинскими ворами в законе и получил кличку Тенгиз Пицундский. В начале девяностых годов он стал заниматься торговлей наркотиками, чем изрядно попортил себе репутацию настоящего вора. В Грузии против него по факту наркобизнеса было возбуждено уголовное дело, но ему, отпущенному под подписку о невыезде, удалось убежать в Москву.

Но здесь он неизбежно попал в поле зрения российского МВД: контролируя один из каналов доставки метадона из-за границы в Россию, он рано или поздно оказался бы в поле зрения оперативников. Разумеется, Тенгизу было уделено максимальное внимание.

Цируль, кстати, хорошо знал Тенгиза Пицундского и оказывал ему свое высокое покровительство. То же самое можно сказать и о Вячеславе Иванькове (Япончике).

На суде Гавашелишвили заявил, что наркотики не употребляет и не приобретает, что работники МВД сами подбросили ему эту отраву. Но экспертиза установила, что Тенгиз Пицундский к тому времени был уже «клиническим наркоманом».

Суд приговорил Тенгиза Гавашелишвили к трем годам лишения свободы и назначил ему принудительное лечение от наркомании.

Шестнадцатого ноября 1993 года, накануне собственного дня рождения, был арестован еще один известный авторитет в преступном мире, Марк Мильготин (Марик).

Наркоман Леонид Согомонов, когда-то осужденный за кражу и отбывший наказание сполна, изготавливал в своей квартире опийные растворы и получал за это от Марка Мильготина по сто долларов в день. Именно здесь, в его квартире, и был арестован Марик.

Следственный комитет МВД РФ обвинил Марка Мильготина и Леонида Согомонова в незаконных операциях с целью сбыта. Марику еще инкриминировалась и подделка документов. Правда, Согомонов утверждал, что изготавливал наркотики исключительно для себя и что Мильготин тут якобы ни при чем. Сам же Марик заявлял в открытую, что «посадить его будет проблематично».

Через несколько месяцев была арестована знакомая Марика, некая Ольга Горчакова, по кличке Цыганка. Она, правда, тоже утверждала, что, торгуя наркотиками, работала только на себя, но следователи полагали, что без Мильготина и тут не обошлось.

Следователи делали все, чтобы доказать вину Марика, но в результате им ничего не оставалось делать, как выпустить его под подписку о невыезде. Это произошло в феврале 1995-го.

В конце 1995 года начался суд, который Мильготин после нескольких заседаний просто перестал посещать. В январе 1996 года судья подписал постановление об аресте Мильготина. И началось странное.

Марик как бы скрывался, а милиция его как бы искала. При этом Мильготин жил в самом центре Москвы и регулярно посещал фешенебельные рестораны типа «Метрополя» и ездил за границу. Если же он и попадал по непонятным причинам в какое-либо отделение милиции, то всегда благополучно оттуда уходил.

В конце концов он обнаглел.

Однажды, когда Марик пребывал в состоянии сильного наркотического опьянения, он остановил машину, чтобы доехать до нужного ему места.

Машина оказалась милицейской. На этот раз его прямиком отвезли в «Матросскую тишину» и посадили в спецблок.

И опять виноваты наркотики!

В тюрьме за Мариком был установлен строжайший надзор, и некоторое время ему приходилось обходиться без наркотиков. Марик конфликтовал с охраной и даже попытался разбить себе голову. Его даже не смогли вовремя доставить для ознакомления с материалами дела, поскольку нашли у него признаки токсикомании и, разумеется, травму головы.

Состоявшийся в апреле 1996 года суд приговорил уже Согомонова и Горчакову соответственно к трем и шести годам лишения свободы. Там же, на том суде, было установлено, что Согомонов сбывал наркотики именно Мильготину.

В ноябре 1996 года состоялся суд над Марком Мильготиным. За недоказанностью факта, что Марик приобретал наркотики с целью сбыта, суд руководствовался не второй частью статьи 224, а частью третьей. Если вторая часть предусматривает от 6 до 15 лет лишения свободы, то третья — до трех лет.

В итоге Марику дали лишь два с половиной года. Полтора из них он отсидел уже в СИЗО.

Наркотики, без сомнения, погубили не одну жизнь и не одну карьеру. Но весьма любопытно наблюдать за теми, кто поставил эту отраву себе на службу и гибнет так же, как все. Никого — никого! — еще наркотики не сделали счастливыми. Это касается даже преступников, хотя, если рассуждать логично, именно им и нужны они больше всего — стрессы там всякие снимать и так далее в том же духе.

Наркотики убивают любого, кто с ними соприкасается. Рано или поздно, но — неизбежно. Неизбежно.

Глава 9
ТАЛАНТ НА ПРОДАЖУ

Это дело потрясло всех, кто имел к нему хоть малейшее отношение.

Жили-были на свете молодые люди, имевшие огромные способности к науке. С юности они участвовали в различных олимпиадах и побеждали, приносили своим педагогам огромное удовлетворение, вызывали у них чувство гордости за свою работу и за своих учеников. Они поступили в престижнейшие вузы и учились на «отлично», а их научные работы заставляли говорить о них как о будущих светилах отечественной и мировой науки. Но в один не самый прекрасный день талантливые молодые люди встали на дорогу, которая привела их не к научной славе, а к позору и унижениям.

ЭКЗОТИЧЕСКОЕ ПРЕДЛОЖЕНИЕ

Началась эта история в 1989 году. Именно тогда Вадим Д., студент Московской медицинской академии, приехал в гости к своему другу и сокурснику Умуду Б. в узбекский город Алмалык.

На Востоке гостей вообще принимают с размахом, гость на Востоке — самый желанный человек. Вадим Д. на себе испытал, что значит восточное гостеприимство в самом хорошем смысле этого слова. К нему были внимательны родители Умуда, и особенно отец его однокурсника, Актай-ага. Наконец пришел день, когда Актай-ага сделал предложение Вадиму, открыв при этом свое истинное лицо.

Лицо отца сокурсника, надо сказать, было весьма неприглядным. Не в том смысле, что на него вообще было невозможно смотреть, нет, наоборот, Актай-ага умел держаться достойно, быть обходительным. Но Вадим тогда еще не знал, что человек, который так радушно принимает его у себя в доме, на самом деле махровый преступник и уже даже имел к тому времени судимость: в сентябре 1978 года Актай-ага был приговорен Ташкентским городским судом к девяти годам лишения свободы за соучастие в хищении государственного и общественного имущества в крупных размерах по предварительному сговору группой лиц.

Актай-ага знал, что его гость Вадим Д. призер всесоюзных и российских олимпиад по химии. Порадовавшись за молодого человека — такой, мол, талант! — он предложил гостю заняться... производством синтетических наркотиков. И посулил немалые деньги. Студенту же денег не хватает всегда.

Тогда, в конце восьмидесятых, наркотики не имели такого широчайшего распространения, как сейчас. Они были даже какой-то экзотикой, и Вадим, если быть справедливым, просто не мог представить себе масштабы ущерба, который он мог нанести здоровью своих потенциальных (на тот момент — абсолютно мифических) клиентов. Даже в самом болезненном воображении не мог представить Вадим последствия своего легкомысленного согласия, которое он таки дал Актаю-аге.

Так или иначе, согласие было дано. И не только согласие — Вадим Д. пообещал Актаю-аге привлечь к этой работе своих товарищей-химиков, с которыми был знаком по тем же самым химическим олимпиадам.

В итоге по приезде в Москву Вадим Д. привлек к работе над производством синтетических наркотиков Данира Б., Федора А., Евгения З., Александра К., Рената М., Дмитрия П., Андрея Г. И это еще не полный список лиц, так или иначе фигурировавших в этом деле.

В начале девяностых годов в крупные города России хлынул новый наркотик синтетического происхождения — триметилфентонил.

ОРГАНЫ НАЧИНАЮТ ДЕЙСТВОВАТЬ

Оперативные данные говорили о том, что в стране появилась лаборатория, которая синтезирует мощнейший наркотик.

Одного грамма триметилфентонила было достаточно, чтобы развести его в 15 литрах дистиллированной воды — это 15 тысяч ампул, каждая из которых составляет 2—3 дозы, а для начинающих — до 10 доз. Вот что означал один грамм этого вещества. Сильнейший наркотик!

Нужно было срочно найти эту смертоубийственную лабораторию, выявить лиц, которые занимались непосредственно производством, чтобы на корню прекратить, не побоимся этого слова, сумасшествие.

Дело в том, что практика, когда можно выстроить цепочку «потребитель — продавец — оптовый покупатель» здесь не сработала бы, оперативники в этом не сомневались. Можно было каждый день задерживать по 50 человек — результат был бы нулевой. Поэтому в октябре 1992 года состоялось совместное заседание представителей самых разных ветвей силовых ведомств.

В кабинете тогдашнего замминистра внутренних дел Дунаева собралось высокое начальство: начальник Следственного комитета МВД РФ генерал-полковник юстиции Кожевников; начальник следственной части генерал-майор Титоров; начальник УНОН МВД генерал-майор (ныне генерал-лейтенант) Сергеев; начальник МУРа Федосеев; начальник службы криминальной милиции, замначальника ГУВД Егоров.

Кроме того, на встрече присутствовали представители 8-го отдела МУРа, который занимается борьбой с наркобизнесом; представители ГУИНа, а также начальник Управления по борьбе с коррупцией и контрабандой Минбезопасности генерал Трофимов.

Вопрос на повестке дня стоял серьезный: создалась угроза национальной безопасности — в прямом смысле слова. Наркотик, который на поверку оказался в несколько раз сильнее цианистого калия, страшная вещь. Нужно было принимать срочные меры. И был даже установлен срок: в течение шести месяцев найти эту лабораторию.

Для оперативников все началось с того, что сотрудники оперативных подразделений задерживали лиц, у которых изымались перепаянные ампулы с довольно подозрительным содержимым. Однажды даже была изъята поллитровая бутылка с такой жидкостью. Но результаты анализов были более чем странными. Не было понятно, зачем вообще стоило огород городить: эксперты уверяли, что в изъятых емкостях содержится... вода.

Подозревать же экспертов в преступной связи с наркодельцами у оперативников не было оснований. С чего бы это?

Но нужно было что-то делать, и эксперты МВД поехали в Австрию, в специальный экспертный центр, и там выяснилось, что эта, с позволения сказать, вода содержит в себе страшный наркотик, о котором мы уже говорили, — триметилфентонил. Захватив с собой методику выявления этого наркотика, эксперты вернулись в Москву. И вовремя: на них навалилось очень много работы, и значительную ее часть составляло выявление конкретного триметилфентонила.

С 9 октября 1992 года у оперативников начинается новая жизнь: период активного проведения оперативно-розыскных мероприятий и следственных действий, в результате которых был арестован человек, в отношении которого у сыщиков были очень обоснованные подозрения.

Малик Ш., гражданин Азербайджана, был арестован 4 августа 1992 года за... незаконную поставку в Москву из Азербайджана автомата Калашникова и пистолета Макарова. Вообще-то оперативники разрабатывали его как лицо, причастное к наркотикам. Но в ходе проведения оперативных мероприятий было установлено, что указанный гражданин Ш. занимается и поставками оружия. Совершенно естественно, что работники правоохранительных органов не могли допустить такого беспредела, точнее — такой беспредельной наглости. Было принято решение о задержании Малика Ш., и 4 августа он был задержан, а 7 августа — арестован и помещен в следственный изолятор «Матросская тишина».

Работа с Маликом Ш. была трудной. Говорить он отказался сразу, добиться от него признания было очень трудно. Когда он все-таки заговорил, то сообщил об очень и очень любопытных для следствия вещах, однако... не «для протокола».

В частности, он рассказал, что есть такой Актай-ага, нам уже известный. Так вот, как-то летом к этому самому Актаю-аге приехали какие-то студенты из Москвы, якобы для того, чтобы изготовить какой-то особый раствор для выделки шкур. Но все это, по словам Малика Ш., было камуфляжем. На самом деле приехавшие ребята занимались не чем иным, как изготовлением наркотиков. Так оперативники получили первые сообщения по Актаю-аге и ребятам-химикам.

Малик Ш. рассказал, что прилетели ребята к Актаю-аге на самолете, и, по поручению следователя, оперативники поехали в аэропорт Домодедово и изъяли корешки авиационных билетов за интересующий их период времени. И вычислили тех, кто летал к Бабаеву. Их было двое: студент химического факультета МГУ Андрей Г. и студент Российского химико-технологического университета (бывший МХТИ) имени Менделеева Александр К.

Тот же Малик Ш. рассказал, что у Актая-аги есть сын Умуд в Москве, который учится в медицинском университете. Найти последнего было делом техники.

Это было началом конца для преступной группировки «химиков».

НАРКОБРАТВА

В азербайджанском городе Гянджа проживал некий Фэзели К. Он контролировал целую наркосеть, щупальца которой раскинулись весьма и весьма широко. Достаточно сказать, что он руководил теми азербайджанцами, которые с конца восьмидесятых годов контролировали в Москве сбыт такого сильного наркотического синтетического вещества, как метадон.

(Группа Маланина и Поцелуева, которая занималась изготовлением метадона и поставляла наркотик азербайджанским структурам для дальнейшего распространения, была в свое время изобличена группой МВД и КГБ СССР и осуждена в Казахстане.

Так вот, со слов Малика Ш., руководил этими структурами именно Фэзели К.)

Итак, Фэзели имел широко распространенную сеть, по которой сбывался наркотик — любой. Актай-ага не имел такой сети, но с помощью талантливых студентов имел наркотик, и можно было даже предположить, что количество производимого студентами наркотика могло быть воистину любым. Пределов то есть не было вообще, а в любом торговом деле важна неиссякаемость продаваемого товара, тем более, если этот товар пользуется устойчивой популярностью.

Они были нужны друг другу — Актай-ага и Фэзели. Может быть, именно поэтому Актай-ага оставался в живых. Он никому не сдавал свой канал, по которому доставал свой триметилфентонил и был его монополистом. Наркотик сам был весьма привлекательным, он в 5,5 тысячи раз сильней морфина, а себестоимость его была очень низкой для Актая-аги. Но у него не было рынка сбыта.

А у Фэзели он был.

Таким образом, Фэзели и Актай-ага нуждались друг в друге.

Сотрудничество, конечно, хорошо, но до известных пределов. Если есть возможность заработать побольше, почему бы не попробовать?

Но для того, чтобы получать больше, нужно иметь свою структуру сбыта. Поэтому Актай-ага и направил Малика Ш. в Москву. До этого он уже пробовал это сделать через некоего Джалала Д. Но вскоре тот допустил роковую для себя ошибку: в телефонном разговоре он проговорился, что с ним, кажется, работают сотрудники МВД. Вообще-то это было чистой правдой, с ним действительно работали, но не в этом дело. Джалалу было сказано, что он в опасности и должен немедленно выезжать в Гянджу. А через два дня после своего приезда в Гянджу Джалал Ш. был найден мертвым — скончался от сердечного приступа. Когда тридцатилетний мужчина умирает от сердечного приступа, то сто против одного, что на самом деле он умер от передозировки наркотиков. По предположению оперативников, Джалала убили люди Фэзели с тем, чтобы ликвидировать конкурента, который пытался наладить собственный канал сбыта. Такие вещи наркомафия не прощает.

Все это было установлено потом. А пока оперативники получили санкцию на прослушивание телефонных разговоров Умуда Б., которому отец купил в Москве квартиру в районе станции метро «Коломенская».

Санкция на прослушивание телефонных разговоров Умуда Б. была получена 8 декабря 1992 года.

СОБЫТИЯ РАЗВОРАЧИВАЮТСЯ!

Двадцать второго декабря, через две недели после начала прослушивания телефона Умуда Б., раздался наконец долгожданный звонок. Звонил отец и просил сына сходить в общежитие МГУ, расположенное на Ломоносовском проспекте, и найти Андрея Г., которого они называли Энди. Нужно было предать Энди, что 25 декабря приезжают родственники.

Звонил Актай-ага из Киева.

За всеми установленными участниками этого дела велось наблюдение.

Двадцать пятого декабря на станции метро «Коломенская» состоялась встреча Умуда Б. с Андреем Г., во время которой Умуд что-то передал Андрею. Причем сделано это было по всем законам детективного жанра. До поры до времени ребята мирно расхаживали по платформе, говорили о чем-то, а потом попрощались. Андрей вошел в вагон электрички, и, когда диктор уже объявлял о том, что двери закрываются, Умуд бросился к товарищу и прямо в момент закрывания дверей передал ему сверток.

Дальше было еще круче. Получив от Умуда передачу, Андрей Г. стал играть с оперативниками в шпионы. Он доехал до станции «Варшавская», после чего сел обратно и поехал на площадь трех вокзалов, то есть проверялся, нет ли за ним «хвоста». Разумеется, он никого не заметил. Работали с ним профессионалы. Наигравшись таким образом вволю, он вернулся к себе в общежитие.

Пятого января Актай-ага еще раз позвонил сыну и сообщил, что приезжает в Москву 8 января и что им необходимо встретиться. Умуд немедленно передал содержание разговора Андрею Г.

В ночь с 6-го на 7 января Андрей Г. находился в Химках на Юбилейном проспекте, с какой-то, по наблюдениям оперативников, девицей. Но занимались они там не тем, чем занимаются по ночам обычные парень с девушкой. Всю ночь оперативники наблюдали через окно на кухне, как эти двое взбалтывали какие-то реактивы — изготавливали наркотики. Было ясно, что Андрей готовился к приезду Актая-аги.

Но так уж случилось, что поезд из Киева в Москву опоздал, Андрей Г. не дождался Актая-аги, и встреча их не состоялась. Актаю-аге пришлось самолично явиться в общежитие МГУ. Встретил его некий Евгений З., что-то ему показал, объяснил, и Актай-ага после этого разговора уехал в аэропорт, откуда вылетел в Узбекистан.

Уже оттуда он позвонил сыну и сказал, чтобы тот непременно связался с Андреем Г.: он, отец, будет в Москве 14 января.

Операция приближалась к тому моменту, когда отец с сыном вот-вот будут арестованы.

Андрей Г. тем временем уже купил себе билет в Рузаевку, на родину, на 13 января. Но 12-го числа его наконец нашел Умуд и передал просьбу отца. И Андрей Г. не поехал домой, остался в Москве. Наверное, впоследствии он много раз жалел об этом.

Хотя мало что могло бы уже измениться. Слишком необратимы стали последствия когда-то принятого им решения обогатиться, встав на преступный путь.

Актай-ага и Андрей Г. встретились 14 января 1993 года на станции метро «Коломенская». Встретились, вышли из метро, долго ходили около кинотеатра «Победа», беседовали, расцеловались на прощанье и разошлись. Все это время за ними следили сотрудники правоохранительных органов из машины оперативного наблюдения.

Наконец было принято решение о задержании преступников. Девять оперативных групп в восемь часов вечера того же дня получили команду начать операцию по задержанию.

Первая группа задержала Актая-агу с вещами на выходе из дома. Он собирался следовать на вокзал, чтобы ехать в Киев.

Вторая группа задержала Умуда на квартире.

Тем временем Андрей Г. уже приехал в общежитие, причем по дороге играл в те же шпионские игры: опять проехался до трех вокзалов, поминутно проверяясь, но все его проверки были играми дилетанта. Он приехал в общежитие, но не к себе, а к своему товарищу Александру К., на улицу Вилиса Лациса, где и был задержан третьей группой.

Одновременно с этим остальные группы приступили к обыскам в Химках. Девушка, с которой проводил ночь Андрей Г. за изготовлением наркотиков, оказалась вовсе не девушкой, а довольно миловидным юношей, имевшим длинные светлые волосы, что в тех условиях и ввело в заблуждение оперативников. Обыски производились также по месту жительства друзей Андрея Г.

У Андрея Я., юноши с длинными светлыми волосами, обнаружили в квартире «объекты для химической экспертизы для исследования» — так говорит сухой протокол задержания. У девушки Андрея Г., которая проживала в общежитии Московского института тонких технологий, тоже нашли массу примечательного и полезного для следствия. Все девять групп работали одновременно.

«СЛЕДСТВИЕМ УСТАНОВЛЕНО...»

Малик Ш. отмечал в своих рассказах про Актая-агу, что тот не чурается гашиша. Покуривает, так сказать. При задержании Актая-аги при нем было обнаружено 400 граммов гашиша.

Несколько дней Актай-ага не давал никаких показаний. Нет, он говорил, но такое, что не выдерживало никакой критики.

Так, он утверждал, что является всего лишь мелкой сошкой и просто выполнял отдельные поручения некоего Джалала-покойника, который время от времени просил его сделать кое-что для него, съездить куда-то, привезти что-то...

Но когда-нибудь это должно было закончиться.

К тому времени большую помощь своим российским коллегам оказали украинские сотрудники правоохранительных органов, которые прислали в Москву выборку международных телефонных разговоров Актая-аги из Киева. Одним из самых частых его собеседников в Москве был некий Вадим Д. С ним мы уже немного знакомы.

Как мы уже отмечали, Вадим Д. учился вместе с Умудом в медицинской академии. Когда Актаю-аге доказали факт его переговоров с Вадимом Д., он рассказал полную трагизма историю, в которой его, бедного азербайджанца из Узбекистана, практически полностью подчинил своей воле злодей студент Вадим Д., по кличке Большой. Хотя Вадим Д. и был небольшого роста, он получил кличку за почти невероятную мыслительную деятельность в сфере совершения преступлений вообще.

Верить подобному было трудно, но и возразить оперативникам было нечего. Двадцатого января 1993 года Вадима Д. задержали и произвели обыск в его квартире.

У Вадима Д. были найдены две очень показательные вещи: во-первых, 0,47 грамма амфетамина — сильного наркотического вещества; во-вторых, методику изготовления метадона, перепечатанную из журнала «Медицинская промышленность» № 3 за 1957 год.

На допросе Вадим Д. показал, что занимался изготовлением наркотиков вместе со своим другом Даниром Б. по заказу... Актая-аги.

Данир Б., аспирант химфака МГУ, был задержан 21 января 1993 года, днем, в доме аспирантов МГУ. У него было изъято 4400 долларов США, которые он получил от Актая-аги за свою деятельность по сбыту триметилфентонила.

И пошло-поехало. Данир Б. дал показания, что триметилфентонил был изготовлен в Казани. Изготовил его еще один гениальный студент-химик, победитель многих российских и международных химических олимпиад, близкий друг Данира Б. Федор А.

Дальше — больше. Студенты-химики появляются как из рога изобилия. Казалось, весь цвет молодой российской химической науки сошел с ума: вместо того чтобы заниматься чисто научными изысканиями, талантливая молодежь применяет свои знания на практике, которая приносит прибыль — им и смерть и болезни — их согражданам. Они изготовляют наркотики в таких количествах, что ими можно опоить население небольшого государства. В лабораторных условиях эти горе-химики изготавливают сильнейшие наркотические вещества.

К уже задержанным студентам добавляется Александр К., домой к которому позвонил какой-то Женя и сказал фразу, лаконичную до предела: «Саша, Данир уехал туда же, куда уехал Энди». Проще говоря, Данир, предупреждал этот Женя Александра, арестован, так что будь осторожен! Но Александр К. был арестован в своем доме в Кургане и препровожден в Москву.

В Казани забрали Рената М., еще одного представителя криминальной группировки талантливых студентов.

Затем пришли за одноклассником Рената Денисом К., которому тот передавал часть наркотиков для сбыта.

Седьмого февраля из Ухты приехал с каникул Женя З. и был арестован. Четырнадцатого марта в Казани был задержан и препровожден в Лефортовский следственный изолятор Дмитрий П.

Оперативники за голову хватались: такие с виду благополучные ребята, а чем занимаются?! Достаточно привести следующий факт: Данир Б. был арестован за две недели до своей поездки в США, его работами заинтересовались ученые Колумбийского университета, его будущее, можно сказать, было предопределено, оставалось совсем немного, а вот поди ж ты! Данир Б. разработал — впервые в мире! — нетравматологический диагностический метод при лечении детей, больных диабетом. Метод этот и сейчас представляет огромный интерес для ученого мира.

Подобными талантами обладали буквально все участники этой странной преступной группы.

Одновременно с задержаниями «химиков» производились, естественно, и обыски, которые каждый раз завершались изъятием наркотиков.

У Дениса К., например, впервые в истории российских правоохранительных органов было изъято 50 граммов сухой фракции триметилфентонила. Пятидесяти граммов этого порошка, внешним видом напоминающего какао, достаточно, чтобы изготовить 75 тысяч ампул, каждая из которых, напомним, содержит 2—3 дозы, а для начинающего — до 10 доз.

Конечно, рано или поздно деятельность химиков не могла не попасть в поле зрения преступных группировок — настоящих преступных группировок, которые, не в пример студентам, могут и ножом зарезать, в прямом смысле этого слова. Ренат М. рассказал, как на него «наехали» представители казанской преступной группировки, заставляя делать наркотики для них. Опасаясь расправы, что логично, он выполнял требования бандитов. Часть изготовленных наркотиков он передавал бандитам, часть — однокласснику Денису К. для сбыта, еще часть — Даниру Б. и Андрею Г. в Москву. Работал, что называется, не покладая рук.

Двадцатого марта был задержан некий Рустам З., который требовал от Рената М. активной деятельности на благо наркомафии в городе Казани. Рустам З. всячески контролировал деятельность Рената М. и за месяц таким образом проконтролировал изготовление 600 граммов триметилфентонила. Это очень много.

Это очень много!!!

Двадцать восьмого мая арестован еще один представитель казанской преступной группировки Эльвар Ш.

Таким образом, по уголовному делу студентов-химиков на май 1993 года в следственном изоляторе Лефортово оказалось 16 человек.

И это был еще не конец.

ТАЙНИК В МОГИЛЕ

Тщательное расследование позволяло выяснить, как конкретно распределялись наркотики. На воле оставалось еще около 150 граммов сухой фракции триметилфентонила. Это огромное количество наркотического вещества нужно было найти в обязательном порядке: за этими граммами — жизни и судьбы тысяч людей.

Наверное, навсегда останется в памяти татарских уголовных элементов та жесточайшая акция, которую по согласованности со своими российскими коллегами провели спецслужбы Татарстана.

В уголовную среду через агентуру была спущена информация о том, что если они не отдадут наркотик, то продыха не будет никому: КГБ в Татарстане как был мощнейшей организацией, так и остался. К этому времени преступные структуры уже не вколачивали никому иголки под ногти, не выжигали утюгом на груди, они старались легализовать свои деньги, организовывали коммерческие структуры — все это оказалось под угрозой. Преступникам недвусмысленно дали понять, что они не смогут никогда легализовать свои деньги, комитет будет их «душить». Наконец настал день, когда оперативники получили от своих людей сообщение, что состоялось совещание представителей криминальных структур Казани, на котором было принято решение: ну его в баню, этот наркотик, себе дороже, пусть там хоть какие гигантские суммы, лучше его отдать.

Двадцать четвертого мая 1993 года дежурному по КГБ Татарстана позвонили и сказали: так, мол, и так, то, что вы ищете, находится в таком-то захоронении на Самосыровском кладбище.

Взяв санкцию на вскрытие могилы у прокурора, понятых, видеотехнику, сотрудники Татарского КГБ вскрыли могилу некой Угрюмовой и нашли в ней объемистый пакет, в котором оказалось 132,65 грамма сухой фракции триметилфентонила. По заключению сравнительной экспертизы, наркотик, изъятый КГБ Татарстана из могилы, и наркотик, изъятый во время обыска на квартире Дениса К., имели общее происхождение и ранее составляли часть одного целого.

С этого времени на черных рынках Москвы еще месяца три-четыре попадались единичные ампулы триметилфентонила, разбавленного водой. Но дальше они пошли на убыль.

С конца 1993 года эти ампулы больше не встречались.

Страшный наркоканал был перекрыт.

КАК ЭТО БЫЛО

Следствие установило подробную картину происшедшего.

Да, действительно, именно Актай-ага предложил Вадиму Д. заняться изготовлением наркотиков. Тот принял предложение и привлек к этой работе своих друзей. Вместе с Даниром Б. они изготовили тогда этрофин. Актай-ага за это передал им 30 тысяч рублей — для студентов по тем временам деньги просто огромные. Лиха беда начало...

Но этрофин не подошел. Дело в том, что он разводится спиртом, а вводится внутривенно, и при этом у наркомана появляется нежелательное чувство опьянения. Настоящий наркоман никогда не употребляет алкоголь. Но Актай-ага не стал унывать или предъявлять претензии. Тогда он никаких претензий юным гениям не предъявлял. Это потом, пытаясь покрепче «повязать» студентов, чтобы они и не думали иметь собственное мнение, — потом он уже стал совсем другим человеком. Но до этого было еще время.

А пока он принес Вадиму Д. и Даниру Б. две ампулы метадона и дал задание: синтезировать этот наркотик. То есть они должны были сделать спектральный анализ и изготовить аналогичное вещество.

Данир Б. знал Андрея Г., который сильно увлекался органической химией, и они привлекли к этой работе Энди. А потом Вадим Д. нашел журнал «Медицинская промышленность» за 1957 год.

Дело расширилось с колоссальной быстротой. Все больше и больше победителей всяческих олимпиад участвовало в изготовлении наркотиков. Казалось, чтобы попасть в эту преступную, разумеется, группировку, нужно было чуть ли не показывать соответствующие дипломы различных химических олимпиад — просто так в эту компанию никого не пускали. Чтобы стать членом этой группы, ты должен был что-то из себя представлять. Иначе — до свидания.

Впрочем, никто из них не афишировал свою работу. Поступали заказы, и они их выполняли — иногда в Химках, иногда — в Казанской области, в городе Волжский.

Они изготовили более сильный аналог метадона — фенадексон. Передали его Актаю-аге.

Наконец-то он показал зубы и заявил ребятам, что от наркотика, который они изготовили, умер один большой человек. Поэтому он заплатил большие деньги для того, чтобы их, ребят, оставили в покое. И деньги эти придется отработать, или будут, как выразился Актай-ага, «напряги». А еще присовокупил, якобы ребята и не подозревают, как все серьезно, якобы действует некая мощная преступная группировка, а он, Актай-ага, просто в ней маленький винтик и, если что, защитить их не сможет.

В результате всего этого Андрей Г. и Денис К. вылетают в Гянджу, где под присмотром Джалала Д. занимаются изготовлением наркотика. Это было в октябре 1991 года. Они изготовили 450 граммов метадона, когда Денис К. случайно услышал разговор азербайджанцев, которые входили в окружение Актая-аги. Один из них говорил, что хорошо бы этих русских «посадить на иглу» и привязать к корыту — пусть до конца своих дней делают им эту отраву за несколько доз в день.

Но им удалось тогда вырваться из Гянджи, а Андрей Г. еще съездил в Киев, где встретился с Актаем-агой и получил от него 100 тысяч рублей, а также большую сумму в марках ФРГ.

А Актай-ага, что называется, вошел во вкус: он говорит Андрею Г., что нужно изготовить 6—7 килограммов метадона. Андрей Г. понимал, что это нереально, но он знал то, о чем не подозревал Актай-ага: к этому времени Федор А. и Ренат М. изготовили триметилфентонил. Поэтому он и предложил Актаю-аге: давайте попробуем, мол, наркотик посильнее.

Выбор на триметилфентонил пал потому, что этот наркотик трудно поддается обнаружению (поначалу так и вышло: эксперты долго находили в ампулах обычную воду), в литературе была нарисована одна схема, но не хватало каких-то компонентов. И Федор А., абсолютный победитель Берлинской международной олимпиады по химии, один из самых талантливейших студентов по СНГ, придумал собственную схему синтеза триметилфентонила, удлинив ее на одну стадию.

Актай-ага в итоге получил триметилфентонил. И вскоре сообщил ребятам, что наркотик — супер! Нужен еще...

Еще через некоторое время Москва, Санкт-Петербург и другие крупные города России едва не захлебнулись в триметилфентониле — новом сильнейшем синтезированном наркотике.

ФИНАЛ

Актай-ага всячески старался показать себя не таким, каким он являлся на самом деле. Сначала пытался разыгрывать из себя наркомана, но потом, убедившись в том, что это может привести его к принудительному лечению, сменил пластинку. Он постоянно пытался помешать следствию, с ним пришлось немало повозиться. Если прибавить сюда еще и тот факт, что у Актая-аги был обнаружен сифилис, портрет преступника можно считать законченным.

Что касается ребят...

Любопытно читать обвинительное заключение в той части, где речь идет о пресечении меры этих «деятелей».

Из обвинительного заключения, составленного 29 августа 1995 года заместителем начальника отдела Управления по расследованию организованной преступной деятельности Следственного комитета МВД РФ полковником юстиции Сергеем Анатольевичем Новоселовым:

«При определении меры наказания обвиняемым Андрею Г., Вадиму Д., Даниру Б., Александру К.,

Федору А., Ренату М., Евгению З. и Дмитрию П. необходимо принять во внимание ряд дополнительных обстоятельств.

Такие обстоятельства, как:
— незаурядные знания органической химии;
— специальное изучение вопросов изготовления различных наркотиков, в том числе и таких сильнодействующих, как ЛСД, карфентанил;
— определенное теперь уже криминальное прошлое бывших студентов;
— желание лиц из преступной среды иметь доступ к наркотическим средствам без каких-либо серьезных материальных затрат;
— существующие возможности обеспечения сырьем для изготовления наркотиков на криминальные средства с учетом быстрого возврата вложенных средств и получения прибыли;
— способность каждого из обвиняемых по настоящему уголовному делу получать наркотические средства в результате несложного и недорогого органического синтеза в огромных количествах;
— угроза физической расправы и боязнь за свое здоровье и даже жизнь;
— желание чувствовать себя нужным и, самое главное, защищенным человеком в нелегких условиях ИТУ,
могут привести к тому, что в различных пенитенциарных заведениях России начнут действовать восемь подпольных лабораторий по изготовлению синтетических наркотических веществ, способных

обеспечить «медленной смертью» не только места лишения свободы, но и оказать, с учетом их низкой себестоимости, серьезное воздействие на формирование наркотического рынка страны».

С учетом изложенного, несмотря на тяжесть совершенных преступлений, в отношении обвиняемых предлагалось ограничиться временем их пребывания под стражей и применить к ним наказания, не связанные с дальнейшим лишением свободы.

Что ж, полковник юстиции Новоселов, составлявший обвинительное заключение, по всей видимости, хорошо понимал все нюансы и тонкости этого непростого дела...

Сейчас, находясь в заключении, практически все «студенты» работают по специальности: пишут научные работы, которыми уже сегодня весьма интересуется ученый мир.

Они начнут выходить из мест заключения в марте 1998 года.

Какой выбор они сделают?..

Глава 10
САНКТ-, ИЛИ НАРКО-ПЕТЕРБУРГ

ЗАМКНУТЫЙ КРУГ

— Петербург по праву называют городом нарколабораторий, — рассказывает мне один из сотрудников Регионального управления по борьбе с нелегальным оборотом наркотиков. — За последние четыре года нам удалось раскрыть и обезвредить несколько мощных лабораторий по производству синтетических наркотиков, в частности, фенициклидина. Если раньше под словом «наркотики» подразумевались марихуана и маковая соломка, то теперь целый букет заморских, доселе не известных местному обывателю названий: экстази, опий, гашиш, кокаин, героин, ЛСД...

Великое творение Петра со всех сторон охватывают сети наркомании. Санкт-Петербург уже переплюнул по числу наркопреступлений Москву и другие города России. И то, что происходит сейчас в городе, не может не настораживать, если не сказать больше: заставляет бить тревогу. Наркомания в Санкт-Петербурге напоминает Содом и Гоморру, незаконный оборот наркотиков растет как на дрожжах. Социологи, работники правоохранительных органов с тревогой наблюдают за динамикой роста преступлений в этой области.

Если в 1996 году в Санкт-Петербурге было выявлено 5659 преступлений, связанных с незаконным оборотом наркотиков, то уже в 1997 году преступлений на этой почве — 12 224. В два раза больше! Больше чем в два раза... В чем же дело, почему так стремительно растет потребление наркотиков?

Конечно, стремительно меняется время, и не все могут приспособиться к новым реалиям и стремятся спрятаться от новых, незнакомых трудностей в «спасительном» забытьи.

С другой стороны, в то же самое время, когда деньгам придается приоритетное значение, то есть когда для наживы все средства хороши, предложения наркоманам тоже никогда не будет мало. Если есть спрос, значит, предложение будет всегда.

Но здесь — какой-то замкнутый круг, десятый круг ада. Наркомания — это тот самый случай, когда не только спрос рождает предложение, но и наоборот. То есть предложение рождает спрос. Когда на улицах полно продавцов наркоты; когда в любой подворотне, на любой практически станции метро можно достать дозу; когда с технологией производства заветного и проклятого «снадобья» ознакомлены чуть ли не со среднего школьного возраста; когда для того, чтобы крепко приучить к наркотикам, первые дозы предлагаются бесплатно (чтобы впоследствии продавать за деньги и иметь огромные барыши!); когда армия наркоманов пополняется с каждым днем — спрос неизбежно будет расти. И соответственно, будет расти предложение, которое, в свою очередь, будет стимулировать к росту спрос — и так до бесконечности.

Ниже на диаграмме приведена динамика роста преступлений в этой области за последние годы.

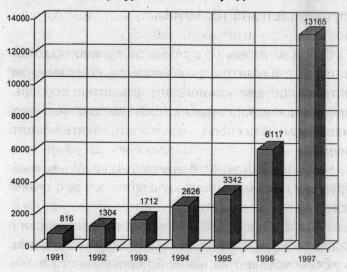

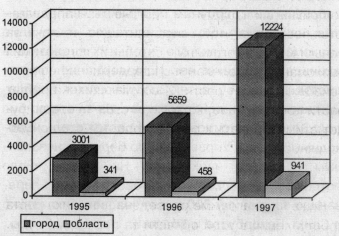

ОДИН В ПОЛЕ НЕ ВОИН

Люди, которым по должности велено противостоять этой наркотической напасти, по сравнению с теми, против кого они должны вести свою борьбу, — в заведомо проигрышном положении. Наркодельцы наживают на своей деятельности немыслимые дивиденды, пользуясь пагубной привычкой, по существу, больных людей. У них миллионы и даже миллиарды долларов, а у тех, кто им противостоит, денег нет.

Петербургский УБНОН работает практически в одиночку. Хотя и тут есть безусловные успехи: ребята работают на износ и перекрывают каналы поставок в город наркотиков, ловят торговцев — и оптовых и розничных, — ну и, естественно, ставят наркоманов на учет. Но только финансирования, какое должно быть для этой проблемы, нет. Разработаны долгосрочные программы, направленные на социальную реабилитацию и лечение наркоманов, но для того, чтобы их воплотить в жизнь, нужных денег нет. На содержание специалистов во всех областях, занимающихся проблемой наркомании, денег тоже нет. Из-за отсутствия должного финансирования не растет столь необходимый штат в Управлении по борьбе с незаконным оборотом наркотиков. Но растет число потребителей наркотиков, которое уверенно перевалило за границу 300 тысяч человек. Это только в Санкт-Петербурге и области.

В 1995 году работниками 4-го отдела Управления по борьбе с незаконным оборотом наркотиков во главе с его начальником, подполковником милиции Андреем Малиным, был перекрыт канал поставки наркотического средства — таблеток экстази — из Голландии через Германию, Польшу, Белоруссию в Санкт-Петербург. Наркокурьер был задержан, наркотические средства изъяты. В настоящее время наркокурьер Денис Старцев вместе с двумя своими соучастниками находится в «Крестах» и ждет судебного расследования.

Говорит подполковник милиции Андрей Малин:

— Если считать по размерам, то это была всего лишь пробная партия, всего лишь 422 таблетки. Конечно, это не десять тысяч и не двадцать. Но с учетом того, как проходила вся эта операция, ее можно назвать большой удачей. Мы пресекли очень важный канал поставки. Это чисто наше дело, питерское. Мы сами вышли на этот канал, сами отследили, сами организовали операцию, сами произвели задержание груза и наркокурьеров, сами изобличили, то есть убедительно доказали. Все сделано нашими руками. Дело в суде, хотя операция была проведена еще в 1995 году. Люди до суда могут просидеть очень долго. Суды, к сожалению, не судят, но это уже проблема другого порядка.

Управление наше молодое, персонал небольшой, сложностей в работе очень много: достаточно сказать, что на весь отдел у нас всего два кабинета и два телефона. У нас в Санкт-Петербурге находится офицер связи северных стран Томас Хальгер, он здесь более трех лет. Во многом в результате его деятельности ГУВД Санкт-Петербурга получило большую помощь от шведских властей. Наш отдел и компьютеры от них получил, и ксерокс, и транспорт, и средства связи.

Подполковник милиции Андрей Малин не очень разделяет точку зрения, что наркоман, не наркоторговец, а потребитель наркотической продукции — человек больной и только! Что его нужно лечить, а не преследовать по закону. В этом подполковник видит однобокий подход к проблеме. Нет, он согласен, что наркоман — человек больной, но это, как считает подполковник, только одна из многочисленных сторон проблемы наркомании вообще.

— Дело в том, что наркотик — то есть предмет потребления наркомана — весьма дорогостоящий продукт, и, как правило, его потребители — люди неработающие, то есть незарабатывающие, их заработки носят весьма случайный характер. А в нынешних условиях зарабатывать становится все сложнее. То есть, чтобы купить себе предметы жизнеобеспечения, наркоман должен иметь много денег. А где их взять? Простой вопрос, на который очень трудно найти откровенный ответ. А он между тем очевиден. Именно поэтому эти больные люди, наркоманы, неминуемо втягиваются в криминальные круги и занимаются кражами, разбоя-

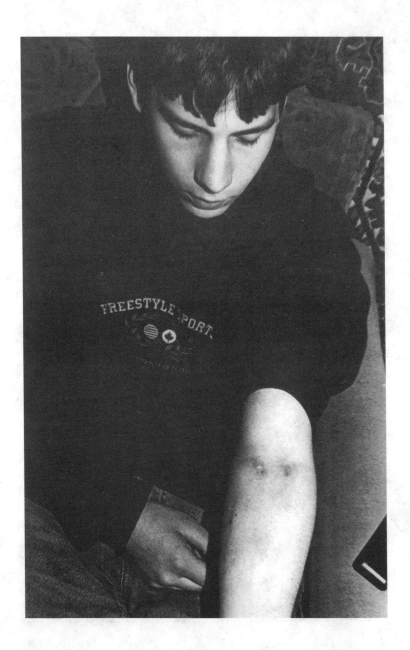

Мальчик из наркопритона

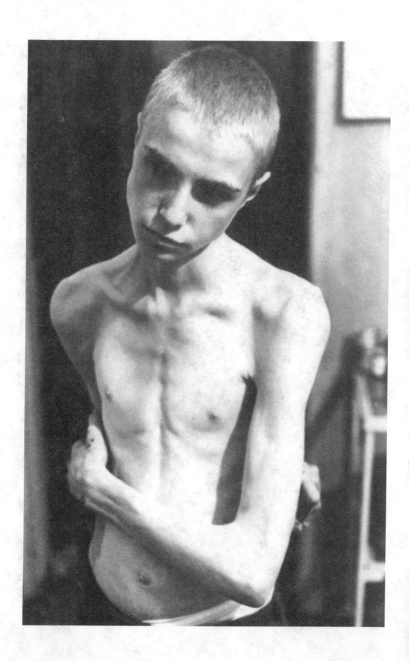

Наркоман

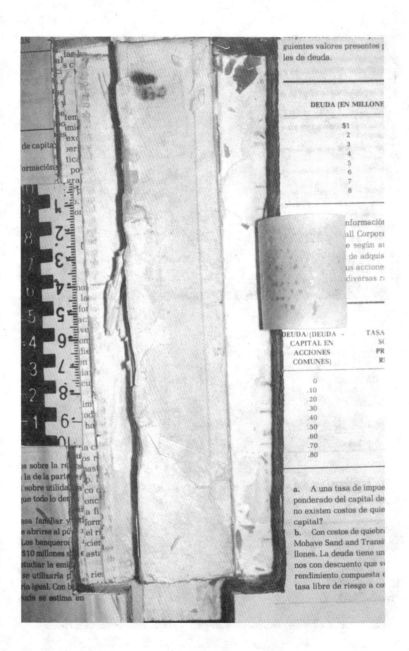

Операция «Фолиант».
Контейнеры с кокаином спрятаны в книжном переплете

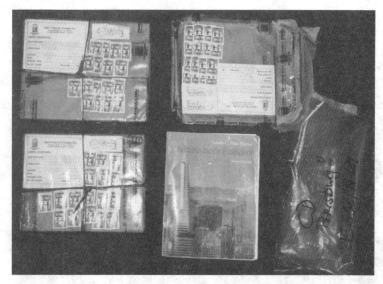

Операция «Фолиант». Изъятые книги с кокаином из Колумбии

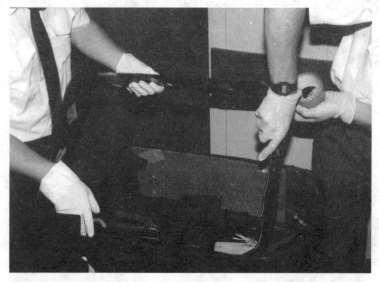

Чемодан с двойным дном, где обнаружен кокаин у контрабандиста

Банки с кокаином из Венесуэлы

Цыганский наркопоселок Дорожный в пригороде Калининграда

«Ночной мотылек» Калининграда

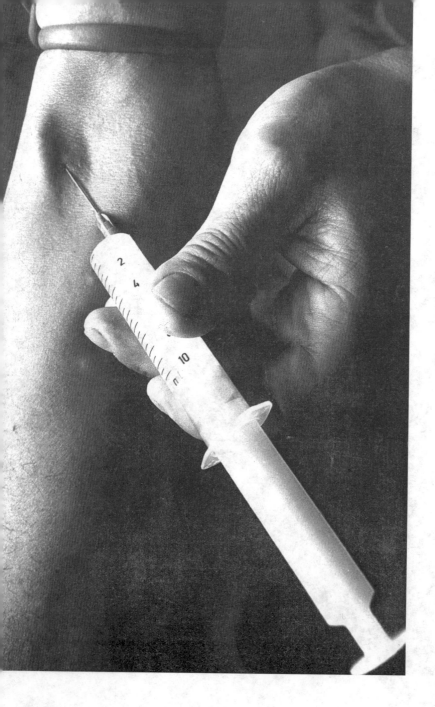

Винт

Таблетки экстази

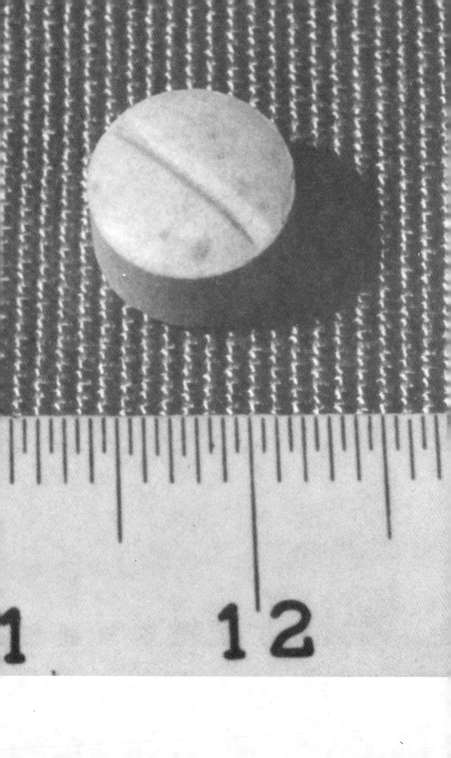

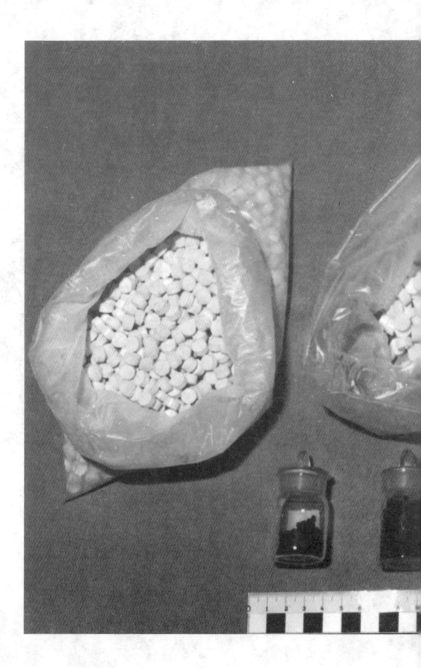

Таблетки экстази

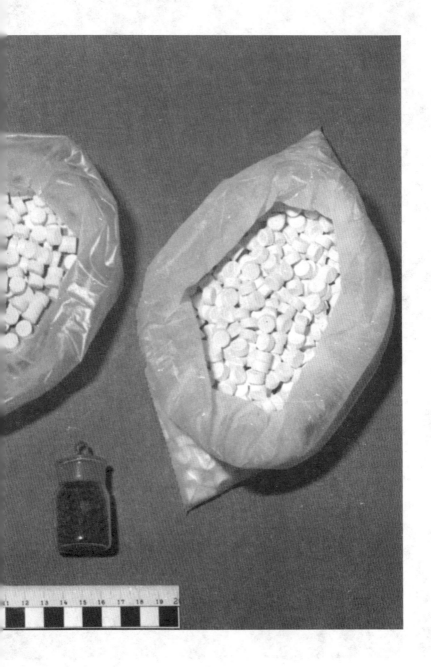

Наркоман

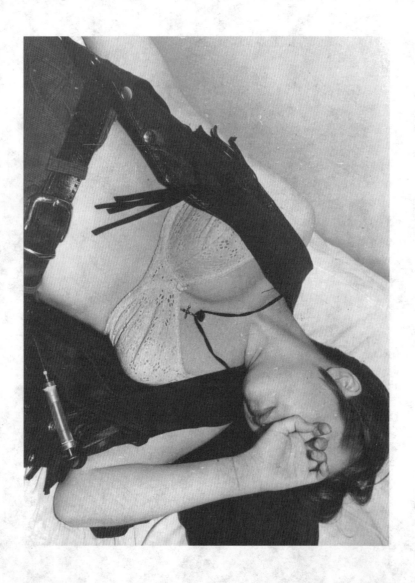

Наркоманка

ми, грабежами. У него, у этого больного наркомана, есть и еще один выход: он может сам заняться распространением наркотиков. Поэтому вся деятельность работы МВД нацелена на выявление организаторов наркобизнеса, на тех, которые и обеспечивают сбыт наркотиков. А ведь простая арифметика — и никто об этом не говорит! — может подсказать, что работа эта зачастую имеет форму сизифова труда: сколько ни кати в гору камень, он все равно скатывается обратно вниз, потому что численность подразделений по борьбе с наркотиками ограничена, процесс изобличения какого-либо крупного наркодельца сложен, очень трудоемок и по времени достаточно продолжителен... В Санкт-Петербурге нет своего наркотика — все привозные, контрабандные. Наша основная цель — работа с западным направлением: Европа, Скандинавия и дальше до Латинской Америки.

«НАРКОЭВОЛЮЦИЯ»

Одно время в северной столице существовала лаборатория, которая буквально завалила город метадоном. У работников 4-го отдела были кое-какие наработки по обезвреживанию этой таинственной лаборатории, но в дело вмешалась сама жизнь и внесла свои собственные коррективы. Метадоновая лаборатория, по словам подполковника Малина, «просто умерла»: метадон исчез, потому что его выжил... героин.

Андрей Малин дает такое объяснение этой эволюции: в других странах героин стоит весьма дешево по сравнению с ценами в Москве и Санкт-Петербурге. Та же азербайджанская наркомафия имеет возможность обеспечивать рынок наркотиком и, безусловно, заинтересована в том, чтобы наркорынок был ими завоеван. Но у них и так практически в руках — монополия. Каким же образом они действуют?

Человек приходит к своему привычному поставщику и просит у него привычный метадон, а тот ему отвечает — нету! Метадона нет, а вот героин, он, правда, подороже, — пожалуйста. А человеку нужен наркотик. Он ищет по всему городу, а метадона нет — исчез! Как обрезало!

Человек вынужден покупать тот наркотик, который есть, — героин. Привыкание же к героину идет очень быстро.

А дело все в том, что и метадон и героин идут из одного и того же источника.

Если брать европейское направление, то из стран Латинской Америки сюда идет кокаин, элитный, так сказать, наркотик, распространенный в среде достаточно обеспеченных людей. Но обеспеченность, как правило, достается им не таким уж и простым путем и, кстати, сказать, связана с постоянным стрессом, влияющим на их жизненные процессы и внутреннее состояние, и они, эти люди, пытаются его улучшить. Причем среди потребителей и представители артистической богемы, и бизнесмены, и просто бандиты, которые переросли стадию «бритоголовых» и являются работниками охранных структур — если их не отстрелили в свое время.

Кокаин также популярен в дискотеках и ночных клубах: его, кстати, сейчас и нюхают и курят.

Определенную помощь в организации борьбы с незаконным оборотом наркотических средств предоставила Санкт-Петербургскому УБНОНу американская служба DEA (Drug Enforcement Administration), которая занимается выявлением наркокурьеров и имеет достаточно серьезную и эффективную подготовку. Филиалы DEA недавно открыты в Москве и Санкт-Петербурге. Ее представители приезжали в Санкт-Петербург, проводили семинары, на которых рассказывали о своих методах работы в условиях их системы. Не все в этих методах было применимо к нашей действительности, но, даже несмотря на весьма существенное различие между российской и американской жизнью, кое-какой опыт был тем не менее перенят.

Если, например, плотно перекрыты воздушные пути, останутся пути морские. И если рассматривать только их, то можно выделить две основные возможности доставки наркотиков: либо частное лицо везет небольшую партию, либо фирма, которая занимается торгово-закупочной деятельностью и осуществляет грузоперевозки в контейнерах, где и может спрятать контрабандный груз.

Учитывая существующий сегодня грузопоток, вероятность обнаружения наркотического груза довольно мала. Тем более, что по таможенным правилам зачастую осуществление полного досмотра груза не позволяется, если для этого не имеются достаточные основания.

В практике питерского УБНОНа имеются факты, когда его работники достаточно обоснованно полагали, что в досматриваемом контейнере осуществляется перевозка наркогруза, но из-за того, что он был очень хорошо закамуфлирован, груз этот при таможенном досмотре обнаружен не был, а на полный, детальный досмотр таможня «добро» не дала, потому что в случае, если наркогруз не будет найден, кто-то должен будет возмещать хозяевам осматриваемого контейнера убытки. А это для таможни — ненужная головная боль. Впрочем, как говорит Андрей Малин, они тоже хорошенечко бы подумали в том случае, если ответственность за возмещение ущерба была бы возложена на УБНОН — в случае, конечно, если бы наркогруз не был бы обнаружен.

Тем временем в тех же США, которые всегда беспокоились о здоровье не только нации в целом, но и каждого из ее представителей, есть возможность содержания такой мощнейшей государственной структуры, как DEA, отвечающей за наркополитику в государстве, а сейчас можно уверенно говорить, что она оказывает влияние во всем мире, то есть ее мнение является по этой линии определяющим.

У российских правоохранительных органов куда меньший опыт в таком сложном деле, как борьба с наркобизнесом. Но и наши работники делают все, что могут.

НАРКОБУДНИ

В 1995 году сотрудники 4-го отдела Регионального управления по борьбе с незаконным оборотом наркотиков Санкт-Петербурга провели первую контролируемую поставку в том виде, в котором она была предусмотрена, то есть задумана наркодельцами. Предметом поставки был не слишком большой объем наркотиков. Почтовое отправление из Таджикистана в областной город Кингисепп. Это была обычная банка из-под сгущенного молока, которая под завязку была наполнена опием-сырцом. Оказалось, что отправитель злополучной банки одновременно является и ее получателем. Он подстраховался, но в конечном итоге оказалось, что подстраховка эта способствовала тому, что он сделал ошибку. Такое его поведение очень помогло сотрудникам УБНОНа в его обнаружении. Кроме того, наркодельцы, решив, что питерский регион в плане борьбы с наркотиками, очевидно, действительно силен, отправили псевдомолоко транзитом через Тамбов. Сотрудникам УБНОНа пришлось изрядно постараться, чтобы в конце концов выявить и ликвидировать этот канал поставки наркотиков.

Летом 1997 года оперативники произвели задержание троицы: гражданина П., его жены и его же двоюродного брата. При них были обнаружены 300 таблеток фенамена. Впоследствии были найдены еще таблетки, в общей сложности более 1000 штук, часть из которых — экстази.

Груз этот был привезен в Санкт-Петербург из Амстердама. Эти трое сами же закупили наркотики, сами привезли и сами собирались реализовать оптом.

Но были задержаны оперативниками, причем операция, хотя и готовилась тщательно, проведена была быстро: времени в обрез.

В конце 1997 года граждане Украины пригнали в Санкт-Петербург грузовик «КамАЗ». Когда оперативники сняли с него запасной топливный бак, то обнаружили в последнем 50 килограммов маковой соломки. В баке был скрытый тайник.

Наиболее заметные задержания конца 1997 года: 9,5 килограммов таджикского гашиша, 200 граммов героина и 50 граммов опия.

В запасном дворе около Невского колхозного рынка в Санкт-Петербурге стоял обычный контейнер. После того как на рынке с поличным при сбыте наркотических веществ была задержана гражданка Украины П., его вскрыли, потому что задержанная на него указала. Под ящиками с яблоками и внутри них лежали пакеты с маковой соломкой. Общий вес обнаруженных наркотиков составил 682 килограмма. Покупателями оптовой партии с Украины были азербайджанцы.

У Московского вокзала был задержан гражданин Азербайджана М., при котором нашли 600 граммов метадона, который он вез в Москву. За это огромное количество наркотиков азербайджанец получил два года лишения свободы... условно. Да и впрямь торговля наркотиками — такой прибыльный бизнес, что заниматься им можно зачастую безбоязненно. Вдумайтесь: 600 граммов метадона — и два года лишения свободы условно. Пошалил мальчик...

К сожалению, оперативники неохотно рассказывают о подробностях операций, которые сами же готовят и проводят. Обнародование результатов их работы часто приводит к совершенно непредвиденным и, мягко говоря, нежелательным последствиям. Преступники все схватывают на лету и моментально мимикрируют, меняют приоритеты, приспосабливаются к новым реалиям. Их можно понять: они ежедневно, ежечасно, ежесекундно рискуют.

И, несмотря на все их грандиозные барыши, — лично я им не завидую.

Сколько веревочке ни виться — все равно конец будет. Все равно.

Рано или поздно — я в этом так же уверен, как и в том, что деньги, нажитые на искалеченных людских судьбах и жизнях, будут им предъявлены в качестве главного обвинения на том высшем Суде, который также рано или поздно ждет каждого из нас.

И это — несомненно.

ГРУППИРОВКИ

В основном в северной столице орудуют две наркомафии: азербайджанская, которая контролирует продажу 85 процентов растительных наркотиков, и цыганская, представители которой специализируются на синтетических наркотиках.

И в азербайджанской, и в цыганской мафии хорошо развиты семейственность и преемственность. На смену «засветившимся» перед сотрудниками милиции торговцам наркотиками моментально приходят новые члены «семей», даже если они и проживают в других регионах страны или за ее пределами, и продолжают их деятельность. Дело многоголовой наркогидры живет и побеждает, но такая непрерывная смена состава наркоторговцев существенно усложняет борьбу с ними сотрудников правоохранительных органов. Постоянное обновление рядов наркоторговцев — все та же примечательная особенность нынешнего времени: слишком велик соблазн быстрой и большой наживы.

Но, как бы там ни было, сотрудники Регионального управления по борьбе с незаконным оборотом наркотиков, как могут, делают свою работу, и результаты их деятельности сказываются на наркобизнесе — хотя, к сожалению, и не так мощно, как хотелось бы. Но уже сейчас можно с уверенностью утверждать, что легкой жизни у наркодельцов в Санкт-Петербурге нет.

Азербайджанцы используют продажу опия, причем используют ее так широко, как только могут. В прошлом они торговали маковой соломкой, но в настоящее время ее стало значительно меньше. Возить маковую соломку стало невыгодно: объемы большие, а цены, по сравнению с другими наркотиками, маленькие. В основном — опий и героин, изредка — гашиш и марихуана.

Епархия азербайджанцев — это чаще всего уличная, розничная торговля, хотя и среди них встречаются люди «серьезные», занимающиеся поставкой крупных партий.

Среди всех группировок азербайджанская — самая многочисленная. Имеется в виду не в целом, не в том, что это такая многочисленная нация, имеется в виду, что среди наркоторговцев вообще — больше всего представителей этой национальности.

А вообще весь этот клан подразделяется на кланы поменьше, на «подкланы» и так далее.

Таджикская группировка тоже отличается организованностью, слаженностью, у нее свои обычаи, традиции, семейный уклад, родовые семейные начала. В основном таджикские наркодельцы — оптовые поставщики. С развалом своих границ таджики получили прямой выход к Афганистану, где полным-полно опия, гашиша, героина. Оптовые поставки у таджиков весьма значительны, настолько, что с постоянной периодичностью сбивают цены на наркорынке. Бывали периоды, когда грамм героина стоил всего 45 долларов — при устойчивой цене в 100—150 долларов. Сбить цены в три раза — для этого нужно «хорошо» работать и быть по-настоящему слаженной командой.

Причем вот что странно: таджики не являются конкурентами азербайджанцам. У каждого, так сказать, свой вид промысла. Если таджики занимаются оптом, то азербайджанцы — розничной торговлей в городе. И получается, что таджики выгодны азербайджанцам и, соответственно, наоборот. Хотя, конечно, по уровню своих доходов таджики стоят явно выше азербайджанцев. Если смотреть шире, азербайджанцы вообще, сами по себе, народ, безусловно, торговый. Им, кажется, абсолютно все равно, чем торговать. Если выгодно торговать елками на Новый год, они будут это делать. Если на елки нет спроса, но есть спрос на опий, они будут торговать опием. Если они смогут достать ядерную боеголовку и на нее будет спрос — они и ее загонят. Был бы спрос, а предложение у азербайджанцев родится непременно.

У таджиков, и это, видимо, кроется в их культуре, ничего такого нет. Наркотики — только один из источников дохода для них, не более. Всего лишь один из...

Цыгане, как ни странно, в отличие от таджиков и азербайджанцев, имеют постоянное место проживания, хотя сила привычки заставляет думать наоборот: мы привыкли к тому, что цыгане ведут в основном кочевой образ жизни. Но питерские цыгане — оседлые. В самом городе, например, они живут в Красногвардейском районе, в области — в поселке Горелово или в маленьком городке Веселовске. Селятся цыгане очень компактно. И занимаются наркобизнесом они тоже в основном по родовому признаку.

Длительное время цыгане были монополистами, торгуя эфедрином. Это сильнодействующий препарат, из которого можно изготовить в домашних условиях эфедрон. Он очень опасен. С первого же раза эфедрон вызывает настолько стойкое привыкание, что помочь человеку даже после одного приема этой отравы практически невозможно. В результате наркомана ждут печальные последствия: в считанные месяцы и даже недели клетки головного мозга стремительно разрушаются, нервная система так же быстро приходит в полную негодность — и организм гибнет. Один из питерских специалистов, президент фонда «Возвращение» Дмитрий Островский, сумел в своей работе достичь весьма приличного для России результата: около сорока процентов обратившихся к нему наркоманов были излечены. Так вот он заявляет, что не знает ни одного случая, когда наркоман, употреблявший эфедрон, вылечился бы. Именно поэтому, кстати, опытные наркоманы, прекрасно зная свойство этой «кислоты», стараются обходиться без нее, предлагая наркотик начинающим, — о моральных началах в этой публике, как легко догадаться, не задумываются.

Вот что говорит об этом начальник 3-го отдела питерского УБНОНа, подполковник милиции Геннадий Исаев:

— Работают они хорошо, слаженно, даже с квартир. Их продукция — это эфедрин, сильнодействующий препарат, который легко превращается в наркотик. Цыгане продают эфедрин, а наркоманы сами уже производят «кислоту». Поэтому вроде даже и ответственность не слишком велика, потому что сбываются не наркотики, а денежный выход в результате торговых операций очень велик. Чтобы другая группировка занималась эфедрином — такого я не слышал, были просто отдельные случаи, но не более того.

Каждая из названных этнических группировок в Санкт-Петербурге имеет свое место, свою, так скажем, «полочку», и никто никому не мешает. Цыгане — местные жители, которые живут и независимо ни от кого и ни от чего торгуют в своих районах. Азербайджанцы, как уже было сказано, выгодны таджикам, а таджики — азербайджанцам. Каждый занял свою нишу.

ЗА ПОСЛЕДНЕЙ ЧЕРТОЙ УЛИЦЫ ДЫБЕНКО, 16

Правобережный рынок в Невском районе города известен каждому наркоману. Еще пару лет назад там в открытую продавали стаканами маковую соломку. Как семечки. Травили по-страшному. Милиция очухалась, но было поздно. Вокруг рынка в подвалах и на чердаках появились самые что ни на есть настоящие наркопритоны. Тысячи молодых жизней были искалечены, не успев, по существу, и начаться...

Оксана К. и Андрей Н. живут уже несколько месяцев в подвале одного из питерских домов. Местные энтузиасты из числа борцов против наркотиков наткнулись на этих буквально умирающих от очередных доз подростков. Они сняли их на видеокамеру и записали буквально следующий диалог. На вопрос, почему они живут здесь, а не дома, они отвечают бесхитростно:

— Здесь не хуже. Во всяком случае, дома не лучше.

Оксана занимается проституцией, чтобы были деньги на очередную дозу. Андрей, естественно, знает об этом, но, хотя и говорит, что она «его» девушка, против такой ее деятельности не возражает. По его мнению, это ничего общего с любовью не имеет.

— Колюсь три года, — рассказывает Оксана.— Впервые меня к этому приучил знакомый. Втянулась, сначала понравилось.

— А теперь?

— И теперь нравится. Только бросить хочется.

— А проституцией ты занимаешься только из-за денег, из-за дозы?

— Конечно.

— Клиенты к тебе нормально относятся?

— Кто как. Есть такие, которые, как только увидят меня, увидят, что ломка у меня, просто дают деньги и говорят — иди, мол, домой. Есть такие, которые издеваются. Всякие бывают.

— Ты на дом к ним приезжаешь?

— Нет, машины останавливаю.

— И сколько стоят твои услуги?

— Минет — тридцать тысяч (это стоимость дозы. — *М.Ш.)*, если трахаться — пятьдесят.

Говорит Оксана медленно, тихо, словно преодолевает постоянную мучительную боль.

Андрей говорит тоже чрезвычайно тихо:

— Мне двадцать лет, Оксане — девятнадцать. Колюсь уже четыре года. Вылечиться? Наверное, это невозможно. Когда-то учился музыке, ни к чему все это. Главное — чек. Вот и все, что нужно. Оксана? Она взрослая девушка.

Андрей Н. умер спустя два месяца после нашего с ним разговора.

Отношение к жизни у молодых людей может быть разным. Отношение к наркотикам, как правило, имеет одни и те же корни. Например, другая пара, при всем своем отличии от Оксаны и Андрея, гибнет из-за пристрастия к наркотикам практически точно так же.

ВИНТОВАЯ ПОДСАДКА

Он: «Два с половиной года зависал я на винте и не потратил ни копейки на эту дрянь».

Она: «Чисто целое лето винтовой народ подсел на идее, что они меня хотят выловить и попробовать на винт, не для того, чтобы трахать, а просто так — выловить, и все...»

Журналист Ольга Питиримова описывает эту драму так:

«Парочка юных наркоманов (ему — семнадцать, скоро будет восемнадцать, ей — уже восемнадцать) были со мной достаточно откровенны и обстоятельны, не переступая, естественно, грани, за которой — смерть. Смерти на пути наркомана много, шаг вправо, шаг влево — и лежишь с ножом в горле. А два шага вперед, не свернув и не оступившись, — лежишь, зеленый, ни на что не реагируя. Досыхаешь. Потому что в целом уже высох, еще при жизни, если это, конечно, была жизнь.

Они вменили мне в обязанность изменить при публикации их «кликухи», так как кличка для наркомана — пуще паспорта. Но, сводя воедино нашу беседу, я поняла, что и менять ничего не надо, можно вообще обойтись без указаний, кто что говорит. Необходимости нет, да и разницы нет. Ну, а там, где она все-таки есть, сами поймете по родовым окончаниям, кто исповедуется. Все вопросы, естественно, задаю я.

Итак, приступим. Но прежде — небольшой словарик.

Банка — флакон

Варщик — человек, занимающийся изготовлением наркотика

Винт — первитин

Вмазаться, втрескаться — уколоться

Втирать — врать

Герла — девушка

Глюки — галлюцинации

Дербанить — красть

Дурка — больница (психиатрическая, наркологическая)

Зависать — употреблять

Задвинуться — уколоться

Кинуться — умереть

Колеса — таблетки

Косяк — папироса, начиненная наркотиком

Коцать — резать

Красный — фосфор

Куб — кубический миллиметр

Марфа — морфин

Не торча — не употребляя наркотики

Откалываться — вырубаться
Подсесть на телегу — дойти
Стремиться — сдаться
Транки — транквилизаторы
Фишка — прикол
Черный — йод
Шизеть — сходить с ума
Шмыгаться — употреблять

— И как же вы стали такими?

— Я начал с марфы, то есть меня в больнице на это дело посадили, когда я там лежал. Ну, а когда вышел, стал продолжать. Сейчас, правда, жалею об этом, но уже поздно.

— И сколько времени ты колешься?

— Два года марфы и два — винта, то есть четыре года.

— С марфой, то есть с морфином, все ясно. А что такое винт?

— Самый распространенный наркотик после анаши. Его варят на основе... (название медикамента я опускаю. — *О.П.*), в медицине винт фигурирует как первитин, а на самом деле очень сложно объяснить, что там выходит из реактора.

— У меня стаж поменьше, и не так регулярно. А началось однажды в летние каникулы. Меня вмазали, я вот так лежу, говорю: ребята, в кайф! Вот целую неделю мы с ними зависали, а через неделю я — вот так вот, в общем, совершенно скелет, обтянутый кожей, жрать хочу, спать хочу... Идешь по улице — на тебя все смотрят...

— Нет, ты не права, это чисто винтовая подсадка. Когда глядишь в зеркало — действительно кажется, что ты скелет, обтянутый кожей, и на улице такое ощущение, что на тебя все глазеют, а на самом деле никто ничего не видит, отвинченного может распознать только тот, кто сам шмыгался этим делом. Мои родители, например, за четыре года так и не поняли ничего. Я прихожу домой под винтом, они спрашивают: а чего у тебя глаза такие красные? А я им говорю: устал. Они верят.

— Мне вкололи, образовался какой-то фурункул на руке, я маме показываю, она: ой, у тебя, может, аллергия какая, давай потрем мочалкой, она трет, а я под винтом, она не замечает, трет, говорит: сейчас вот это у тебя пройдет, не беспокойся... Или прихожу, говорю: мам, я есть хочу. Мама мне так наливает суп, я делаю две ложки и понимаю, что не могу есть, говорю: мам, я сейчас лягу спать. Ложусь на кровать, действительно вот откалываюсь с открытыми глазами — люди под винтом откалываются с открытыми глазами, они могут смотреть куда-нибудь в потолок и спать при этом. Я вот так лежу с открытыми глазами, а мама: ты спишь? Я: мам, я сплю. Она: а почему с открытыми глазами? Я: не знаю, наверное, потому, что давно не спала. Мама меня оставляет так спать и уходит на работу. И родители пребывают в уверенности, что с нами все в порядке...

— Ну, хорошо, окружающие не замечают, что ты под кайфом, а что чувствуете вы сами?

— Да что угодно, вплоть до глюков. Если, к примеру, боишься ментов, то за тобой опера будут гоняться и тому подобное.

— Или: идешь, а кругом — крысы, крысы, крысы... Что ни шаг, то крыса. Бр-р!

— Я, к примеру, под винтом как-то подсел на телегу, начал искать эффективный способ борьбы с наркоманией, чуть не съехал по этой теме.

— А я когда проглотила десять колес, думала, что просто кинусь. Передо мной вот такая спираль шла, шла, и я врубилась, что когда спираль пойдет в обратную сторону, то сойдется в одну точку, и я просто сдохну. Жуть!

— Да... Не так страшна смерть, как ее ожидание...

— Меня уже откачивали. Знакомый пришел — говорит, лежу, как мертвая, и вся зеленая. Не синяя, понимаешь, а вся зеленая. Вообще-то, говорят, любой покойник сначала зеленеет, а потом уж синеет. Ну, знакомый меня откачал. Выжила.

— Под кайфом очень просто сделать передозировку. Часто бывает так: человек думает, что вкалывает два куба, а на самом деле — пять.

— А самую крутую заморочку я встречала еще до того, как сама начала винтиться. Я собирала ребят под винтом, везла их на свою дачу и заставляла пилить дрова. Они просто подсаживались на работу! Пол-леса перепиливали! Все дрова, которые там лежали, даже километрах в трех от моей дачи, приносили и пилили. Вот это прикол!

НЕУЯЗВИМЫЕ

— День наркомана, как известно, дорог. По деньгам. Зарабатывать их ему некогда, потому что главное — уколоться и забыться. И что же вам остается? Гоп-стоп?

— Ну, зачем... Во-первых, люди ходят по домам, по квартирам — у маленького ребенка астма, помогите. А так как у нас люди все-таки довольно добрые, то они дают то, что нужно, — а дальше уже дело техники. Во-вторых, по-страшному дербанят мак: выходит хозяин ночью на свой участок, а там сидит какой-нибудь волосатый ублюдок с ножом в зубах и коцает эти головки. Когда хозяин пытается чего-то возразить, ему говорят — заткнись, падла, мы сейчас и тебя порежем. Ну, он заскакивает в дачу и радуется, что у него обрежут только мак...

— Какие таблетки используются в качестве колес?

— О-о-о, это я тебе сейчас! Во-первых, все колеса, начиная от транквилизаторов, все колеса, относящиеся к корректорам, а дальше уже куча колес, которые могут идти в сочетании с чем-то... Тот же нозепам, тазепам, цикладол...

— Так они же по рецептам?

— Без рецепта можно купить практически любые. Вот если они транки — они очень сильные, то рецепт нужен, но делается элементарно: я прихожу в дурку и начинаю им там втирать, что я плохо сплю, у меня депрессия, то есть такие фишки, чтобы меня не поставили на учет. И они мне просто выписывают рецепт. Либо я прихожу в дурку, вылавливаю там медсестру, говорю: вот, посмотрите, я старый наркоман, дайте мне цикладол, мне очень плохо... Она просто от такой наглости шизеет и выносит мне кучу упаковок...

— Значит, на халяву добываете готовые наркотики?

— Ох, не всегда. Далеко не всегда. Но вообще-то у нас отлаженная система взаимопомощи. У меня, допустим, есть, я звоню знакомым и спрашиваю: кому плохо? А на следующий день мне позвонят. И с ингредиентами так же: есть у меня, к примеру, банка... (название медикамента я опускаю. —*О.П.*), но нет реактивов. Звоню: Вася, у тебя есть черный? Он говорит: есть. Я говорю: приезжай. Звоню: Лена, у тебя есть красный? Она говорит: да, у меня еще и щелочь есть. Я говорю: приезжай. И вот собираются человек пять на банку, и в итоге всем хватает. А из банки выгоняется от десяти до четырнадцати кубов.

— Слушай, ты говорил, что за два года зависания на винте не потратил ни копейки на эту дрянь... Кто же тебе эти самые банки дарил?

— Дарить никто, конечно, не будет, дураков нет. Банки сами собой образуются. Мне, к примеру, звонят: нужно столько-то раствора. А у меня есть свой варщик, и я знаю, сколько он берет. Говорю им: столько-то, завышая, конечно, цену. Они: согласны. Беру у них деньги и еду к варщику. Ему хорошо, им хорошо, мне хорошо. Всем хорошо.

— А чего ж твои знакомые наркоманы сами не идут к варщику? Зачем им ты? Для прокладки?

— Так там, у варщика-то, квартира с прозвонами, все закодировано, да еще в глазок смотрят, кто пришел. Пускают только своих. Сама понимаешь...

— Понимаю... Случись милицейская облава, эта предосторожность не поможет. Не откроешь дверь — вышибут.

— И вышибай. Все равно ничего не найдешь. Для того, чтобы свернуть лабораторию, нужно секунд двадцать. Потом опрыскивай, простукивай — все впустую. Система отлажена. А когда менты уйдут, все через секунду возобновится. То есть такая же лаборатория, химикаты, толпа наркоманов под дверью...

— Твоего варщика можно повязать и без лаборатории, найдется за что.

— Вяжи. У нас всегда наготове замена.

— Вы, похоже, неуязвимы... А как такой вариант: варщика оставляют при его лаборатории, но всячески мешают ему работать. То прихватывают поставщика сырья, то еще что...

— Ну, если варщику кто-то мешает работать, то я иду к своим знакомым, говорю: так, господа, вот вам сто штук, а этот человек мне надоел. И все. Растворят его в кислоте, закатают в асфальт. Сами варщики об этом даже и не беспокоятся.

— Я же имела в виду милицию... Вы что, и милиционеров закатываете в асфальт?

— Не, тут другие фишки. Вот, например, один мент нас всех достал, слишком глубоко влез. Мы подобрали герлу. Она ему состроила глазки, потом принялась спать с ним, а потом раскрутила на то, чтобы втрескать, и вмазали ему два куба, у чувака аж кокарда слетела, на ногах не устоял. Через две недели он уже сел конкретно, и его просто выкинули с работы. Вот так убирают тех из властей, кто нам мешает.

— А могут просто выловить на улице, затащить в подворотню, наделать ему кучу дырок на венах, потом задвинуть абсолютно шизовым раствором, человек с этого кидается. Когда попадает в морг, там смотрят: у-у, а он, батенька, наркоман! И никто уже им не интересуется.

ТАБЛЕТКИ ОТ ЖАДНОСТИ

— Как-то на Театральной площади ко мне подошел парень лет семнадцати. Потоптавшись некоторое время рядом, он вдруг спросил, не знаю ли я, где можно купить план... Я, естественно, не знала. А в самом деле, где его сейчас продают, на рынках, в притонах, где?

— Есть определенные базы, где или тебя уже знают, или приходишь и говоришь: я от того-то. А на рынках готовые наркотики не продают. Травку можно купить. Я это делаю по наводке: там-то и там-то сидит бабушка, платочек серенький, носочки розовые. Она на тебя посмотрит и по глазам определит, цивильный ты человек или наркоман...

— Ох, и конкуренция, должно быть, между сбытчиками? Ты ж хоть и по наводке, а не пойдешь к первой же старушке, прицепишься, принюхаешься...

— Между торговцами сырьем особой конкуренции не существует, когда торгуешь самим винтом — да, тут дело упирается то в нож, то в пушку. Я уж не говорю об ЛСДухе, героине, кокаине — там целая система.

— А как распределяются территории, клиентура? Продавцы что, как-то договариваются между собой?

— Вообще-то это пытались сделать уже не раз, и войной и миром, но ничего не получается. То есть дележка районов идет по принципу: выживает тот, кто круче. У кого, например, лучше раствор, то есть люди к нему идут, или у кого мощнее клиентура, которая прочих давит. То есть делиться не делятся, каждый стремится побольше урвать. Гребет!

— Существует такой анекдот, очень великий анекдот, от которого мы просто прикалываемся. Приходит больной к врачу и просит: доктор, дайте мне таблетки от жадности... И побольше, побольше, побольше! Так и тут все это...

ТОРЧКИ-ЗАТЕЙНИКИ

— А вам самим приходилось сталкиваться с правоохранительными органами?

— Не то чтобы сталкиваться... Я вот полгода от них бегал, хотели меня по 228-й посадить (ст. 228 УК РФ — незаконное изготовление, приобретение, хранение, перевозка или сбыт наркотических веществ. — *О.П.*). Но у них ничего не получилось.

— Еще такая фишка: чувака ловят с раствором в кармане, то есть с фуфырем, в принципе, его уже можно сажать, но так как у них нету никаких индикаторов на эти дела, то в протоколе пишут: чувак свинчен в троллейбусе в не очень вменяемом состоянии, по его словам, напился водки с какими-то колесами, в кармане — неизвестная жидкость специфического запаха. Чувак говорит: глазные капли. Они говорят: ладно — и отпускают его...

— Стоит хиппи, забивает косяк, мент его за руку хватает и говорит: а вот и срок. Хиппи дует на руку, все разлетается, он говорит: а вот и нет.

Я выкину на их глазах фуфырь о стенку, они же заколебаются все это снимать, отправлять на анализ. Причем такая фишка: взяли в Рязани, а ближайшая лаборатория в Туле, пока туда довезут, все разложится двадцать раз.

— В общем, так и идет: ребят ловят, они на глазах у ментов все выкидывают — машины, иглы, раствор — и чисты!

— Берут меня в отдел, говорят: ты колешься. Ну, колюсь. Они: ну, раздевайся, сейчас найдем дырки и положим в дурку. Я: обломаетесь, чуваки, дырку, в которую я колюсь, никогда не найдете. Они обламываются и не находят. А дальше там еще такая тема. Я на них наезжаю и спрашиваю: сколько у вас человек в отделе? Они: ну, девять. Я: о-о-о-о, девять, и вы собираетесь нас всех переловить?

— Какой чаще всего возраст у тех, кто садится на иглу?

— В последнее время для подсадки выбирают от 14 до 22 лет.

— И кого чаще сажают, мальчиков или девочек?

— Как тебе сказать? В цивильной системе, как правило, сажают герлов, чтобы вмазать и оттрахать, но у нас и другой интерес. К примеру, у парня есть банка, но он не дает, говорит: наркотики — дрянь, я вам не дам. Ну, надо его посадить, чтобы дал. Свежего человека вообще выгодно сажать, у него существует масса знакомых, он начинает звонить им: девушке плохо, мне плохо, дайте то-то. То есть со свежего человека можно снять, как минимум, до двадцати банок, а это, даже по цивильным подсчетам, получается около 160 кубов, неплохо с одного человека.

— А посадить свежего — проще простого: как правило, после того, как он попробует и словит кайф, уже все...

— Самый прикол еще заключается в том, что есть такая тема: винт — это коллективный наркотик, то есть одному его употреблять очень скучно и не в кайф, так что я вылавливаю абсолютно левого человека и его трескаю. Так и идет.

— А многие ли жалеют, что сели?

— Я лично жалею и других знаю, но ты, наверное, удивишься, что 90% наркоманов совершенно не жалеют об этом. И знаешь, почему? Они просто не признаются себе, что они — наркоманы..

— Женя, Женя, скажи насчет торчков...

— Да, винтовые придумали себе клевую фишку: мы не наркоманы, мы — торчки-затейники...

— Да, в том смысле, что на это нельзя сесть, физической подсадки нет, только психическая, а мы люди умные и сильные, можем в любую минуту слезть.

— И слезают, после недельного торчания на винте, когда уже в гроб краше кладут. Три дня отъедаются — и снова.

— Я вот мог выдержать не торча пять месяцев, но люди мне по двадцать раз на дню звонят: есть красное, есть черное, приезжай, я их шлю на..., звонят: есть излишек раствора, давай, и в конце концов не выдерживаешь.

— Да, и вот из-за того, что с винта можно слезть, люди и морочат сами себе голову: мол, все это лажа, мы просто крутые, что без винта никаких отношений быть не может... Короче, начинают на этом медленно ехать. Вот первое.

— А второе: вены все исколоты, черт-те что с ними уже творится. Ну, и где же тут не наркоманы?

Безобидных наркотиков нет, не было и не будет. В любом случае — «что ни шаг, то крыса». Но не это самое страшное, что я вынесла из нашей беседы. Победить наркомафию практически невозможно, у нее миллионы пособников, подельников, заступников — сами наркоманы. С ней можно лишь (и, конечно, нужно) бороться, уповая на относительный успех.

Я знаю людей, которые высшим своим качеством, важнейшим жизненным успехом считают то, что ни разу, даже из понятного любопытства, не попробовали и самый «безобидный» наркотик. Вот когда эта идея овладеет умами человечества, только тогда будет выбита почва из-под ног наркодельцов.

Утопия? А между прочим, таких, как эта пара, — тысячи».

Глава 11
ОПЕРАЦИИ «КОНТЕЙНЕР» И «ФОЛИАНТ»

НА СОСНЕ

Сидеть на сосне взрослому человеку неудобно. Даже если он привычен ко многому, даже если это является одной из составных его работы. Но сидеть на сосне и смотреть в глазок телекамеры, не забывая при этом, чтобы телекамера эта, паче чаяния, не свалилась с высоты на землю, — работа не из легких.

Оперативник сидел на сосне и наблюдал — ни дать ни взять как в дурном детективном романе. Но, как бы ни смешно это ни звучало, как бы невероятно ни воспринималось на слух, все было именно так.

Оперативник сидел на сосне и наблюдал.

В четырехстах метрах от него высился забор, за которым простиралась территория одной подмосковной хозяйственной базы. Оперативника очень интересовало, что происходит за тем высоким забором, так же, как и его товарищей, больше суток уже пребывавших в напряжении: когда же можно начать то, ради чего они прилагали столько усилий в течение нескольких последних недель.

Если бы не эта кинокамера... Все было бы, конечно, проще, но важно не только поймать преступников, но и предоставить суду веские доказательства преступной деятельности этих людей.

Собственно, в этом и состоит задача оперативников: поймать преступников и изобличить их. Поймать с поличным — задача не из легких.

ТРАНЗИТ

Все началось в августе 1995 года.

Из Ливии транзитом через Германию в Россию направлялся самый обычный груз: контейнер с ливийскими орешками. При досмотре контейнера немецкие таможенники обнаружили 800 килограммов марихуаны, упакованной в мешки.

Собственно говоря, впоследствии выяснилось, что начало своего пути эти «орешки» брали из Ливии и шли через Европу в Россию, откуда должны были последовать снова... в Европу. В частности — в Голландию.

Напрашивается резонный вопрос: а зачем огород-то городить?! Почему бы сразу не направить груз из Ливии в Голландию? Морские пути вроде позволяют, а?

Чтобы ответить на этот не такой уж простой вопрос, каким он кажется с первого взгляда, нужно знать психологию наркодельцов, которые постоянно меняют методы своей чудовищной работы, пытаясь отыскать все новые и новые пути для своих наркокараванов. Но об этом чуть позже.

Итак, профессионалы из таможенной службы Германии обнаружили в контейнере наркогруз и, натурально, изъяли его. Отправив уже абсолютно чистые орешки по дальнейшему маршруту, они известили о своей находке российских коллег-таможенников.

Почему же немецкие таможенники изъяли наркотики из этого контейнера и не дали своим российским коллегам из соответствующих спецслужб поймать получателя с поличным?

Ну, во-первых, впоследствии они все-таки дали это сделать — когда по тому же маршруту, с теми же самыми реквизитами к ним прибыл такой же контейнер, в котором, правда, марихуаны было в три раза больше. Но это будет потом.

А во-вторых... Дело в том, что если таможня или правоохранительные органы какой-либо страны обнаруживают факт транзита наркотических веществ, то они обязаны это дело пресечь, а если же пропускают наркогруз дальше, то тем самым нарушают нормы не только своих уголовных законов, но и международного права.

Разумеется, международными конвенциями предусмотрены операции так называемых контролируемых поставок, но для того, чтобы они проводились, необходимо согласие нескольких сторон. При этом сторона, которая является инициатором и организатором такой контролируемой поставки, несет ответственность за наркогруз перед международным сообществом. Правда, не уголовную, а моральную. Но это, в сущности, не так сильно влияет на суть дела.

В странах развитой демократии это в некоторых случаях может быть пострашнее уголовного дела. Судите сами. Допустим, германские таможенники договариваются со своими российскими коллегами о контролируемой поставке, проводят груз до границы, здесь его принимают наши, а потом он теряется... Такое тоже может быть. И международная комиссия по наркотикам, которая имеет весьма влиятельное положение на Западе, может спросить у правительства Германии: а вы, мол, куда смотрели? Заметьте, не у таможенной службы Германии она станет спрашивать, а у правительства.

В отставку она его не отправит, но создаст определенный общественный резонанс, который в конечном итоге может привести именно к отставке. Это и называется, собственно, развитой демократией.

Но с точки зрения, скажем, оперативной, с точки зрения выявления всех звеньев цепочки поставки наркотиков, конечно, нужно определить и поставщика и получателя. Только в этом случае можно надеяться на то, что один из наркоканалов будет перекрыт наглухо. И германские таможенники хорошо это понимают.

Именно поэтому они и решились все-таки на контролируемую поставку, когда тем же маршрутом, как мы уже говорили, пришел еще один контейнер. Немцы не любят, когда их страну сравнивают с помойной ямой, в которую можно сваливать всякую гадость. Один раз — ладно, изымем. Но — второй?!

Итак, первый контейнер был отправлен пустым, не считая, естественно, самих орешков, но российские таможенники были предупреждены о том, что получатели этого груза — вовсе не любители орешков, а вульгарные наркодельцы. Кстати, пришла пора назвать получателя этого груза: московская фирма «Глория».

Во второй раз немцы решились-таки на контролируемую поставку. Российские работники правоохранительных органов были предупреждены ими вовремя.

Первый контейнер пришел в Санкт-Петербург, и практически тут же поступило сообщение, что готовится второй. Оперативники тем временем пробовали вычислить получателя. Но фирм под названием «Глория» только в Москве оказалось около полутора десятков. Оставалось ждать, пока получатели сами себя проявят...

Фокус был в том, чтобы задержать первый груз и выдать получателю второй контейнер. Сделать это было не очень просто, но очень необходимо. Если получатель получит первый контейнер и не обнаружит в нем ожидаемого груза, это может сорвать операцию. Нужно было под любым благовидным предлогом задержать получение первого груза.

Таможенники Санкт-Петербурга проявили чудеса изворотливости, придумывая причины неприбытия первого контейнера. А через десять дней пришел второй. Операция «Контейнер» перешла в следующую фазу своего развития.

ПУТЕШЕСТВИЕ
ИЗ САНКТ-ПЕТЕРБУРГА В МОСКВУ

Один из самых опасных моментов заключался в том, чтобы хозяева груза все-таки получили свой второй контейнер. Весил он, кстати, около пятнадцати тонн. Две с половиной тонны — мешки с марихуаной. Слишком много наркотиков, за которые можно выручить слишком большие деньги, чтобы просто так отказаться от их получения. Оперативники терпеливо ждали. И они объявились.

К тому времени, кстати, оперативники выявили основной круг лиц, причастных к этому делу. Заметная роль отводилась некоему иностранцу, голландцу Яну Найхофу, рядом с которым активно действовали еще трое человек: белоруска Т. и москвичи, брат и сестра И. и К. В конце концов оперативники облегченно вздохнули: получатели решили, не дожидаясь первого контейнера, забрать второй. Московские оперативники до поры не устанавливали за подозреваемыми пристального наблюдения, не видя в этом особой необходимости. Они сами должны были проявить себя, а спугнуть раньше времени значило опять же сорвать операцию. До границы Ленинградской области груз сопровождало питерское управление, и это вполне устраивало москвичей.

Наконец питерские сыщики сообщили в Москву, что контейнер направляется в столицу. Бригада московских оперативников встретила контейнер на границе Ленинградской области и сменила питерских. Дальше уже груз шел под присмотром москвичей.

Никаких инцидентов не было. Хотя, когда контейнер остановился у Валдая, то есть по пути следования, оперативники заволновались. Нельзя было напрочь перечеркнуть возможность того, что преступники перегрузят марихуану в другое место, а это не входило в планы сыщиков. Но волнение довольно быстро улеглось. Вскоре стало понятно, что перегрузка мешков с наркотиком — слишком трудоемкая работа. Нельзя безнаказанно спокойно ворочать две с половиной тонны марихуаны на виду у честного народа. Для этого должно быть местечко поукромнее. Дальнейшие события показали, что оперативники были правы.

Груз спокойно прибыл в Москву. Точнее — в Подмосковье.

БАЗА

И сразу возникли сложности.

Рассказывает полковник ФСБ, сотрудник Управления экономической контрразведки Владимир К.:

— Когда они добрались до базы с ангаром, начались интересные дела: нужно организовывать операцию по захвату, а как это сделать — понять было трудно. Причина в том, что подобная операция должна быть проведена в такой ситуации, когда исключается всякая возможность отказаться от груза — я, мол, не я и марихуана не моя. Они не могли, не должны были сказать: «Ребята, я не знаю, что это. Не знаю, чье это. Мне подложили, вы сами и подложили». Нужно было дождаться момента, когда они начнут эти мешки куда-то перегружать. А теперь представьте: стоит ангар, здоровый такой, вокруг несколько гаражей, все окружено бетонным забором — и больше ничего нет. И стоит все это в чистом поле. Сначала вся фура стояла снаружи во дворе, в ангар она никак не помещалась. Наша задача: умудриться поймать тот момент, когда они станут все это перегружать куда-то. А как поймать такой момент?! Откуда наблюдать? Ведь открытое поле, а тут какие-то люди болтаются, подсматривают чего-то, к тому же мы не знаем еще, в каких отношениях они с этой базой и что это вообще за база. Появление любого незнакомца вызвало бы законные подозрения. Потом только мы выяснили, что они просто арендовали у этой базы какие-то площади. А нам нужно как-то более-менее контролировать их, нужно засечь процесс, поскольку было ясно, что на улице они перегрузку делать не станут. Это естественно, я бы на их месте тоже так делал. Нужно было найти место, откуда мы вели бы за ними наблюдение.

И они нашли такое место...

В двух с половиной километрах от забора этой базы велось строительство нового здания Академии таможенного (!) комитета. Здание было уже достаточно высоким, да и стояло на пригорочке, но вести с него наблюдение было сложно: видна только верхняя часть контейнера. То есть можно было зафиксировать, открыта или закрыта дверь контейнера, но вот рассмотреть, что конкретно там делают в это время люди, — нельзя. Забор загораживал.

Пришлось лезть на подъемный кран.

Оперативники решили посадить на кран человека с видеокамерой, но сделать это было сложно. Во-первых, высоко. Во-вторых, холодно — не май месяц. В-третьих, страшно неудобно с камерой. В-четвертых, сидеть было нужно ночь, и, по всей видимости, не одну. Впрочем, довольно быстро нашелся доброволец, бывший вертолетчик. Но посидеть так и не пришлось.

Они нашли другую точку. С другой стороны базы был расположен дачный поселок, в одном из дворов которого стояла высокая сосна, откуда открывался сносный обзор. И хотя сосна, конечно, не удобное кресло, но расстояние в 400 метров — лучше, чем два с половиной километра.

Две с половиной тонны не так-то легко спрятать, и оперативники это отчетливо понимали. Поэтому не суетились и беспокоились разве что только за качество видеосъемки. Сыщикам нужно было хорошее доказательство на суде. По поводу самого захвата тоже никто уж особо не беспокоился. Никуда не денутся. Даже было некоторое злорадное чувство: пусть, гады, поработают, пусть погрузят две с половиной тонны, пусть понапрягаются. Но злорадство было вполне понятным.

Иногда кто-то из сыщиков незаметно прогуливался вдоль забора и чуток подпрыгивал, чтобы окончательно убедиться, что разгрузка идёт полным ходом. Нервы были на пределе. Как бы там ни было, а настал-таки момент, когда группа захвата ворвалась на базу.

РАЗВЯЗКА

Когда прозвучала команда «На штурм!», бойцы группы захвата ворвались на территорию базы как живое воплощение неотвратимости наказания за любое зло, причинённое людям. Дело, которое готовилось несколько недель, было закончено за несколько секунд.

Слово одному из участников той операции:

— Они, конечно, не ожидали нас. А когда очнулись, уже лежали на земле в наручниках.

— Попыток к сопротивлению не было?

— Они просто не успели. Один попытался оказать сопротивление, но попытка его была быстро загашена. И всё.

— Сколько минут длился сам захват?

— Сам захват? Секунды две-три.

— Не может быть. Разве можно успеть?

— За это время многое можно успеть.

Все было сделано так, как нужно. Группа захвата влетела именно в тот момент, когда преступники вскрывали мешки с марихуаной, которые лежали отдельно, и маркировка на них была другая. С процессуальной точки зрения доказательства налицо. К тому же сработали хорошо и сами члены группы: они тут же прижали, что называется, к стенке самого Найхофа, и тому ничего не оставалось делать, как признать:

— Да, мое.

Судебный процесс над Яном Найхофом, а также его подельниками закончился в середине 1997 года. Ян Найхоф получил семь с половиной лет лишения свободы. Подельники — соответственно шесть, три и два года лишения свободы. На этом можно было бы поставить точку, если бы не одно важное обстоятельство. Почему Ян Найхоф избрал такой сложный маршрут для прохождения наркотиков? Ведь конечный пункт маршрута этой марихуаны был в Голландии! Зачем нужно было тащить этот груз? Бог знает через сколько границ?! Не проще бы было просто из Ливии отправить эти «орешки» прямо в свою страну?

Не проще. Если в какую-то европейскую страну приходит груз из страны, пользующейся репутацией поставщика наркотиков, он в обязательном порядке подвергается тщательнейшему досмотру. Любой груз из Ливии, Колумбии, Боливии, Пакистана, некоторых других стран — постоянно подвергается этой процедуре. Если бы Ян Найхоф стал получать свой ливийский груз в Голландии, он бы незамедлительно был разоблачен.

Другое дело — транзитом через Германию в Россию. Надежда на благодушие немецких таможенников была вполне понятной: все-таки груз якобы предназначался России, а не Германии, с чего бы немцам «корячиться»? А когда уже из России этот груз придет в Голландию, его не станут осматривать так тщательно, как если бы он пришел из Ливии. Этот зигзагообразный маршрут был придуман именно для того, чтобы постараться пройти все эти препоны на пути следования марихуаны Яна Найхофа максимально безболезненно.

Тогда еще Россия — это, напомним, 1995 год — не имела репутацию поставщика наркотиков. Тогда еще в России было не такое сложное положение на наркорынке.

Как бы там ни было, таможенники Германии сработали профессионально и тем самым нарушили все планы Найхофа. Правда, нельзя не отметить и профессионализм российских правоохранительных органов, чей вклад в раскрытие дела Найхофа, конечно, несравненно больше, чем их немецких коллег.

Хотя рассчитывал Найхоф вполне логично. Его фирма «SEGO-BV» отправила орешки из Ливии в Россию через Германию, а из России фирма «Глория» отправит их в Голландию, на адрес фирмы... «SEGO-BV»!

Планам его сбыться было не суждено.

P.S. Уже находясь в заключении, гражданин Голландии Ян Найхоф и гражданка Белоруссии Т., отбывающие наказание на территории России, так как здесь же и совершали свое преступление, сочетались законным браком. Можно предположить, что, отсидев срок, они покинут Россию и отправятся вместе как-то доживать свой век. Как говорится, «из России — с любовью».

И это, наверное, единственное, с чем их можно поздравить. Есть надежда, что они одумаются.

Любовь, говорят, способна творить чудеса...

ТРУП В РОЩИНЕ

В поселке Рощино, что находится в пригороде Санкт-Петербурга, в один из мартовских дней 1997 года на частной квартире был обнаружен труп мужчины. Прибывшие по сигналу милиционеры обнаружили в апартаментах убитого следы отчаянной борьбы: разбитую посуду, сломанную мебель, ценные вещи были вынесены.

Как оказалось, хозяин квартиры был задушен неизвестными людьми. О том, что он был не один, свидетельствовали оставленные на столе окурки и остатки вечерней трапезы. Очевидно, между жертвой и преступниками до момента расправы шел серьезный мужской разговор.

На следующий день местные газеты дали сообщение, что в Рощине убит известный предприниматель, генеральный директор торговой фирмы ЛТД «ESSE-ELLE» Гарий Н.

В это же время в далекой Боготе, в Колумбии, таможенные работники обнаружили в небольшой партии обуви, предназначенной к отправке в Санкт-Петербург, 4,5 килограмма кокаина. Груз предназначался для генерального директора торговой фирмы ЛТД «ESSE-ELLE», некой Виктории Онетти. Так неожиданно у одной и той же фирмы оказалось два директора.

Не секрет, что любая информация по обнаружению или изъятию из нелегального оборота наркотиков, следующих из Латинской Америки в Европу, становится достоянием гласности и тотчас передается известной на весь мир американской службе DEA. В свою очередь, эта государственная организация тотчас оповещает специальные службы многих европейских стран о конкретных адресатах, куда и откуда идет вышеупомянутый специфический товар.

Так, в марте 1997 года Виктория Онетти, ничего не подозревая, попала в компьютер таможенных служб Германии, так как партия колумбийской обуви должна была транзитом через Гамбург попасть прямо на ее петербургский домашний адрес.

ПРИЮТИЛИ

История Виктории Онетти примечательна тем, что это одно из первых громких дел питерского Регионального управления по борьбе с незаконным оборотом наркотических средств с использованием так называемой контролируемой поставки.

Жительница Санкт-Петербурга Виктория Онетти — в прошлом выездная валютная проститутка, хотя и до последнего момента не брезговала этим заработком. На ее адрес из далекой Колумбии регулярно отправлялись посылки...

Онетти — фамилия по мужу, с которым она давно развелась. Возраст — 27 лет. В этом деле она не главная героиня, хотя ее заграничные связи по части интимных услуг очень даже пригодились ее компаньонам.

Гарий Н., в прошлом работник милиции, отбыл за совершенное преступление (хищение имущества) срок в восемь лет. Освободившись из мест заключения, он вернулся к своей сожительнице, Людмиле С. Она тоже в прошлом была проституткой, а теперь занималась коммерческой деятельностью, которая позволяла ей вести относительно безбедный образ жизни. Достаточно сказать, что у нее было несколько квартир, а деятельность ее носила торгово-закупочный характер и предполагала загранпоездки. Все эти восемь лет, надо сказать, она терпеливо ждала своего сожителя Гария.

У Гария Н. в тюрьме возникли кое-какие связи. У него там был человек, некий Виктор, который ему помогал, присматривал за ним, создавал условия для существования, потому что у Гария был туберкулез. Кстати, потом у Людмилы С., которая отсидела два года в тюрьме за мошенничество, тоже был обнаружен туберкулез.

Итак, Людмила С. оформила своего сожителя директором одного из своих предприятий. Формально была создана коммерческая структура ЛТД «ESSE-ELLE», но на самом деле никакой коммерческой деятельности она не вела.

Через некоторое время освободился тюремный благодетель Гария Н., его товарищ по отсидке, Виктор. Родом из Белоруссии, он совершил на родине новое преступление и, находясь в розыске по убийству, бежал в Санкт-Петербург прямо под крыло к Гарию Н. В большом городе спрятаться легче. Гарий Н. взял его к себе охранником, как и подельника своего товарища.

Время шло, и между бывшими товарищами возникли, мягко говоря, разногласия. Дело в том, что благодетель, Виктор, вместе со своим товарищем жил в офисе, будучи как бы охранником, в то время как Гарий Н. вместе со своей сожительницей вел разгульный образ жизни в буквальном смысле: разъезжая по заграницам, швырял деньги направо и налево. Для благодетеля это было обидно.

У Гария была квартира в Рощине, куда для серьезного разговора и прибыли благодетель

Виктор с товарищем. В результате этого разговора Гарий Н. был убит.

Через некоторое время подельника благодетеля задержали, а самого Виктора, белорусского беглеца, спустя полгода убили где-то в южных регионах России. По словам оперативников, он нашел то, что искал. Связывать это убийство с деятельностью, которую они осуществляли, достаточных оснований нет, скорее, по их мнению, это проявление высшей справедливости.

Конечно, убийство Гария Н. было бы невозможно, если бы фирма, которую он возглавлял, осуществляла бы законные операции. Но в том-то и дело, что занимались они совсем не тем, о чем писали в таможенных декларациях. Об этом, естественно, знал и его бывший благодетель Виктор. Гарий Н. и Людмила С. занимались наркопоставками и были тесно связаны с местными преступными группировками.

ОНЕТТИ — «ЧИСТАЯ» ФАМИЛИЯ

Первый блин вышел комом. Пробную партию объемом в 4,5 килограмма кокаина перехватили таможенные службы Колумбии. Информация по адресату попала в DEA. Обе стороны, как отправитель, так и получатель, понесли гигантские убытки.

Но этот провал не обескуражил наркодельцов, и Гарий Н. вместе с подельниками дал «добро» на вторую посылку, так как механизм наркооборота был запущен. Питерская братва, с которой у Гария Н. были налажены контакты по реализации кокаина, с нетерпением ожидала первой партии.

Вторая попытка оказалась удачной, хотя меньшей по объему. Тут уже постарались искусные и опытные колумбийские поставщики, которые умудрились втиснуть миниатюрный металлический контейнер со 172 граммами кокаина в толстый переплет иллюстрированного энциклопедического справочника. В итоге в апреле из Боготы в Санкт-Петербург за один раз было отправлено три экземпляра весомого издания с более чем полукилограммами наркотика, рыночная стоимость которого оценивалась по питерским ценам в 70 тысяч долларов США.

Виктория Онетти была подругой Людмилы С. Предложив свои услуги в качестве получателя и посредника, она имела определенный процент от каждой сделки. Почему именно на ее имя решили наркоторговцы направлять груз? Расчет у преступников был прост. По их мнению, заморская фамилия Онетти и ее «чистая», без отсидки биография создавала респектабельный имидж торговой фирме ЛТД «ESSE-ELLE».

Через несколько дней Людмила С., Гарий Н. и Онетти заработали первые наркоденьги, а в Санкт-Петербурге заработал очередной наркоканал.

Операция питерского УБНОНа под кодовым названием «Фолиант» началась с того момента, когда немецкая таможенная служба «ВК» оповестила своих санкт-петербургских коллег о том, что ими задержана посылка с книгами, где вмонтированы контейнеры с кокаином. Отправитель — колумбиец, адресат — знакомая уже нам торговая фирма «ESSE-ELLE» с генеральным директором Викторией Онетти.

Итак, в мае 1997 года ФСБ, таможенный комитет и УНОН МВД РФ совместно с немцами решили провести так называемую контролируемую поставку. В результате проведенной операции груз с очередной партией кокаина практически беспрепятственно дошел до адресата.

Но, к большому сожалению предприимчивых дам, Гарий Н. не дотянул до так называемой второй партии, так как был уже погребен. Вторая посылка с тем же объемом кокаина в аналогичной упаковке пришла, согласно договоренностям с поставщиком, ровно через десять дней.

В общей сложности таким образом было переправлено из Колумбии в Россиию 1 килограмм 32 грамма кокаина. Чтобы подсчитать, сколько это будет в денежном выражении, достаточно умножить одну тысячу тридцать два грамма на сто двадцать долларов. Именно столько стоил на наркорынке один грамм кокаина.

Виктории Онетти дали беспрепятственную возможность получить на почте посылку и спокойно раскрыть ее дома. Но когда на следующий день она с товаром вышла на встречу со своей приятельницей Людмилой С., обе преступницы были схвачены с поличным во время передачи груза. После проведения оперативно-следственных мероприятий сыщикам удалось убедить контрабандисток сдать остатки первой, до конца не реализованной партии. Кокаин хранился у бабушки Виктории, которая была в курсе всех криминальных дел внучки, но следствию не удалось привлечь ее к суду.

Людмиле С. и Онетти грозит срок от семи до пятнадцати лет лишения свободы. На этот раз совместными усилиями сотрудников нескольких силовых структур удалось перекрыть один из кокаиновых каналов.

А сколько их еще продолжает функционировать...

Глава 12
КАЛИНИНГРАД — ЗОНА РИСКА

«ОБЛАВА»

По улицам Калининграда гуляет СПИД. Бомбой замедленного действия стала прошлогодняя операция сотрудников Регионального УНОНа и работников горздрава, когда им удалось уговорить уличных проституток портового города пройти тест-контроль на наличие ВИЧ-инфекции.

Результаты первого дня обследований шокировали не только всю Россию, но и соседние пограничные государства: Литву, Польшу и отдаленную морем Германию. Из 15 проверенных девиц легкого поведения 13 оказались носителями вируса СПИДа.

Второй, третий, четвертый день так называемой облавы подтвердили опасения эпидемиологов Калининграда. Около 85 процентов «ночных мотыльков» вышли из местного вендиспансера с положительными результатами теста. Город был в шоке. Милиция, врачи и депутаты местного парламента объявили тревогу.

Началась тотальная проверка всех увеселительных заведений: саун, бань, массажных кабинетов, ночных баров и гостиниц, где всюду активно "трудится" контингент представительниц первой древнейшей профессии. Несмотря на то что средние показатели вышеперечисленных объектов были ниже, чем на улице, общие результаты обрисовывали фатальную картину с эпидемией СПИДа в городе.

Расследования, проведенные медиками и оперативниками из регионального УВД, показали, что разносчиками вируса являются проститутки-наркоманки, которые, как оказалось, нередко использовали один и тот же шприц с маковым раствором на всю компанию, и чаще это происходило прямо на уличном пятачке.

Но как ни странно, несмотря на сенсационные результаты обследований и еще не до конца пережитый шок, буквально через пару дней «ночные мотыльки» вновь выпорхнули на центральные улицы

Калининграда. Перефразируя известную русскую пословицу, скажем так: «СПИД СПИДом, а доза дозой». Ломка есть ломка, и она требует наркотик.

Несмотря на суровые зимние морозы, «ночные бабочки» и по сей день продолжают ежедневно нести «ударную» вахту на центральных улицах балтийского порта, продолжая, как говорится, «сеять вечное и неизлечимое».

Проезжая на такси мимо городского драмтеатра, я заметил, как отлаженно работала одна из таких точек. В течение минуты, пока мы с водителем ожидали зеленого света светофора, подъезжающие иномарки легко, в одно мгновение, «разгрузили» пятачок у здания «Мельпомены».

— Ну что вы хотите? — вспомнил я слова следователя Светланы К. из УВД Калиниграда. — Мы не имеем права насильственно лечить больных, инфицированных СПИДом, не имеем права изолировать их от общества. Нет таких законов. А тест на проведение анализа является делом сугубо личным, добровольным и хранится в строжайшей тайне. А они продолжают колоться одним и тем же шприцем, заражая как своих коллег по работе, так и неосторожных клиентов.

— Что же делать в такой ситуации? — задал я вполне логический вопрос.

— Это последствие географического положения города. Крупнейший на Балтике порт. И выход один — легализовать проституцию и взять под жесткий контроль медиков и правоохранительных органов, — подумав, ответила она. — Или нужен закон, позволяющий оградить больных от общества. Но на это никто не пойдет, правозащитники усмотрят нарушение прав человека.

— А сколько нам стоило усилий убедить девочек добровольно сдать анализы! — рассказывает начальник отделения профилактики при ОНОНе УВД Калининграда майор Василий Иванников. — Сейчас пошла вторая стадия заражения города. Количество перешло в качество. Вначале проститутки-наркоманки заразили друг друга, теперь они награждают этой болезнью своих клиентов. И это невозможно остановить.

МЕСТЬ И ЗАКОН

Парадокс заключается в том, что в России абсолютно не работает статья, где предусмотрено уголовное наказание за умышленное заражение больным здорового человека, как вензаболеваниями, так и СПИДом. По словам оперативников, например, в Финляндии такой вид преступления рассматривается как покушение на жизнь и больного осуждают на 10 лет.

Однако калининградская практика показала, что поначалу клиент, то есть мужчина, прихвативший болезнь в результате полового контакта, свирипеет от ярости и готов в припадке гнева убить заразившую его проститутку. Но потом, когда он узнает, что будет следствие, судебный процесс, привлечение свидетелей, огласка, он тут же отказывается давать показания. Несмотря на то, что такие дела рассматриваются на закрытых заседаниях, круг привлекаемых по такому делу достаточно широк. Нередко жертвами таких драматических ситуаций оказываются солидные бизнесмены, местные чиновники и вообще известные люди в городе, на мгновение потерявшие контроль над собой во время таких сексуальных вылазок, когда выпивка и так называемое невменяемое состояние притупляют разум. Жажда получить «чистые» сексуальные удовольствия без использования презервативов приводит к таким фатальным последствиям.

Это нонсенс. Никто не хочет рисковать своей репутацией и стать изгоем в обществе. У многих семьи, дети и положение в обществе. Уголовное дело разваливается, девочки вновь оказываются на свободе, а затем вновь появляются на улице.

Так рождаются сексуальные мстители из числа подхвативших вирус в контакте с наркоманками и обреченных на медленную смерть. Отказавшись лечиться и судиться, они заражают всех подряд. Один из таких типов находится в следственном изоляторе Калининградского УВД.

А СПИД тем временем продолжает гулять по Калининграду и в больших количествах экспортируется в соседние государства: в Польшу, в Литву и в Германию, где с удовольствием «гастролируют» российские путаны.

— В последнее время мы начали передавать информацию по носителям вируса СПИДа из числа группы риска в правоохранительные органы Германии и Польши, — рассказывает Василий Иванников. — И они нам очень благодарны, так как нередко задерживают наших проституток в тамошних злачных местах. И вызовы в качестве свидетелей местных девочек на судебные процессы стали обычной картиной. Правда, проезд и проживание с компенсацией по потере зарплаты гарантируется немецкой стороной. О таком финансировании в борьбе против чумы XX века мы можем только мечтать.

Что касается безопасности секса со стороны самих местных проституток, то проблема заключается в том, что наркотики почти полностью разрушают разум и сознание малолетних девиц, которые после очередной дозы готовы на все. Пьяному клиенту ничего не стоит уговорить путану отбросить презерватив в сторону.

Еще совсем недавно Калининград был известен в России как город, получивший статус свободной экономической зоны, и благодаря местным энтузиастам был выбран местом проведения славянского кинофестиваля «Янтарная пантера». Для столичных историков и философов бывший немецкий Кенигсберг по сей день остается последним пристанищем великого мыслителя Иммануила Канта, могила которого находится у старинного католического храма. Однако сегодня у северного российского порта новый имидж — зона санитарного риска.

По учету медиков, в полумиллионом городе официально зарегистрированы 1700 наркоманов, по милицейским данным, более пяти с половиной тысяч, ну а на самом деле их гораздо больше.

— Вы думаете, в других городах ситуация лучше? — спросил меня во время одной из поездок по городу начальник отдела УНОНа ГУВД подполковник Аркадий Михайлов. — Еще не известно, что получится, если проверить всех московских или питерских проституток. Мы знаем, что у нас творится, но вы не знаете, что у вас на самом деле происходит.

Пожалуй, мой собеседник был прав. А что, если в Москве провести принудительную операцию по тестированию на СПИД всего многотысячного контингента представителей активного сексбизнеса? Думаю, что результаты этих расследований удивят многих столичных горожан. И мало не покажется.

«ЦЫГАНСКИЙ КАРТЕЛЬ»

Как ни странно, в отличие от других российских городов, где за последние два года прочно укрепились героин, опий и кокаин, Калининград остается зоной популяризации маковой соломки. Это прежде всего объясняется дешевизной зелья. Более дорогие наркотики доступны в основном немногочисленным обеспеченным людям. Традиционно экстази, поступающий из Польши и Германии, реализуется в основном на ночных дискотеках и в барах, кокаин из Латинской Америки популярен среди крутых бизнесменов.

Маковая соломка, точнее, ее отвар доступен широким массам, и львиная его доля поступает из соседней Литвы, где и выращивается эта культура. Раньше, во времена СССР, когда не было границ, местные наркоманы отправлялись за дозой в районы Алитуса и Каксукаса. Но с начала девяностых годов дурман стал поступать большими партиями в саму Калининградскую область. А монополией на торговлю этой отравой прочно завладели литовские цыгане, которые умудрились на окраине Калининграда разбить небольшой поселок Дорожный.

Проезжая с Аркадием Михайловым на его служебной «Волге» по узким улочкам Дорожного, я убедился, насколько реальна картина нелегального наркооборота в этой зоне. Десятки наркоманов с раннего утра лениво и отрешенно тянулись пешком к цыганским хибарам.

Те, кто покруче, подъезжали к поселку на машинах, в основном на иномарках. Машина со спецномерами ГУВД ничуть не пугала бывалых потребителей дурмана, так как уколоть дозу в цыганском поселке — это изысканное искусство конспирации. Здесь цыганам по изобретательности нет равных.

— Облава бессмысленна, — рассказывает Михайлов. — Во-первых, мы не знаем, кто продает. Цыгане никогда не предлагают больше одной дозы. А делать облаву из-за одного шприца смешно. Во-вторых, за потребление наркотика в законодательстве нет уголовной статьи, в-третьих, до того момента, пока спецназ взломает дверь или ворота, склянку с отваром легко разбить, и вещдок весь уйдет в песок. Мы стараемся выявить крупных наркопоставщиков. И что-то в этой области нам удается.

Но трудность заключается в том, что в современную наркоторговлю вовлечены женщины и дети. Первых трудно посадить в тюрьму, так как каждая из них мать-героиня, имеющая по пять — десять детей, а на вторых — семи-восьмилетних юнцов — нет законодательных актов.

Раньше, года два назад, — продолжает рассказывать Михайлов, — мы обкладывали поселок Дорожный и за двадцать минут облавы забивали наши багажники десятками килограммов маковой соломки. Теперь приходится играть в разведчиков. Тем более, хитрые цыгане сами стараются не торговать, а предпочитают нанимать для реализации наркотиков местных наркоманов.

И все же было забавно смотреть на то, как наркоманы словно по графику цепочкой растворялись в цыганском поселке, а стоявшие на посту гаишники безмолвно и безропотно провожали их равнодушными взглядами.

Глава 13
РАЗВЛЕЧЕНИЕ ЗОЛОТОЙ МОЛОДЕЖИ

ЭЛИТАРНЫЙ В РАЗРАБОТКЕ

Студенты Московского государственного института международных отношений никогда не страдали различными комплексами. В наше время, свободное от предрассудков, когда мораль и то, что называлось во все времена нравственностью, подавлены необходимостью постоянно думать только о том, как заработать себе на хлеб насущный, когда молодежь по большей части «отвязывается» на всю, что называется, катушку, в наше непростое время студенты вообще, наверное, самые раскованные люди. Но МГИМО — это нечто особенное. Во все времена в этом престижнейшем учебном заведении учились так называемые «сливки общеста», золотая молодежь, предмет вожделения многих интеллигентствующих дамочек, желающих не хорошо, а о-очень хорошо устроить свою личную жизнь.

Да и сами представители этого «медом помазанного» института, кажется, всегда осознавали собственную значимость, едва ли не богоизбранность, совершенно отчетливо понимали исключительность своего положения в обществе, которое со временем именно им — в основном именно им! — предстояло вести за собой по тому или иному курсу — в зависимости от исторических реалий.

Разумеется, большая часть студентов этого института относятся к своей будущей миссии весьма ответственно и в соответствии с этим себя и ведут: учат языки, экономику разных стран и другие предметы, которые им обязательно понадобятся в их будущей работе.

Но немалая часть уже сейчас вкушает все удовольствия жизни, которые им положены, по их мнению, «по определению». Говорить о том, что студенты МГИМО законченные наркоманы, значит брать на себя очень большую ответственность, могут и за клевету привлечь. Хотя если провести настоящее расследование в стенах уважаемого института, можно добыть столько убийственных для ректората МГИМО фактов для такого обвинения, что отбиться от столь нестрашного иска будет несложно.

Проще простого.

По словам студентов МГИМО, арестованных по ходу дела, о котором мы расскажем в этой главе, будущие дипломаты в стенах альма-матер избегают только инъекций, да и то лишь потому, что существует огромный риск попасться на ежегодном медицинском освидетельствовании — и тогда их попросту вышвырнут из института, на который возлагается так много надежд.

Зато активно потребляется все, что нюхается, вдыхается, глотается. Чтобы достать вожделенные наркотики, не обязательно выезжать на какие-нибудь конспиративные квартиры, достаточно после лекции выйти в коридор или зайти в туалет — торговля наркотическими веществами здесь идет вполне бойко.

И выбор наркотиков здесь самый широкий. Кокаин, ЛСД, таблетки. Все, что будет душе угодно. Запросто.

Началось все в апреле 1994 года. Разумеется, началось не потребление студентами наркотиков, а оперативная разработка ФСБ по данному делу. Оперативники получили информацию, что на дискотеке МГИМО активно распространяются и потребляются наркотические вещества.

Когда-то МГИМО был чем-то вроде закрытой зоны, и КГБ очень четко контролировал институт, что неудивительно: именно из недр этого высшего учебного заведения он активно ковал свои кадры. Официальные кураторы из КГБ постоянно проводили профилактику таких правонарушений, организовали там своеобразный фильтр, избежать который тогдашним студентам не было никакой возможности. Но... Железный занавес упал, началась либерализация, все изменилось, и теперешние студенты не избежали соблазна свободной жизни.

Но как бы там ни было, кое-какие возможности у нынешней ФСБ все-таки остались. И первые данные о том, что на дискотеке МГИМО наркотики составляют едва ли не главную составляющую отдыха молодых людей, позволило выявить ряд лиц, которые занимались мелкорозничной продажей наркотических веществ. В том числе — непосредственно в самом МГИМО.

Результат был ошеломляющим: в итоге были арестованы родственники высокопоставленных чинов: Евгений П. и Александр И. Молодые люди были поставщиками ЛСД в стены родного института.

Впоследствии окажется, что Евгений П. и Александр И. — всего лишь незначительные фигуры в деле распространения наркомании на территории России, и в частности — в Москве.

КОНТОРА ДЕЙСТВУЕТ

Установив причастность Александра И. к распространению наркотиков, сотрудники правоохранительных органов получили разрешение на прослушивание его телефонных разговоров.

В течение первой же недели в результате прослушивания были получены весомые данные о его активной деятельности по приобретению небольших оптовых партий ЛСД и его дальнейшей реализации. А еще через короткое время было установлено место очередной встречи Александра И. с оптовым сбытчиком ЛСД и вообще круг участников сделки.

Двадцать четвертого ноября 1994 года состоялся разговор Александра И. с таким сбытчиком. Собеседники договорились встретиться на следующий день, после обеда, в зале станции метро «Щукинская». Речь шла о 110 дозах ЛСД, за которые Александр И. должен был заплатить тысячу долларов. Нетрудно подсчитать, что одна доза, таким образом, стоила 9 долларов. Из разговора также стало ясно, что, приобретя партию, Александр И. тут же, не выходя из метро, продает ее другому человеку по пятнадцать долларов за дозу, то есть, выполняя эту посредническую, по сути, работу, Александр И. получает по шесть долларов за одну дозу.

Еще через некоторое время был установлен собеседник Александра И. Денис Б. На следующий день в зале станции метро «Щукинская» оперативники задержали Александра И. с еще тремя парнями, с которыми он тоже договорился о встрече. Денису Б. удалось уйти: подошли две электрички сразу, народу была масса, и он скрылся.

Задержанный Александр И. признался, что распространял наркотики только из-за своей «неуемной жажды карманных денег». По-человечески это было понятно: юноша рос в благополучной семье, соблазнов много, сам он не бандит, не представитель криминального мира в общепринятом смысле этого слова. Обычный парень, которому хотелось подработать, а других способов достать денег он не видел.

Если Александр И. был мелким реализатором, то Денис Б. — фигурой. Побольше, чем Александр И.

Денис Б. был средним оптовиком, который брал наркотики на реализацию и сбывал их определенными партиями, причем занимался он этим последние три года.

На следующий день после задержания Александра И. с товарищами взяли и Дениса Б. На его квартире были обнаружены «марки» ЛСД — правда, в небольшом количестве. Зато квартира была заставлена дорогостоящей аппаратурой — не зря Денис Б. имел к музыкальной «тусовке» самое непосредственное отношение.

Денис Б. попал крепко — статья 228, часть 2 светила ему в обязательном порядке — доказательства его вины были налицо. А статья предусматривает конфискацию имущества, поэтому, несмотря на то, что приговора суда еще не было, сотрудники правоохранительных органов сочли возможным арестовать дорогостоящую аппаратуру Дениса Б. во избежание последующих возможных недоразумений с родственниками задержанного. Это обязательная практика. Но, как показали дальнейшие события, именно тот факт, что аппаратура была арестована, и помог в конечном итоге предъявить Денису Б. то обвинение, которое он заслужил.

Среди многочисленных предметов этой аппаратуры находился сравнительно недорогой эквалайзер, в котором потом был обнаружен тайник. А в нем — довольно крупная партия ЛСД, а также таблеток экстази.

Денис Б. начал давать показания, но рассказывал он поначалу, так сказать, закамуфлированно. Он заявил, что наркотики ему привозил какой-то иностранец, причем иногда Денис Б. их у него приобретал, а иногда тот давал ему их просто так, в подарок, а Денис Б. их реализовывал — для себя, с целью получения доходов. Никакого, словом, преступного сговора.

Но во время расследования были установлены связи Дениса Б. по сбыту ЛСД, и в деле появилось новое лицо — некий Дмитрий Ф. Были только косвенные доказательства участия Дмитрия Ф. в операциях Дениса Б., и привлекать его к ответственности было нельзя: в таких делах всегда нужно иметь в наличии предмет преступления — наркотик. А его-то и не было пока. И тем не менее было принято решение отслеживать Дмитрия Ф. Через три месяца усилия сыщиков принесли новые плоды.

После ареста Дениса Б. Дмитрий Ф., что называется, «залег», насмерть перепуганный случившимся. Но к тому времени сотрудники правоохранительных органов отслеживали каждый его шаг и прослушивали телефонные разговоры.

И вот наконец последовал звонок из Польши, и звонивший, который представился Мишей, интересовался ситуацией вообще и судьбой Дениса Б. в частности. Дмитрий Ф. обо всем ему докладывал. Вскоре после этого, в декабре 1994 года, Дмитрий Ф. самолично выезжает в Польшу по приглашению некоего Михалика Войчека. После возвращения Дмитрия Ф. прослушивание его телефонных разговоров продолжилось.

Тем временем после ареста Дениса Б. прошло около двух месяцев, и постепенно Дмитрий Ф. успокоился и временно решил приостановить бизнес с ЛСД. Но других шальных заработков Дмитрий Ф. не знал и поэтому решил пока поторговать наркотиком, который знающие люди называют «питерской кислотой», или попросту ДОБ.

Проживал Дмитрий Ф. у родителей, и телефонные разговоры его по-прежнему прослушивались. В одном из разговоров он договаривается наконец с тем самым Евгением П. из МГИМО, о котором шла речь вначале. Дмитрий Ф. предложил Евгению П. приобрести несколько доз ДОБ. Они не подозревали, что находятся под пристальным наблюдением, и договорились о встрече, во время которой были задержаны. Причем между Дмитрием Ф. и Евгением П. при встрече происходил своеобразный бартер. Дмитрий Ф. передавал Евгению П. кислоту ДОБ, а взамен получал гашиш. Количество ДОБ-кислоты составляло 3,5 грамма, а этого, как и гашиша, было вполне достаточно для задержания обоих. Задержание прошло без сучка без задоринки.

Началась следующая фаза операции, которая в конечном итоге вывела оперативников на организатора и главного поставщика наркотика в Россию Михалика Войчека.

ПОЛЬСКИЙ СЛЕД

Даже если бы Дмитрий Ф. стал начисто все отрицать, его бы убедила запись телефонного разговора, который он лично вел с Михаликом Войчеком.

При обыске квартиры Дмитрия Ф. сыщики нашли наркотики и несколько пакетов с названием фирмы международной связи «ЕМС гарант пост», которая занимается посылками по всему миру. Это и были те самые конверты, которые приходили из Польши от Михалика и содержали в себе наркотики — «марки» ЛСД.

Когда Дмитрий Ф. находился в Лефортове, следователь убедил его родителей ответить на очередной звонок Михалика. Они должны были сказать, что сын якобы поменял место жительства — ушел жить к подруге. Для Михалика следователь оставил свой рабочий телефон.

Основной задачей было предоставить Михалику все дело так, чтобы он поверил, что Дмитрий Ф. при деле, что с ним все в порядке.

На первый звонок Войчека по указанному номеру сработал автоответчик, который сообщил, что на данный момент он, то есть Дмитрий Ф., подойти к телефону не может, потому что находится на одной базе отдыха и просит перезвонить ему через неделю в такой-то час. Эта неделя необходима была, чтобы продумать и выработать дальнейший план действий.

К тому времени следствию уже было известно, что эти «марки» сам Михалик приобретал по доллару с небольшим за одну штуку, продавал их по четыре доллара Денису Б. и Дмитрию Ф., а те, в свою очередь, перепродавали уже за девять долларов. В конечном счете непосредственный потребитель приобретал дозу, то есть «марку», за пятнадцать долларов.

Просто сверхприбыли!

Михалик позвонил снова. Вот тогда-то следователю удалось сымитировать голос Дмитрия.

Нужно было любыми способами вытащить Михалика Войчека из Польши и привлечь к уголовной ответственности за распространение наркотиков на территории России. Позвонив, Михалик предложил организовать дальнейшую поставку наркотика. В Москве, естественно, дали согласие, то есть пообещали всячески Михалику поспособствовать.

Через ту же фирму «ЕМС гарант пост» спустя неделю на домашний адрес Дмитрия Ф. пришел товар. Разумеется, эта поставка была согласована с таможенными органами, и, когда груз поступил, было получено санкционированное разрешение на его арест. Бандероль была встречена надлежащим образом и осмотрена. В ней оказалось 500 доз. Из следующего телефонного разговора Михалик узнал, что товар получен, и началась его реализация. Он потребовал по пять долларов за дозу, что в общей сложности составляло две с половиной тысячи долларов США.

Для перевода денег в любые страны существует международная система «Вестерн юнион», которая за два процента комиссионных переводит деньги из одной страны в другую. Преступники пользовались именно этим способом передачи денег, и сыщикам пришлось изучить массу квитанций, которые в точности зафиксировали передвижения этих сумм. В целом было переведено 130 тысяч долларов. Это был период с мая 1994 года по апрель 1995-го, включая и контролируемую поставку. Но самое оживленное движение перевод денег имел с мая по сентябрь 1994 года.

Итак, Михалик продолжал действовать и был готов поставить еще одну партию наркотиков, но прежде он должен был получить причитающиеся ему деньги за те, которые пришли с контролируемой поставки.

Теперь стояла задача заставить приехать Михалика в Москву якобы за деньгами. Требовать от польских коллег его ареста и выдачи — занятие неблагодарное.

Михалику дали понять, что в стране изменились порядки и нужно представлять декларацию о доходах, поэтому переводить деньги по обычному маршруту опасно. Михалик, конечно, понял, что это более чем серьезная причина — незачем было светить свои деньги, он бы и сам, наверное, тысячу раз подумал, прежде чем отправить эти деньги. Но и в Москву ехать Войчек отказывался — чувствовал, что ничем хорошим это для него закончиться не может.

Тогда следователь предложил ему компромисс: встретиться на нейтральной территории, в Белоруссии, тем более что в Минске наметилась перспективная клиентура. Михалик должен был понять выгодность такого мероприятия, что в итоге его и соблазнило.

Оперативники моментально вышли на контакт с белорусским КГБ. По приезде Михалика Войчека в Минск его встретили прямо у трапа самолета, в тот же день посадили на другой самолет и этапировали в Москву.

БЕССЛАВНЫЙ КОНЕЦ

В начале весны 1994 года двадцатипятилетнему Михалику Войчеку предложили бизнес. Сделали это приятели Михалика: голландец Рене ван Брук и проживавший тогда в Амстердаме Дэвид Эрик Мейсол, которые уже поставляли наркотики в Восточную Европу. Михалик, который и сам был не прочь употреблять наркотики, не отказался. Приятели предложили ему брать у них сильнодействующий наркотик ЛСД по доллару с небольшим за «марку» и организовать самому сбыт, скажем, в России, где, по их данным, намечается бурный рост употребления наркотических веществ, и потому наркобизнес может оказаться очень и очень перспективным.

Михалик купил турпутевку в Москву и в мае прибыл в столицу. На дискотеке Войчек познакомился с 20-летним тогда Дмитрием Б., который, несмотря на столь юный возраст, был тертым калачом в деле наркобизнеса. Ему и предложил Михалик совместное дело. Дальнейшее известно.

Из собственноручно написанного чистосердечного признания Михалика Войчека на имя Генерального прокурора Российской Федерации:

«...Первый приезд к ним (Денис Б. и Дмитрий Ф. — *М.Ш.*) произошел в мае 1994 года... Я привез 500 штук ЛСД, за которые получил 2000 долларов США. До конца июня я таким образом привез (поездом или самолетом) 3 партии (2 по 500 и 1 по 1000 штук)... Следующий мой приезд произошел в конце августа или начале сентября. Я привез тогда около 500 штук и через неделю 1000 штук. Мы договорились о дальнейшем нашем поведении, в котором я должен был высылать посылки через «ЕМС гарант пост», содержащие ЛСД, и получать деньги через «Вестерн юнион», посылаемые в Польшу и Голландию. В период с сентября до конца ноября 1994 года я выслал около 6000 штук в партиях от 500 до 2000 штук».

Прятать наркотик при пересечении границ было не слишком трудным делом: ЛСД пропитывали листы перфорированной бумаги, поделенные на четырехугольники размером 8×8 мм с разными рисунками. Это и есть те самые пресловутые «марки». Каждая такая «марка» содержала одну дозу ЛСД в 0,5 миллиграмма.

Всего Денис Б. и Дмитрий Ф. получили от Войчека 12 300 доз. Они продали все, кроме 196 «марок».

Показателен в ходе следствия эпизод с записными книжками Дениса Б.

Скорее, это даже не записные книжки, а отдельные листы с различными записями, указанием имен, цифровыми обозначениями, а также изображениями в виде солнышка, бочонков, фирменного знака автомобиля «мерседес» и сокращенных записей типа «бык», «бач», «капс», и пр. Следователь взялся за расшифровку этого «эзотерического» языка.

Например, фирменным знаком автомобиля «мерседес» изображаются таблетки экстази, или МДМА, как их еще называют. Рисунок в виде маленького бочонка — тоже экстази. Рисунок в виде продолговатой капсулы — разновидность экстази, наркотик, изготовленный в виде прозрачной капсулы, внутри которой находится розовый порошок, обладающий сильнейшей наркотической активностью. Сокращение «бык» применяется для обозначения опять же экстази, изготовленного в виде таблетки с изображением головы быка. Сокращение «капс» означает капсулу.

Еще совсем недавно о таких наркотиках, как ЛСД, экстази и ДОБ, ничего не было известно в нашей стране. Мы узнавали о них в основном из публикаций о жизни на Западе и др.

Сегодня же обстановка переменилась на сто восемьдесят градусов, и то, что раньше воспринималось нами как экзотика, стало настоящим бедствием, особенно среди молодежи. Все эти разновидности наркотиков, о которых идет речь в настоящей главе, имеют «галлюциногенные» последствия. Они рассчитаны именно на молодежь и потому получили широкое распространение именно там, где молодежи больше всего: ночные клубы, дискотеки, студенческие общежития и, разумеется, престижные вузы. Вызывая видения невероятно интенсивной силы, «веселые» наркотики резко повышают настроение и коммуникабельность. А вслед за этим — неизбежная расплата: стремительное старение организма, ломки, импотенция, полное разрушение центральной нервной системы и как безусловный результат — полнейшая деградация личности. И происходит это все чрезвычайно быстро.

Дело Михалика позволило установить, что в местах скопления молодежи действительно происходит то, о чем во весь голос говорили оперативники: под грохот музыки идет огромная разрушительная работа. Можно сказать, что наша молодежь постепенно (но очень быстро!) разрушается.

В начале 1997 года все обвиняемые сели на скамью подсудимых и были изобличены полностью. Приговор Чертановского межмуниципального суда города Москвы был однозначен: виновны. Они получили от 4,5 до 10 лет лишения свободы.

Трудно представить себе, что после того, как группировку Михалика обезвредили, наркомания в московских ночных клубах резко пошла бы на убыль. Свято место пусто не бывает... Золотая молодежь Москвы продолжает развлекаться так, как может и хочет, и наркотики в их веселье, к сожалению, играют одну из главных ролей.

Поэтому, как бы там ни было, окончательную точку ставить еще рано.

Наркотическое шоу — продолжается.

P.S. Журналисты «Московского комсомольца», проделав небольшой рейд по вузам Москвы, составили своеобразный рейтинг столичных наркобирж.

Итак, первое место по продаже наркотиков, безусловно, принадлежит «лумумбарию» (РУДН). С этим вузом по активной деятельности не может сравниться ни одна альма-матер.

Второе место — МГУ. (Самые «крутые» наркоманы учатся на факультетах журналистики, на юридическом, философском, экономическом, включая весь контингент общежития ДСВ (Дом студентов на Вернадского).

Третье место — Московская сельскохозяйственная академия.

Четвертое место — Институт международных отношений (МГИМО).

Пятое место — Архитектурный институт (МАРХИ).

Шестое место — Экономическая академия им. Плеханова.

Седьмое место — Институт стран Азии и Африки (ИСАА).

Глава 14
КАТЯ ФИЛИППОВА

У этой истории редкий, единичный и не типичный финал, то есть благополучный и *счастливый*, а обычно он бывает трагическим. Катастрофа в конце пути — вот что ждет человека с судьбой, схожей с судьбой нашей героини, Кати Филипповой. Из той бездны, в которую попала Катя, не выбираются, или почти не выбираются. Нужна железная воля, нужно невероятно счастливое стечение обстоятельств, чтобы все произошло так, как это было у Кати, а именно — состоялось выздоровление и возвращение человека к жизни.

Сейчас Катя практически здорова и старается не вспоминать тот кошмар, который превратил ее жизнь в кромешный ад, из которого, было время, она не видела выхода. Сейчас она работает в школе и ее судьбу можно назвать счастливой. Но тогда...

Тогда все было иначе.

ЮНОСТЬ

Пионерский период своей жизни в Свердловске, ныне Екатеринбурге, Катя вспоминает, наверное, как самое счастливое время своей жизни. Не потому, что детство — самая беззаботная пора всех и каждого, хотя и поэтому тоже. Но не только поэтому.

Катя свято верила в те идеалы, светлые идеалы, которые несла в себе идеология того времени. Разумеется, она не могла знать о том, что в жизни проводилась линия, прямо противоположная официальной пропаганде. Конечно, она этого не знала. И верила. А когда человек верит, будущее ему кажется безоблачным, он твердо стоит на ногах, или думает, что твердо стоит, иногда иллюзии могут быть реальнее самой реальности.

Итак, жила-была девочка, которая искренне, истово верила в возможность «светлого будущего». Девочка с чистой возвышенной душой верила, что все, что делается на ее Родине, — так же чисто и незамутненно.

— Меня лепили учителя, — вспоминает Катя сегодня, — меня лепили наставники, люди, которые меня окружали, такой хорошей, такой правильной, такой суперположительной девочкой. Банты, гольфы, медалей полная грудь...

У Кати была цель — работать и помогать людям, и делала она это совершенно искренне, а когда заканчивала восьмой класс, про нее уже говорили абсолютно недвусмысленно — готовый комсомольский работник, будущий секретарь парткома и что-то в этом роде. И действительно, ее уже хорошо знали в этих кругах. Впереди у нее было, можно сказать, большое номенклатурное будущее — тогда в эти слова Катя вкладывала только позитивный, хороший смысл.

А потом пришла перестройка.

Сейчас много говорят о том, что наибольшее разочарование те годы принесли старшему поколению. Действительно, трудно признать то, что все идеалы, которым ты поклонялся всю свою жизнь, идеалы, ради которых ты голодал, претерпевал множество почти невыносимых трудностей, на самом деле — один сплошной обман. Вся жизнь, по существу, прожита зря, потому что внезапно выяснилось, что ты поклонялся фальшивым богам, и выдержать *такое* под силу не каждому. Большинство пенсионеров не только оказались выброшенными на свалку Истории, но выяснилось, что и вся их жизнь была бесполезной. Как там в «Оводе» Войнич? «Я верил в вас как в Бога, но бог — это всего лишь глиняная статуэтка, которую легко разбить...» Не каждый сможет после такого разочарования стать стойким и несгибаемым Рамиресом.

Конечно, молодое поколение вынесло разочарование Большого Обмана не так тяжело, как пожилые люди. Легко, можно сказать. Но и среди них были такие, которые *верили*. И увидели, что то, чему они поклонялись, — «глиняный бог». Озлобиться, как это сделали большинство разочарованных стариков, они не могли. Они — ломались. И это еще одно преступление фальшивой коммунистической идеологии.

Среди таких разочаровавшихся молодых людей была и наша Катя.

— Когда это случилось, я сказала — пошли вы все к чертовой матери, — вспоминает Катя. — Я стала плохой. Я бросила учиться. Учиться так, как нужно, то есть приходить домой и делать уроки. Я еще училась два года, но по инерции, хотя и без троек. Но это была инерция...

Психологи в таких случаях говорят: исчезла мотивация. Отняли одно, то, что было главным в жизни, но взамен не предложили ничего. Ничего. Жизнь продолжалась, но как бы по инерции.

Молодости свойственны крайности. Молодости свойственно желание общаться со сверстниками. Быть, скажем, комсомольским вожаком значило тогда и помогать людям (в сознании Кати, естественно), и общаться со сверстниками. Жизнь была наполнена смыслом. Но вот смысл исчез, а желания остались. И Катя постепенно стала общаться со сверстниками — но уже на качественно другом уровне.

— Я стала бандиткой, — вспоминает она, — у меня совершенно изменились друзья. Раньше у меня были хорошие, добропорядочные друзья. Но когда *это* случилось, я сказала, что пойду на улицу. И ушла туда, и нашла себе новых друзей...

Поначалу это была шпана, местное хулиганье, но в течение довольно короткого времени Катя сошлась с теми, кого сама она называет «настоящим криминалом».

Десятый и одиннадцатый классы Катя заканчивала уже совсем другим человеком.

К наркотикам ее никто не приучал нарочно. Она, что называется, «сошла с рельс», стать «плохой» было ее собственное решение. Как она говорит сейчас, она сама себя такой сделала. И то правда. Человек, пожалуй, всегда сам себя лепит.

Катя сама в первый раз взяла анашу и выкурила ее тайно, никто не заставлял, не предлагал ей. Это было осознанным ее решением. И то, что она впервые взяла в руки сигарету с «травкой», оставалось тайной даже для ее «криминальных друзей — анашистов».

Первый опыт не принес желаемого удовольствия. Первые опыты вообще редко когда приносят чувство эйфории. Но Катя и не рассчитывала, что ее первая сигарета с анашой принесет ей такое удовольствие. Это было ее маршем протеста, ее личным «фи». Чему? Всему, что ее в то время окружало.

В районе Екатеринбурга, в Нижнем Елецке, был цыганский поселок. Именно там и доставали Катя и ее друзья анашу, или, как ее еще называют, гашиш, марихуану.

Чтобы доставать наркотики, нужны деньги. И Катино окружение добывало их всеми возможными способами, то есть так, как могли, а могли они совершать только правонарушения. И поначалу Катя опасалась, но потом...

Потом она стала как все. И преступления совершала наравне со всеми. Она, конечно, понимала, что не совсем похожа на своих теперешних товарищей, точнее даже сказать, она им абсолютно чужая, твердо знала, что она — не «оттуда». Но, во-первых, ей было на это, по большому счету, наплевать. А во-вторых...

Во-вторых, именно в этой компании она встретила свою любовь. Алексей был старше ее на два с половиной года, «ненамного», как говорит Катя. Она с головой ушла в эту любовь.

На вопрос, чем занимался ее любимый человек, Катя ответила откровенно:

— Крал. Был домушником, и щипачом, и грабителем. Вор — это как бы коронованный жулик, что ли. А у них есть такое слово — «крадун». Так вот, он был — крадун, то есть стремящийся пацан, который пошел по этой жизни.

Понимаете, — взволнованно продолжала Катя, — это такая лажа, хотя я и поверила во все сначала. Понимаете, вот была *та* мораль, но она оказалась ложной. И появилась мораль новая, мне сказали: вот настоящий классный мир, вот настоящие законы, смотри, как это здорово, как здесь интересно, живи так, это интересно, живи по этим законам, это справедливо. Те люди — плохие и созданы для того, чтобы все у них забирать, а мы, мол, элитное общество. Это бред, конечно. Но... мне стало интересно.

Чтобы покупать наркотик, Катя с подругами снимали с девочек, и постарше и помладше, золотые украшения. К тому времени Катя уже не только курила анашу, но и принимала таблетки, так называемые «колеса»: до того дня, когда она по-настоящему укололась, оставалось совсем немного.

В конце одиннадцатого класса она попала в КПЗ — камеру предварительного заключения. Инкриминировалась ей статья 48 — вымогательство...

В день выпускного сочинения Катя в камере по радио услышала темы и думала о том, что в эту минуту ее одноклассники сидят и пишут, а она — здесь, на нарах.

Говорить об этом она может только сейчас. А когда-то Катя не только говорить не могла — ей было «безумно тяжело знать об этом». Так она говорит сейчас.

В колонию их не отправили. В конце концов они во всем признались, до суда их отпустили, а вскоре состоялся и он, то есть суд.

Катя получила два года лишения свободы с отсрочкой действия приговора сроком на год. То есть если за этот год она совершила бы другое правонарушение, то к сроку за новое преступление ей приплюсовался бы срок старый — два года.

Так или примерно так закончилась для Кати ее юность.

ПОЛЕТ В БЕЗДНУ

Для Катиной мамы, Любови Николаевны, все случившееся оказалось тяжелым ударом. Как вспоминает теперь Катя, мама ее была «в совершеннейшем раздрызге».

Дочь ушла в школу на выпускной бал и вернулась только через трое суток. Все это время, после вечера в школе, Катя была с Алексеем. Она только позвонила домой и категорично заявила, что некоторое время ее не будет. А когда она все-таки вернулась домой, у нее состоялся разговор с матерью, во время которого та сказала:

— Ты хоть дома будь. Я не знаю, где ты ходишь.

Не такая уж и обидная, по существу, фраза. Но Катя, к этому времени уже плотно сидевшая на наркотиках, самым настоящим образом психанула.

— Я психанула, — вспоминает она, — собрала свой чемодан огромный и сказала, что ухожу от нее. Цель моя была не в том, чтобы действительно уйти от нее, потому что я зависела от мамы финансово, вот такая отвратительная потребительская позиция у меня тогда была. Хотелось перетусоваться где-нибудь пару-тройку дней, чтобы она успокоилась, не трогала меня в ту минуту. А потом она сама бы нашла меня, и я знала, что она найдет, заберет меня и будет кормить, поить, одевать и вообще заботиться и, как это было всегда, вытаскивать из всяких трудностей.

Но все оказалось не так, как думала Катя. Все случилось по-другому.

Когда она вышла из подъезда, первый человек, кого она увидела, был... Алексей. Узнав, что подруга поругалась с матерью, тот раздумывал не долго. И... пригласил жить к себе. Катя думала, что поживет у него дня три, не больше, и вернется.

И задержалась на долгие четыре года. Это были действительно долгие, долгие годы, и хотя пролетели они в наркотическом угаре незаметно, но ничего нельзя забыть и выбросить из памяти...

Когда Катя решила впервые уколоться, попробовать наконец этот самый винт, с помощью которого получали свой кайф окружавшие ее люди, она не знала, что ее первая попытка успехом не увенчается. Она даже потом обрадовалась тому, что так получилось — было страшно, противно.

Ее подруга Светлана в то время жила с самым настоящим вором в законе — сейчас его уже нет в живых. Они приехали тогда к нему, а там знакомые лица, «рожи», как называет их сейчас Катя. Светлана укололась, а Катя, «обкуренная в хлам», подумала, что ей вроде бы тоже можно. И Светлана сделала это. Точнее — попробовала сделать. Но у нее не получилось. И хотя на руке остались лишь синяки, Катя испугалась. И три дня носила рубашку с длинными рукавами, чтобы мама не увидела эти синяки, не пристала с расспросами — дело было еще в школе.

Это была первая попытка. Вторая оказалась более удачной. На этот раз укол делал... Алексей.

Можно, конечно, сейчас сказать, что Алексей заставил ее, уговорил, расписал все красочно и уговорил. Но... не совсем так. Катя *сама* попросила его об этом.

К тому времени она была уже достаточно «насмотренной». Она часто бывала на наркоманских тусовках, на ее глазах варилась эта отрава, и потому Катя была вполне созревшей для начала. Алексею не нужно было ее уговаривать. Он просто принес наркоту, сделал все, что нужно, и уколол.

На этот раз получилось все. Катя нашла то, что, может быть, неосознанно искала все это время.

— Человек находит возможность спрятаться от реального мира,— говорит Катя, — найти дверцу, за которой можно укрыться от сегодняшней жизни, а иногда она бывает не очень приятной. В этом мире потери, обида, мы как бы ощущаем себя чужими, а там — там человек видит возможность хотя бы временного забвения — и находит его. *Тот* мир совершенно не похож на этот, и он как бы тоже реален...

Помните, мы говорили с вами об иллюзиях и реальности?

Так вот, иллюзии на самом деле ничем не отличаются от реальности. Любая реальность может оказаться иллюзией, точно так же, как любая иллюзия может оказаться реальностью. Например, если мы возвратимся к обманутым старикам, то должны признаться, что всю жизнь эти несчастные люди жили иллюзиями. Но ведь для них-то, для них самих они казались самой настоящей реальностью. Мы полагали, что живем, счастливые, в самой сильной державе, в самом справедливом обществе, но произошло *что-то,* и выяснилось, что это не так. Совсем не так. Выяснилось, что все это — жестокая иллюзия.

И в какой-то момент Катя приняла иллюзию за реальность. Она ее устроила. Она ее удовлетворила. Правда, время от времени приходилось менять одну реальность на другую, и, пока она не вкатывала себе очередную дозу, реальность этого, трезвого, мира, казалась иллюзией — и так до следующего раза.

И поначалу, вспоминает Катя, она не была «в системе». «Система» — это когда очередная доза нужна постоянно, потому что без нее «кумарит», выворачивает суставы, тело болит нещадно, и избавить от этих невыносимых мук может только очередная доза.

Два года длился этот процесс. Два года Катя не признавалась себе, что она — наркоманка. Она все это время думала, что может соскочить в любую минуту. Но бесконечно это продолжаться не могло, и наконец настал день, когда она отдала себе ясный отчет в том, что они — она и Алексей — самые настоящие наркоманы.

— Наркоманы, — говорит она сейчас, когда все уже позади, — это не те, кто не может соскочить с иглы, это уже те, кто просто укололся. Нужно с самого первого раза прекращать это дело. Хотя, конечно, лучше всего вообще не начинать.

Она поняла, что ее любимый человек погибает, — и тогда-то и пришло прозрение. И она решила во что бы то ни стало... спасти любимого. Это очень на нее похоже: спасать человека от того, чем страдает она сама, и при этом не думать как раз о том, что та же самая участь ожидает и ее.

Она решила спасти Алексея — и сама продолжала колоться. Конечно, у нее не могло это получиться, нельзя спасать от наркомании человека и при этом оставаться наркоманкой.

Но она уже была «в системе».

И все-таки...

Это было время открытий, каких-то озарений, и она вдруг понимала то, что в общем-то и так ясно отстраненному холодному уму, но что обретает великий смысл, когда это прочувствовано каждой клеточкой тела. И она остановилась.

Вот что она говорит, вспоминая то время:

— Я очень много выпивала. Все подряд было. Не было ни одного дня, чтобы я не была пьяной, обкуренной. Это была такая жизнь... без движения вверх. И потом... Потом я однажды просто пришла и поняла, что все, все, это — предел и я так больше жить не могу. *Я не могу* так больше жить, я не могу больше так жить в этом мире. *Кончилась эта ложь для меня.* Я сказала ему: или ты бросаешь наркоту и мы начинаем жить по-новому, или я просто ухожу. Он боялся меня потерять, все-таки я была светлая по сравнению с ними и более-менее честная. Он сказал — да, о'кей. Мы не стали пробовать больницы, это было бесполезно. У нас был опыт наших знакомых, которые ложились в такие больницы на лечение как бы, а потом выходили из них и все начинали сначала. Мы просто накупили всяких лекарств, таблетки там типа трамала и закрылись от всех. Мы не знали другого пути. Я сидела с ним два месяца, я выключила телефон, все остальное, я изолировала его от остального мира, я переносила его бесконечное нытье, его ломку, его бессонницу, его обвинения, его замкнутость, при этом сама претерпевая то же, что и он. Я верила, что что-то с этим изменится. И мы вышли. У него прекратилась ломка, он более-менее поправился, ожил, мы прошли этап физического восстановления, дальше началось самое трудное — восстановление психологическое. Все вроде бы шло нормально, он что-то начал делать, но однажды...

Однажды я пришла в одну компанию и увидела, что он уколотый. Я собрала вещи и ушла. Мне было очень плохо. Месяц я кололась, бухала, заливала свое горе, скажем так.

Когда все это произошло, Кате было только восемнадцать лет...

То, что она пережила, — страшно, но на этом ничего не закончилось. Продолжение было страшное — если такое вообще возможно.

Прошло время, и как-то Катя, пьяная, позвонила Алексею, расспросила, как дела. И Алексей ответил, что он все это время что-то пытается с собой сделать, то есть он терпит три дня, не колется, испытывает мучительную ломку, а потом уходит и колется. Он пробовал прожить без накротиков и по три, и по четыре дня, он как бы цеплялся за жизнь, он понимал, что погибает, к тому же он хотел вернуть Катю. Ее уход подействовал на него очень сильно. И Катя вернулась.

Вернулась, чтобы сделать еще одну попытку.

Слово ей, Кате:

— Месяц мы еще прожили, это было ужасно. Были мучительные попытки бросить колоться, это был ужасный месяц, самый страшный в плане болезненных эмоций, потому что он уходил, надо было зарабатывать деньги, он говорил, что не может сидеть на шее у родителей, ему нужно кормить себя и меня, он уходил, и как-то он пришел, и я увидела, что он уколотый. У меня не было сил кричать, ругаться, я помню, как чистила картошку и плакала, просто плакала. И он увидел это, пошел в ванную и вскрыл себе вены. Я достала его оттуда, завязала, и мы сидели оба, мокрые в этой кровище, и рыдали, и я говорила, дурак, зачем ты это делаешь, я тебя не брошу, зачем так, я же рядом, что-нибудь сделаем. Но потом... Вы знаете, потом я не выдержала. Ушла.

Что-то в истории Кати постоянно вызывает недоумение. После долгих размышлений я понял наконец, что именно цепляет меня в этих судьбах больше всего. У Кати — полная отдача любимому человеку всей себя и в то же время совершенно наплевательское отношение к себе. У Алексея — любовь, такая, какая она только может быть у наркомана. Потому что он тоже пытался спасти Катю.

Уже было ясно, что и Катя весьма плотно села на иглу, она была «в системе». И Алексей тоже запирал ее дома, отбирал наркоту, а она тоже разрезала себе вены, но, как сама Катя признавалась, это был психоз, она делала это не с тем, чтобы убить себя, она никогда не хотела убить себя. У нее была единственная цель — выманить наркоту. Потому что без наркоты уже было нельзя. Без дозы начинался кошмар. Страх, боль — все не точно.

Оцепенение.

Каждый день ты мертвый. Тебя нигде нет, ты никакой, вокруг тебя вакуум. Ты бесцветный, пресный. Замороженный. У тебя заморозились эмоции, заморозились физические функции организма.

Ты становишься кусочком льда.

Так об этом состоянии сейчас рассказывает Катя.

ДНО БЕЗДНЫ

Доза, доза, доза!

Вся жизнь — доза, весь смысл жизни — доза! Радость — это доза, секс — это доза, общение — это доза, все, что в мире есть хорошего, — это доза. Все заканчивается, и жизнь сужается до размеров игольного ушка. И ты сам сужаешься до этих размеров.

«Система» — это когда колешься каждые четыре часа, потому что если не колоться, наступает ломка. Если ты «в системе», то все, это конец, все твои интересы сводятся к одному: к дозе.

Катя поняла, что находится на самом дне этой наркотической бездны. Она еще не знала, что это пока не самое дно. Что у бездны есть еще другие глубины.

Она решила поехать с мамой в Турцию — заработать. Она надеялась, что сможет избавиться от своей болезни там, в поездке. Она инстинктивно тянулась к матери, полагая, что та сможет ей помочь, как помогала тогда, когда она, Катя, была совсем маленькой.

Но она еще ни в чем матери не признавалась. До поры до времени...

Маршрут был такой: сначала Катя летит в Сочи — там у нее жила подруга Юля, которая знала о том, что она наркоманка, и Катя полагала, что подруга сможет ей хоть как-то помочь. Потом прилетает мама, на следующий день, и они едут в Батуми, откуда улетают в Стамбул. Мама, напомним, пока ничего не знала о болезни дочери. Так, во всяком случае, думала тогда сама Катя.

Прилетев в Сочи, Катя в туалете аэропорта сделала себе последний укол, в грязи, у самого толчка. Последнюю, думала она, дозу. Они пошли куда-то вместе с подругой, Катя не помнит до сих пор, что происходило в те дни. Действие укола закончилось, и она поняла, что ей действительно плохо. Ночью она, естественно, не могла уснуть, а на следующий день прилетела мама. Они должны были сразу же улететь в Батуми, но Кате это было уже все равно, она ничего не делала, все делали Юля и мама. Наконец они прибыли в аэропорт. Сочи, лето, жара, люди в майках ходят, а Катя — в джинсах, в шерстяных носках, кроссовках, свитере — ей холодно. Ее кумарит. На вопрос матери, что с ней случилось, она ответила, что мол, болеет. И они никуда не улетели. Сняли комнату в Адлере, и уже там Катя во всем призналась матери. И та ответила, что все уже поняла сама.

Очнулась Катя в Батуми. И испытала подъем — она даже отправилась пешком на море. До этого она не могла ступить без болей пары шагов, а тут — пошла по пляжу и даже почувствовала что-то вроде удовольствия.

Потом они улетели. В самолете Катя почувствовала, что «капельку живет». Ощущение было новым, свежим, классным было ощущение.

В Турции ей все время хотелось есть, и ей показалось, что она, в общем-то, поправилась. Вроде бы нормально стала себя чувствовать. Ее стали интересовать магазины, вещи, которые они покупали. Казалось, что жизнь возвращается.

Обратно они летели через Сочи. У Кати было еще два дня, она вполне могла бы прожить их на море, остаться позагорать с Юлей.

Она пошла в кассу, поменяла билет и в тот же день улетела домой. В аэропорту ее встречали друзья, совершенно, как вспоминает Катя, «убитые, мертвые». Она приехала домой, к мужу. Алексей знал, что она приезжает «перекумарившая», то есть пережившая ломку, и попытался что-то сделать: убрал из дома все «баяны», «ковшики», всю лабораторию. Он знал, что, если Катя приедет здоровая, а он, наркоман, в квартире имеет все для того, чтобы изготовить зелье, она может не выдержать. Он убрал все.

Все!

Приехав домой, первое, что сделала Катя, — откопала это старье, миску, «колеса», намешала, изготовила и в тот же день укололась.

В этой технологии, естественно, она уже к тому времени разбиралась не хуже Алексея.

А потом был месяц полного забытья. Полного наркотического угара. А потом улетела снова. И ее арестовали в Сочинском аэропорту.

За подделку документов.

— Нужно было вывозить валюту, — рассказывает Катя, — а я не позаботилась о том, чтобы иметь разрешение на вывоз валюты. Где-то достали бланки каких-то деклараций, что я когда-то завезла эту валюту, и на коленках перед таможней я все это и заполнила. Фальшивка откровенная, и меня на ней поймали. А я была на втором дне кумара, мне было плохо, очень плохо, и мне было наплевать, заберут у меня эти две тысячи или не заберут. Мне *на все* было наплевать, а хотелось лишь одного: чтобы меня отпустили, чтобы я смогла уколоться. Я честно сказала следователю, что это фальшивка и что если они хотят, то могут арестовать эти деньги, пусть отдают в прокуратуру, а меня отпустят домой. И он пожалел меня, отпустил. И я прямым ходом оттуда отправилась к знакомому наркоману, укололась и приехала домой. И снова — все.

Потом не было даже попыток. Яма полная. От укола до укола. День — ночь. У наркоманов нет таких понятий дня и ночи, как у нормальных, здоровых людей.

Все эти дни Катя грелась на кухне у газовой плиты, потому что ей постоянно было холодно. Кто употребляет опий или героин, тому всегда холодно.

ВОЗВРАЩЕНИЕ

В девятнадцать лет у Кати вдруг случился неожиданный роман. Вообще, человеку, плотно севшему на иглу, секс не нужен. Его секс — это доза. Но тут было совсем другое дело.

К тому времени она отчетливо понимала, что такое бандитская мораль, мораль криминального мира. Воровская, блатная идея, по ее мнению, была направлена на то, чтобы подавить систему «совка». Катю все это весьма интересовало, она много разговаривала с ворами в законе, с мудрыми по-своему людьми — так считала Катя. Она силилась понять: зачем это? Почему это так? И решила смотреть и понимать, не верить всему слепо. И она увидела, что и в этом мире, как бы ни кичился он своей специфической справедливостью, есть предательство и обман, люди, живущие в этом мире, не обязательно держат свое слово, не соблюдают провозглашаемых ими же самими понятий, не живут по тем законам, которые сами для себя установили.

Была идея, Катя ее придерживалась. Сейчас она понимает, что идея эта не что иное, как оправдание собственных отвратительных поступков. На самом деле преступление есть преступление и не надо его оправдывать, надо иметь смелость видеть его таким, какое оно есть, и тогда — тогда ты будешь *над* этим.

Тому парню было тридцать лет. Он мог бы сделать карьеру вора в законе, но ему «посчастливилось» попасть в так называемую «красную зону», где сидят менты, всякие там администраторы — он стал «краснополым». Дорога в авторитеты для него закрылась навсегда. Он много видел, и Кате было с ним интересно. Он продавал опий.

И были долгие вечера, беседы, они курили, разговаривали, философствовали. Катя сама не заметила, когда переступила черту, и они стали любовниками.

Это был последний рывок к жизни.

Катя опять почувствовала себя красивой, она вспомнила, что можно делать макияж, ухаживать за собой, следить за своим телом.

Единственное, что омрачало их отношения: у него была жена, и она была подругой Кати. К тому же парень знал Алексея — все они жили в одном дворе. Слишком много лжи...

Однажды, после очередной ночи, полной разговоров о жизни, обо всем, что снова начало волновать Катю, она пришла домой и встала у окна. Было утро, Катя чувствовала себя хорошо. Во дворе работала дворничиха, и, неотрывно глядя на нее, Катя вдруг резко, всем своим существом, поняла: все, что она делает, — это ходьба на месте, чтобы жить, чтобы выжить, а выжить не получается. Все, что она ни делает, какие только страсти ни придумывает, — все это ее бесплодные попытки зацепиться за *жизнь*. И роман этот она тоже себе придумала. А двери закрыты — все. Она смотрела из окна во дворик, который жил своей, обособленной жизнью, и понимала, что она — за бортом этой жизни.

Она до боли сжала пальцы.

А потом он уехал отдыхать, была осень, она сидела во дворике, падали листья, но это тоже не означало, что она живет. Он уехал отдыхать, но это означало, что все закончено.

Она встретилась со своим знакомым, и они вместе пошли к знакомым наркоманам. Там она приняла решение, что уйдет оттуда навсегда. Она вдруг посмотрела на все это нормальными глазами и увидела, где находится. Рожи, рожи, рожи. Они хотят казаться чем-то в этой жизни, хотят показать, что что-то имеют, но они ничего не имеют и иметь не могут. Катя это поняла совершенно четко и именно тогда поклялась себе, что сделает все — но вырвется из этого адова круга.

Любовь Николаевна, к тому времени совершенно почерневшая от переживаний за дочь, поехала в Челябинск навестить свою мать. В дороге она познакомилась с женщиной, которая очень внимательно к ней приглядывалась, а потом сказала:

— Я вижу, у вас проблемы. Вы можете мне о них не рассказывать, но я вижу, как вам плохо. Мне в моей жизни помогла дианетика.

Приехав в Челябинск, Любовь Николаевна позвонила Кате и попросила дочь обратить внимание на книгу «Современная наука душевного здоровья».

— Душевное здоровье — это интересно, — откликнулась дочь.

Свекровь помогла ей купить эту книгу. Вот что говорит Катя:

— До сих пор не знаю, как это объяснить: я читала книгу, я нашла ответы на свои вопросы. На кухне лежала доза, ради которой я предавала, ради которой я изменяла, ради которой я делала все. На кухне лежала доза. Я болела, у меня текли сопли, этот пот, я зевала, но я не могла оторваться от книги. Вы знаете — луч света блеснул.

В январе 1995 года Катя стала первой студенткой программы «Нарконон». Чтобы проводить эту программу, специально обучали персонал. Кате пришлось ждать еще год — и весь этот год она кололась. А потом она все-таки приехала, уколовшись в последний раз в тамбуре поезда. И это был действительно ее последний укол.

— Сначала я не поверила, — рассказывает Катя. — Как это ломку снимать без лекарств?! Но это получилось, и получилось быстро, и я не болела, а ведь я сидела на сумасшедшей дозе. И вдруг я вижу что-то отличное, вообще отличное от того мира. Я вижу людей, которые готовы слушать, которые меня понимают, которые что-то делают, и это мне помогает.

Дианетика, разумеется, — не панацея. Я не уверен, что остальным она поможет так же, как помогла Кате. И вообще у каждого — свой путь. Если Кате помогла дианетика — дай ей Бог здоровья! Если завтра кому-то от наркомании поможет избавиться такое гнусное, например, дело, как политика, — слава Богу! Все пути хороши в искоренении этой страшной болезни. Все — абсолютно.

Но я никак не могу забыть, что главное для Кати было то, что ее наконец выслушали. И поняли. Она увидела людей, которые хоть *что-то* делают, — и это ей помогает.

Нужно просто делать хоть что-то...

Глава 15
СТИЛЬ ЖИЗНИ

Еще несколько лет назад, в самом начале девяностых, мало кто слышал не только о таких сильнейших наркотиках, как героин, триметилфентонил, но и о таком сравнительно безобидном наркотическом веществе, как таблетка экстази. На Западе эти ужасные наркотики потребляют за милую душу, но все это проходило как-то мимо нас — уж с нами-то, считали мы, подобное случиться не может. Даже если все полетит в тартарары, мы и тогда не станем губить себя наркотиками, наш российский организм отторгнет от себя эту заразу. Так мы полагали, мол, слишком мы «алкоголическая нация», чтобы размениваться на какие-то там идиотские таблетки сомнительного происхождения.

Так мы думали.

Вместе с пришедшей на смену тоталитарному строю свободе слова и мнений пришла, если так можно выразиться, свобода самовыражения. А что значит проблема самовыражения для молодого поколения? Прежде всего, на наш взгляд, в основном организация досуга.

Когда стало возможно все, когда в огромных количествах стали создаваться различные данс-клубы (в просторечии — дискотеки), ночные клубы, где можно было хорошо «оттянуться», провести вечер на танцах среди своих ровесников, в Россию хлынули модные на Западе таблетки экстази: как новое увлечение, как новая мода, как новая «фишка», пришедшая из Лондона.

Культовая журналистка девяностых Капитолина Деловая, которая наблюдала эту проблему достаточно плотно, чтобы говорить о ней со знанием дела, рассказывает, как появлялись таблетки в местах скопления, так сказать, молодежи:

— Все прекрасно понимали, что это запретное вещество, наркотик, и, если с ним поймают, могут быть проблемы. Людям, которые немного свободно смотрят на подобные вещи, а я отношу себя к таким людям, казалось, что ничего страшного в этих таблетках нет: это не героин, даже не кокаин и тем более никакие не фенолы, не жуткие вещества-суррогаты, от которых лопаются сосуды в носу... Это было так, модная маленькая примочка, ничего страшного, мол, в ней нет...

Никто не знал, что эта таблетка — начало, самое начало страшного пути, на который в те не такие уж далекие годы встало молодое поколение России. С каждым днем число путников на этой дороге увеличивается в геометрической прогрессии.

То, что творится в клубах крупных российских городов, не поддается более-менее осмысленному пониманию. Если молодой человек не употребил таблетки, считается, что он напрасно пришел в данс-клуб и уж точно зря теряет время.

Музыка в этих заведениях будто (впрочем — без «будто»!) специально подобрана таким образом, что без таблетки экстази нормально ее воспринимать нет никакой возможности. Например, как утверждает та же Капитолина (Капа) Деловая, музыкальное направление хардкор, при котором ритм составляет 240 (!) ударов в минуту, рассчитано на восприятие именно в допинговом состоянии, «потому что иначе ее трудно воспринимать действительно адекватно, двигаться и получать кайф от такого движения без таблетки, под такую музыку, очень тяжело».

Иногда говорят о том, что эти таблетки повышают потенцию, что человек в сексе становится просто неотразимым, но это неправда. Знающие люди утверждают с полным основанием, что экстази совершенно точно не могут это сделать. Таблетки целиком и полностью направлены на возбуждение двигательной активности, на то, чтобы энергия человека не угасла ни от алкоголя, ни от чего, — по крайней мере, на несколько часов танцевального угара.

Физического привыкания к таблеткам экстази как будто не существует, но от них возникает сильнейшая психологическая зависимость. И хотя ломки всего организма нет, человек помнит, как хорошо ему было, как здорово якобы он двигался и мыслил, каким молодцом был, и ему хочется повторить *это* еще и еще.

Но при таком употреблении организм человека испытывает мощное обезвоживание, нужно постоянно пить воду, в огромных количествах, и именно поэтому в последнее время в алкогольной России стала чрезвычайно популярной... минеральная вода.

В Англии в некоторых клубах специально дежурят врачи, в любую минуту готовые прийти на помощь. Конечно, это не совсем законно, но человек может погибнуть, например, потому, что просто не знает, что ему нужно как можно больше пить воду, и следить за этим нужно очень внимательно. У нас ничего подобного нет и в помине.

Впрочем, как мы уже говорили, экстази — только начало пути наркоманов. И в настоящее время, говорит Капа Деловая, «он популярен исключительно у малолетних «быков», которым хочется поорать, повеселиться, покричать».

Говоря немного шире, экстази уже считается «неинтеллектуальным» наркотиком. Гораздо большую опасность представляет кокаин. И разумеется, героин.

Те, кто употребляет героин, — составляют весьма своеобразную элиту у наркоманов. С одной стороны, героин — это все, дальше некуда, тебе уже известно якобы все, что тебе может предложить твое подсознание. После героина неинтересно уже ничего, и человек, употребляющий героин, не хочет возвращаться в эту «постылую» жизнь с ее мелкими проблемами, жить он хочет только там, в своем героиновом мире. Даже те, кто хочет «соскочить» с этого наркотика, лишь по большей части обманывают самих себя. Героин просто так от себя не отпускает никого. Никого.

С другой стороны, люди, употребляющие героин, изгои и сами это понимают. На какие только ухищрения они не идут, чтобы скрыть следы от укола. Капитолина Деловая приводит в пример судьбу известного рок-музыканта Анатолия Крупнова:

— Я могу сказать на примере Анатолия Крупнова, которого я знала лично и который умер. Я хорошо знала и его лично, и его жену. Вот пример того, когда человек как бы прошел полный курс лечения от наркомании, как бы полностью очистил свою кровь. Но умер он не оттого, что принял наркотик вновь, а оттого, что сердце его было так сильно поражено этим ускоренным курсом детоксикации, что просто-напросто он не смог прожить больший срок. Элементарно. Можно, наверное, полностью очистить организм, но ценой функциональных физиологических изменений...

— Я не пью даже таблетки, — продолжает Капа, — я сейчас сижу с температурой, но таблетку, чтобы сбить ее, не выпью. У меня просто фобия на любое вторжение в организм.

Капа, пользующаяся огромным уважением «продвинутой» молодежи (уважение это, надо сказать, вполне заслуженно: в наше время не так много профессиональных журналистов, которые не только знают, о чем пишут, но и искренне переживают за объекты собственного интереса. Капа Деловая, безусловно, именно такой журналист), имеет право на собственное мнение, и оно интересно.

Но вернемся к экстази, в последний раз. Вопрос немаловажный: где можно приобрести эту таблетку? На черном рынке? В какой-нибудь подворотне? В местах, о которых знают только те, кому очень нужно это знать? Ха-ха.

Эти таблетки продаются вполне свободно, в основном в тех же данс-клубах, дискотеках, всяких ночных заведениях.

Те, кого экстази уже не устраивает, переходят на кокаин. Он считается наркотиком богемы, его употребляют люди состоятельные, интеллигентные и так далее, и тому подобное.

Кокаин — наркотик дорогой. Что он дает человеку? Это не экстази, это совсем не «двигательное»... Для человека, употребляющего «коку», все вокруг кажется прекрасным, вокруг него разливается настоящая любовь, самое уродливое явление просто не замечается, все легко, все возможно, все в его силах. Но потом это проходит, у человека может вообще потеряться чувство времени, от постоянного употребления у него лопаются в носу сосуды, он перестает интересоваться собственными делами, то есть возникает физическая зависимость от кокаина. Все просто.

Каждый человек, употребляющий наркотик, желает, чтобы тот, кто находится с ним рядом, попробовал бы его и испытал бы то же состояние, что и он сам. Особенно это касается кокаина.

Слово Капитолине Деловой:

— Есть бесконечное желание, я наблюдала это на личном примере, есть безотчетное желание, чтобы тот человек, который рядом с тобой, даже тот, кого ты любишь, обязательно попробовал! Во что бы то ни стало, чуть ли не силком запихнуть в него эту «дорожку». Почему? Не потому, что вот, мол, я употребляю, а тебе, мол, западло. Нет, не поэтому. Мне объясняли, что, когда человек первый раз нюхает кокаин, с ним происходит разительная перемена, он становится непредсказуемым, начинает говорить, говорить, говорить. Пробивает кокаин на бесконечный разговор, он открывает все тайники своей души. Поэтому кокаин хорошо использовать на допросах, потому что, как мне рассказывали, человек начинает выбалтывать то, о чем, наверное, и самому себе бы не рассказал. Все свои сокровенные тайны он начинает выдавать с совершенно остекленевшими глазами. Когда у него это через сутки проходит, он ходит полностью офигевший, ему страшно, потому что он все помнит, наркотик — не спиртное, ты все прекрасно помнишь, и человек, так выложившийся, ходит подавленный, психологически надломленный, потому что он не понимает, как это произошло, как это вообще могло произойти, как мог он все это сказать и как ему теперь с этим жить. Потому что отныне черт знает кто буквально посвящен во все его сердечные тайны, а люди ходят вокруг него и по-отечески хлопают по плечу, говоря: не ты первый, мол, и не ты последний...

И вот эти окружающие испытывают бесконечный кайф от такого рода психологической власти над человеком, может быть, его секреты им на фиг не нужны, но от осознания того, что ты раскрылся, что мы, мол, все о тебе знаем, люди определенного сорта, по-моему, испытывают кайф.

Конечно, таких разговоров, как в алкогольной среде, типа «ты меня уважаешь?» здесь нет. Здесь просто человеку, не употребляющему кокаин, говорят: ты не можешь меня понять, мы с тобой в разных состояниях.

Иногда это действует. И человек решается попробовать...

Наркотики прочно вошли в нашу жизнь. Закрывать глаза на эту проблему не только бессмысленно, но и опасно. Пройдет совсем немного времени, и настанет момент, когда наркотики могут стать проблемой любой семьи.

Впрочем, это может случиться уже сейчас.

И напоследок — опять слово Капитолине. Случай, который она рассказала, становится для нашего времени симтоматичным. Впрочем, это неудивительно. Там, где Капа Деловая, — это настоящая жизнь.

— Этим летом я отдыхала в Коктебеле, и совершено случайно моими соседями оказались две молоденькие восемнадцатилетние девочки. На второй день после моего приезда они пришли ко мне и стали рассказывать мне же обо мне, что-то они читали из моих публикаций, и мы как-то сошлись. На третий день у меня совершенно случайно упал взгляд на руки одной из них, и я увидела на этих руках нечто невероятное, все исколотое, и на ногах тоже. И они стали выбалтывать мне все. Что одну еле откачали месяц назад, потому что у нее была клиническая смерть, и ей сделали прямой укол в сердце, как в фильме «Криминальное чтиво». Вторая сама пыталась врезаться на машине в дерево, второй раз — выброситься из окна, потому что ей все надоело в 18 лет, вся жизнь ее достала, в этом мире уже ничего не может быть интересного, потому что все наркотики она уже перепробовала, все она перепробовала, весь кайф она знает. Что еще может быть? Они, эти девочки, привезли туда мешок анаши, и, пока он у них не закончился, они никуда не ходили, ни на море, никуда. Когда анаша закончилась, они собрались и уехали. Вот такие две замечательные девчонки, которые живут в районе Полежаевской, это как бы немодная тусовка, они общаются с бандитами, это как бы бандитские девочки. Это единственный случай моего соприкосновения с постоянно употребляющими анашу и героин.

Дай Бог тебе, Капитолина, не встречаться с ними больше никогда. И всем нам тоже.

СОДЕРЖАНИЕ

Вместо предисловия. Наш апокалипсис........ 5
Глава 1. Новые дороги «Золотого полумесяца» 13
Глава 2. «Псы» наркобизнеса 70
Глава 3. Правосудие не для всех 110
Глава 4. Здоровье и закон 129
Глава 5. Многоликий спрут 153
Глава 6. Смерть в белых халатах 225
Глава 7. Под «крышей» погон 255
Глава 8. Братва на игле 271
Глава 9. Талант на продажу 289
Глава 10. Санкт-, или Нарко-Петербург 314
Глава 11. Операции «Контейнер» и «Фолиант» 349
Глава 12. Калининград — зона риска 368
Глава 13. Развлечение золотой молодежи 377
Глава 14. Катя Филиппова 393
Глава 15. Стиль жизни 417

Шакиров М.Ш.

Ш12 Наркобизнес в России. — «Человек и закон». — М.: ЗАО Изд-во Центрполиграф, 1998. — 425 с.

ISBN 5-227-00033-6

Ведущий московский журналист Мумин Шакиров не первый день с тревогой и болью пишет о проблемах чумы XX века. За последние пару лет Россия из страны со стопроцентной алкогольной релаксацией превратилась в наркодержаву. В книге впервые обобщаются сведения о том, как складывались маршруты белой смерти в Россию и зарождались известные наркокартели. Как многоликая наркомафия расширяет сеть преступной деятельности. С какими трудностями сталкиваются наркоманы и сотрудники правоохранительных органов. Как соблазн шальных денег повергает в бездну предательства врачей, военных, милицию...

УДК 882
ББК 84(2Рос-Рус)6

Мумин Шакирович
ШАКИРОВ

НАРКОБИЗНЕС В РОССИИ

Редактор *К.Ю. Халатова*
Художественный редактор *И.А. Озеров*
Технический редактор *В.Ф. Нефедова*
Корректор *О.А. Левина*

Изд. лиц. ЛР № 065372 от 22.08.97 г.
Подписано в печать с готовых диапозитивов 24.03.98
Формат 84х108$^1/_{32}$. Бумага газетная. Гарнитура «Гельветика»
Печать офсетная. Усл. печ. л. 25,2. Уч.-изд. л. 15,6+3 альбома=19,63
Тираж 30000 экз. Заказ № 580

ЗАО «Издательство «Центрполиграф»
111024, Москва, 1-я ул. Энтузиастов, 15

Отпечатано в ГУП Издательско-полиграфический
комплекс «Ульяновский Дом печати»,
432601, г. Ульяновск, ул. Гончарова, 14

Книга-почтой

ДЕТЕКТИВНЫЕ РОМАНЫ
АННА МАЛЫШЕВА

Скоро в продаже

ВОСХОДЯЩАЯ ЗВЕЗДА РОССИЙСКОГО ЖЕНСКОГО ДЕТЕКТИВА

Среди женских имен в потоке детективной литературы особо выделяется имя молодой писательницы Анны Малышевой.

Романы **Анны Малышевой** — это сплав женской мягкости, тонкости и мрачноватой эротики с житейским сюжетом и крутой детективной интригой.

Главные героини — молодые обаятельные женщины, склонные к рискованным авантюрам, способные поставить на карту жизни близких им людей, без оглядки переступающие закон. Их путь проходит через опасные падения и головокружительные взлеты, нищету и роскошь, любовь и кровавые слезы.

«Зачем тебе алиби...»
«Мой муж — маньяк?..»
«Имя — Смерть»
«Кто придет меня убить?»

Интригующие сюжеты, яркие сцены, запоминающиеся герои, непредсказуемые развязки в суперроманах неподражаемой Анны Малышевой.

Твердый целлофанированный переплет, формат 126 х 206 мм. Объем 465—500 с.
Цена одной книги 18,0 руб. (18000 руб.)

Книга-почтой

Серия «ЧЕРНЫЙ ВОРОН»

Контрабанда якутских алмазов в страны СНГ, киллеры, заказные убийства, коррумпированность власти. Ничто не способно остановить мутный поток наркотиков — ни спецслужбы, ни политики, ни границы между могучими державами... Один за другим гибнут боевики и телохранители — разменные пешки в этой борьбе, взрываются автомашины и падают прошитые пулями агенты силовых структур.

Ежеминутно возникающие опасности, непредсказуемость будущего — истинные приметы нашего времени — черным вороном кружат над головами людей. Любители криминального жанра по достоинству оценят романы **С. Ваганова** «Горячая игла», **В. Свинцова** «Алмазы в крови», открывающие серию «Черный ворон».

Твердый целлофанированный переплет, формат 130 × 206 мм, объем 400—500 с. В серии выходит 2 книги в месяц.
Цена одной книги 18.00 руб.

Книга-почтой

СЕРИЯ «МАСТЕРА ОСТРОСЮЖЕТНОГО ДЕТЕКТИВА»

Серия «Мастера остросюжетного детектива» издается с 1991 года. В этой серии вышло уже более 90 авторских сборников тех, кого называют классиками детектива XX века. Это «золотой фонд» детективного романа, включающий произведения прародителей жанра начиная с 20-х годов. Дэй Кин, Микки Спиллейн, Чарльз Вильямс, Эд Макбейн, Росс Макдональд, Ричард Пратер, а также множество других авторов, не нуждающихся в представлении любителям детективного жанра.

В этих книгах Вы также сможете познакомиться с биографией и библиографией авторов.

У.Грэхем	«Прогулочная трость»
Д.Карр	«Вне подозрений»
Дж.Макдональд	«Смертельный блеск золота»
К.Вулрич	«Невеста была в черном»
Д.Касселс	«Труп в саду»
С.Мацумото	«Стена глаз»
Л.Чартерис	«Знак Святого»
Дж.Хиггинс	«Ключи от ада»
В.Мейсон	«Операция "Занзибар"»
М.Спиллейн	«Фактор Дельта»
Дж.Хиггинс	«Железный тигр»
М.Спиллейн	«Мой убийца»
Р.Макдональд	«Беда преследует меня»
Дж.Макдональд	«Легкая нажива»
Н.Фрилинг	«Двойной узел»
Э.Эронс	«Школа шпионов»
В.Каннинг	«Человек с "Турецкого невольника"»
Г.Лайалл	«Обвинить мертвых»
Ч.Вильямс	«На мели»
Дж.Хиггинс	«Игра для героев»
Дж.Горес	«Замурованный труп»
Л.Дейтон	«Кровавый круг»
Г.Лайалл	«Очень опасная игра»
Г.Лайалл	«Сценарий со стрельбой»
Д.Кокс	«Смерть на перешейке»
Д.Хиггинс	«Он еще отомстит»
Э.Макбейн	«Убийца из Норфолка»
М.Спиллейн	«Завтра я умру»
Р.Макдональд	«Найти жертву»
Б.Джадд	«Трасса смерти»
Э.Леонард	«Ромовый пунш»
У.Бернхардт	«Слепое правосудие»
У.Бернхардт	«Истинное правосудие»
Т.Олбери	«Перебежчик»
У.Мосли	«Красная смерть»
Дж.Робертс	«Кровавый контракт»

Твердый целлофанированный переплет, формат 145 x 200 мм, объем 400—700 с.
Цена одной книги 11,5—16,9 руб. (11500—16900 руб.)

ЦЕНТРПОЛИГРАФ
Книга-почтой

Если Вы желаете приобрести книги издательства «Центрполиграф» без торговой наценки, то можете воспользоваться услугами отдела «Книга-почтой»

Все книги будут рассылаться наложенным платежом без предварительной оплаты. Заказы принимаются на отдельные книги, а также на целые серии, выпускаемые нашим издательством. В последнем случае Вы будете регулярно получать 2—3 новые книги в месяц выбранной серии.

Для этого Вам нужно только заполнить почтовую карточку по образцу и отправить по адресу:

105275, Москва, а/я 55, «ЦЕНТРПОЛИГРАФ»

```
┌─────────────────────────────────────────────────┐
│           ПОЧТОВАЯ КАРТОЧКА            ┌───┐    │
│                                        │ A │    │
│                                        │РОССИЯ│ │
│         г. Москва, а/я 55                       │
│  Куда ─────────────────────────                 │
│                                                 │
│         «ЦЕНТРПОЛИГРАФ»                         │
│  Кому ─────────────────────────                 │
│                                ┌──────────────┐ │
│                                │ Индекс  и адрес│
│                                │ 680011       │ │
│   ══════════                   │ г.Хабаровск, ул. Мира,│
│    105275                      │ д. 10, кв. 5 │ │
│                                │ Ивановой Г.П.│ │
│                                └──────────────┘ │
└─────────────────────────────────────────────────┘
```

На обратной стороне открытки необходимо указать, какую книгу Вы хотели бы получить или на какую из серий хотели бы подписаться. Укажите также требуемое количество экземпляров каждого названия.

МЫ РАДЫ ВАШИМ ЗАКАЗАМ!

Указанные цены включают все почтовые расходы по пересылке книг наземным транспортом, за исключением 10% от суммы наложенного платежа, которые взимаются на почте при получении заказа.

Авиатарифы в цену не включены, но они увеличивают стоимость каждой книги на сумму от 5 до 20 рублей (5000 — 20000 руб.).

Для Вас, поклонники издательства «Центрполиграф»!

ОТКРЫТЫ МАГАЗИНЫ-КЛУБЫ

К Вашим услугам свыше 200 наименований самых свежих книг издательства. Широко представлены: классика зарубежного и российского детектива, исторические и любовные романы, научная фантастика, фантастические боевики, романы в жанре фэнтези, приключения, вестерны, детективы для детей и юношества, книги о собаках в сериях: «**Мастера**», «**Мастера остросюжетного романа**», «**Мастера остросюжетного детектива**», «**Русский триллер**», «**Мастера исторического романа**», «**Осирис**», «**Винчестер. Лучшие вестерны**», «**Библиотека французского детектива**», «**Стальная мечта**», «**Мастера фэнтези**», «**Библиотека американского клуба собаководства**», «**Классическая библиотека приключений и научной фантастики**» (**Рамка**), «**Маскарад**».

Полные собрания сочинений признанных мастеров российской и зарубежной остросюжетной прозы: *Василия Головачева, Дж. Хедли Чейза, Рекса Стаута, Эрла Стенли Гарднера, Яна Флеминга, Картера Брауна, Луиса Ламура, Буало-Нарсежака*, а также внесерийные книги издательства.

Только в клубе:

- встречи книголюбов с авторами, переводчиками, редакторами, художниками;
- презентации книг «Центрполиграфа» и других издательств;
- читательские конференции;
- творческие диспуты;
- обмен мнениями.

Клуб — это место, где Вас ждет удивительный праздник — праздник книги.
Клуб — это книги из рук издательства, а значит, низкие цены.

Звоните и приезжайте!
Вас ждут по адресам:

**1) Москва, ул. Октябрьская, дом 18;
тел. 284-49-89, тел./факс 284-49-68**

Проезд: м. Рижская, тролл. 18, 42, авт. 84 до ост. «Марьинский универмаг» м. Савеловская, авт. 84 до ост. «Марьинский универмаг».

2) Москва, ул. Щербаковская, дом 40/42; тел. 365-58-28

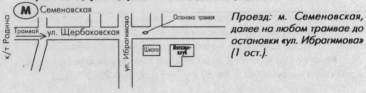

Проезд: м. Семеновская, далее на любом трамвае до остановки «ул. Ибрагимова» (1 ост.).

ГОСУДАРСТВА, С Т[ЕРРИТОРИИ КОТОРЫХ] ОСУЩЕСТВЛЯЕТ[СЯ...]

- **Нидерланды** – амфетамины, кокаин
- **Польша** – экстази и другие хим. препараты
- **Литва** – кокаин, амфетамины, маковая соломка
- **Перу** – кокаин
- **Колумбия** – кокаин